城市弱者特殊群体支持研究

总主编 刘电芝

U0836301

苏州大学“211工程”三期重点学科建设项目“和谐社会视域中弱者权益保护”成果

文化支持：

农民工子女融入城市文化的研究

江波 著

苏州大学出版社
SOOCHOW UNIVERSITY PRESS

图书在版编目(CIP)数据

文化支持:农民工子女融入城市文化的研究/江波著. —苏州:苏州大学出版社,2012.2
(城市弱者特殊群体支持研究/刘电芝主编)
苏州大学“211 工程”三期重点学科建设项目.“和谐社会视域中弱者权益保护”成果
ISBN 978-7-81137-882-5

Ⅰ.①文… Ⅱ.①江… Ⅲ.①民工-职工子女-城市化-研究-中国 Ⅳ.①D422.6

中国版本图书馆 CIP 数据核字(2012)第 005663 号

文化支持:农民工子女融入城市文化的研究
江 波 著
责任编辑 盛 莉

苏州大学出版社出版发行
(地址:苏州市十梓街 1 号 邮编:215006)
扬中市印刷有限公司印装
(地址:江苏省扬中市科技园区东进大道 6 号 邮编:212212)

开本 700 mm×1 000 mm 1/16 印张 15 字数 287 千
2012 年 2 月第 1 版 2012 年 2 月第 1 次印刷
ISBN 978-7-81137-882-5 定价:38.00 元

苏州大学版图书若有印装错误,本社负责调换
苏州大学出版社营销部 电话:0512-65225020
苏州大学出版社网址 http://www.sudapress.com

总序

本系列丛书系“211 工程”三期重点学科建设项目“和谐社会视域中弱者权益保护的社会支持研究”最终研究成果。

本系列丛书成果是经济领域中“包容性增长”在心理学领域的发展与具体体现。“包容性增长”概念最早由亚洲开发银行在 2007 年提出，是指社会所有成员，包括男性和女性，老年人、成年人和未成年人，健康人、残疾人，富裕阶层、中间阶层、劳动阶层和社会底层成员……能够共享社会经济增长的成果。所有社会成员能够“参与”和“共享”，经济增长才有积极意义。其实，“包容性增长”不应仅限于经济领域，同样也适用于社会学科的其他领域。社会的每一个成员，特别是弱者群体的每一个成员都应该且需要享受社会发展的所有成果，他们不仅需要得到物质帮助，也需要心理、教育、文化等支持与援助，实现“包容性增长”，从根源上解决弱者群体处于“社会边缘”的问题；也特别需要对他们的下一代——弱者特殊群体家庭的子女给予关注与帮助，这样才能阻断弱势的代际传递，社会和谐发展才能成为现实。

弱者群体，一般是指在社会性资源分配上具有经济上的贫困性、生活质量的低层次性和承受力的脆弱性的特殊社会群体。2008 年年底，我有机会主持了苏州大学“211 工程”三期重点学科建设项目“和谐社会视域中弱者权益保护”中的“和谐社会视域中弱者权益保护的社会支持研究”课题，以城市弱者特殊群体中的四部分人为研究对象。第一是进城农民工，作为城市社会中数量最大的弱者群体，他们户籍在农村或小城镇，暂住在城市从事社会经济活动，他们虽然在城市生活工作，却没有享受到城里劳动者的同等待遇，在城市生存和发展中面临种种壁垒。第二是随农民工进城的子女，他们虽然随父母在城市生活，但不论是在身份认同还是群体融入上，都未能摆脱“流动”“农村”的影子，存在这样或者那样的城市融入困难。第三是女性单亲家庭，女性单亲家庭是指仅有母亲一方与其未婚且不具有独立生活能力的 18 周岁以下的子女共同生活的家庭。

女性单亲家庭作为多重弱者群体，她们经济负担重，独自承担对子女的抚养与教育，生活、心理压力都很大。第四是未成年人，特别是有身心障碍的儿童，他们小小年纪却背负着沉重的精神负担。开展有关弱者群体的研究不仅有利于整个社会的和谐与稳定，而且也有利于弱者群体及其子女生活条件的改善和自身的成长与发展。

本系列丛书是3年来，由本研究5个子课题负责人及其团队共同合作完成的研究成果。由于本系列丛书研究对象相对特殊，在对象选取和研究过程中都颇费周折。第一，研究对象分散，取样困难。为了获取第一手资料，研究人员不辞劳苦深入社区、学校、家庭、工地、工棚，完成了研究取样，特别是研究涉及单身母亲与残疾儿童时，更是深入到家庭，逐个取样。第二，研究工作量巨大。本课题调查农民工6 000多人，在田野研究的现场录像整理以及单身母亲访谈录音整理与转录文本达50多万字。第三，一些对象难以有效配合研究，如自闭症儿童需要先与他们交朋友，取得他们的信任后才能获得研究需要的数据。5个子课题负责人根据自己的特长，选择自己熟悉或者长期研究的领域开展了持续的研究。各负责人竭尽所能，本着高度的责任心，完成了下面各具特色的5本著作。

《走进幸福：农民工城市融入与主观幸福感研究》一书，围绕农民工的城市融入和主观幸福感展开探讨，以实证性研究为主。该书包括自编的6份有良好信、效度的问卷，修订的多份问卷，自编的两份访谈提纲和十几篇研究报告，揭示了农民工城市社会认知与城市适应的心理健康状况，以及农民工感知社会支持、感恩现状和创业意向对其城市融入的影响，分析了当前农民工主观幸福感的现状与特点，揭示了人格、自尊、感恩、感知社会支持等心理因素对农民工主观幸福感的影响，在此基础上从不同层面提出了有针对性的研究启示与对策。

《教育支持：农民工城市融入的培训研究》一书，系统研究了农民工培训的基本现状、存在的主要问题及其改进措施。该书全面考察了农民工的培训情况，包括农民工学员的状况与特点、农民工参加培训的动机和目的、负责对农民工进行培训的教师情况、农民工培训的课程内容与课程体系、农民工培训的教学过程、农民工培训结果的评价、农民工在培训中的学习环境等7个维度。运用田野研究法选择有代表性的个案，进行了约一年半时间的田野调研，在现场观摩农民工培训的教学过程，观察教学过程中发生的各种事件，撰写能够保持研究现场原貌的田野日志，并辅之以深度访谈和问卷调查。课题组成员深入到农民工学员中间，与他们建立了密切的关系。这确保了研究人员收集到的是真实的、深刻的第一手信息。可以说,翔实的、细致入微的田野研究是该书的一大特色。

《文化支持:农民工子女融入城市文化的研究》一书将定性与定量研究方法相结合,综合了比较法、行为事件访谈法、文献研究法、个案分析法、问卷调查法、专家讨论法等研究方法,从城乡文化的内涵入手,探究城乡文化的差异及其在学校教育过程中出现的冲突,并通过问卷调查的方式,测查了农民工子女的文化适应现状,探讨了农民工子女融入城市文化的影响因素,探究了不同的影响因素对农民工子女的适应、融入有怎样的影响,以及为什么会产生这样的影响,也为农民工子女的文化支持建设提供理论依据及策略支持。最后,构建了农民工子女融入城市文化的心理支持模式,阐述了艺术教育对农民工子女融入城市文化的重要作用和意义,为农民工子女的城市融入研究提供了新的视角。

《心理支持:未成年人的心理健康研究》一书,系统地展现了未成年人心理健康问题和实践指导的成果,其研究内容重点聚焦在结合未成年人心理支持体系的基本理论和实践操作问题上,宏观上介绍了国内外未成年人心理支持理念和实践的发展历史及现状,微观上围绕未成年人心理研究的诸多维度进行了量化和质性研究。本书在国内首次将全国最有特色的三个未成年人的心理支持机构进行比较研究,并提出富有建设性的指导意见;书中对未成年人心理研究的视角全面,包括残疾障碍儿童,这也是以往的同类书籍中比较少见的;书中有些对策和方法是已经实践了的,并通过科学的分析已经证明是有效的,所以该书的实践指导意义也非常显著。

《幸福开源:低收入女性单亲家庭的生活应对研究》一书聚焦于单亲女性这一多重弱者群体生活的困境及其改善策略。本书主要介绍了国内外低收入单亲女性家庭生活现状,采用文献探讨、问卷调查以及深入访谈等方法,以苏州地区的低收入女性单亲家庭为研究群体,分析低收入女性单亲家庭的生活问题与困境,并深入了解调查对象在成为单亲与陷入贫穷时,自身对身边事物的看法、感受与经验,以及对家庭资源的管理方式,在此基础上提出了改善其现状的种种应对策略。

概括地讲,本系列丛书具有以下特点:

(1) 学术性。运用心理学、教育学和社会学等多学科理论,并通过问卷调查、深度访谈、现场观察、田野考察、团体干预等多种实证性研究手段获得第一手数据与资料,以此为依据来揭示现状、分析原因,然后总结提炼出观点和对策。书中不少数据与资料是第一次披露。

(2) 系统性。从多方面对城市弱者特殊群体的主要对象——进城农民工、农民工的进城子女、单身家庭母亲、未成年人(特别是有身心障碍的儿童)展开研究,系统地揭示了弱者特殊群体的主观幸福感、城市融入、创业意向与行动、职业培训、子女学校教育、心理健康、生活应对等方面的现状及其影响因素,系统地分析了研究对象面临的困境及成长中的问题,为弱者特殊群体成员提高主观幸福感、感恩水平、感知社会支持水平、教育培训水平以及心理健康与应对困境提供教育支持、心理支持、文化支持、社会支持等多方面的系列帮助。

(3) 实用性。注重在发现问题的基础上解决问题。从多个学科的视角,寻求为当前城市弱者特殊群体提供社会支持的合理解决方案;针对揭示的问题,从不同层面提出了有针对性的启示与对策。有关的各级政府,农民工培训机构,可从中找到有利于工作的建议;妇联、社区、社会工作机构,可找到帮助城市弱者特殊群体成长的途径与对策;本研究的研究对象——农民工、农民工进城子女、未成年人、单身母亲亦可以找到帮助自己摆脱困境、自我成长的策略。

最后,感谢本课题的各负责人团结合作及其全体团队成员的三年来的艰辛努力与付出。感谢苏州大学出版社社长张建初、总编耿曙生、编辑部主任薛华强对弱者特殊群体研究的高度关注,以及为本系列丛书的出版所做的众多精心的筹划和安排。感谢各位编辑字斟句酌地修改,使本系列丛书的质量得以进一步提高。

尽管我们做了很大努力,但仍然有这样或者那样的错误。请各位专家与读者批评指正。

虽然本课题的研究结束了,但关注城市弱者群体仍是未竟的事业,需要全社会共同努力,也希望有更多的人能参与这项工作。

刘电芝

2012 年 1 月

于苏州凤苑

目录

导 论

随着工业化、城镇化的快速发展，越来越多的人口从乡村涌入城市，我国进入了人口流动迁移最活跃的时期。随着20世纪80年代末“民工潮”的出现，庞大的民工群体甚至举家流入城市。全国人口普查结果显示，2003年农村外出务工的劳动力已达1.14亿人，占农村劳动力的23%，其中举家在外务工的劳动力2 430万人，随同父母进入城市的6～14岁义务教育阶段适龄儿童约有643万人。据国家人口和计划生育委员会统计，2008年全国流动人口为2.01亿。据最新出版的《中国流动人口发展报告2010》统计，2009年全国流动人口达到2.11亿。虽然我们不清楚目前义务教育阶段流动儿童具体的人数，但是可以预计，随着父母迁移到城市，农民工子女的数量也以一个比较快的速度在增长。这样的趋势也显示了一个不争的事实——越来越多的农民工子女进入到城市生活、定居，随之而来的很多问题也就成了众人关心的热点话题，学术界研究的重点课题。

追根溯源，对于这一特殊群体的研究首先是从身份的界定开始的。

农民工是在我国城市化、现代化进程中，在经济生活转轨与社会制度变革的夹缝中形成的一个特殊群体。张雨林教授首先提出“农民工”一词。目前关于农民工的定义，国内学术界尚无定论。陆学艺(2002)认为，农民工已经形成了一个固定阶层，这一阶层大体可以分为两类：离土离乡的农民工，他们在城市的厂矿、机关、商业、服务行业劳动；离土不离乡的农民工，他们在本乡村的乡镇企业或附近城镇的工厂、商店、机关劳动，住在农村的家里。杨艳等(2005)认为，“农民工是指常年或大部分时间在城市企业劳动，但户籍仍在农村的一个社会群体，他们在户籍制度下被认为是农民，但已不从事农业生产，具备工人阶级的一半特征，是中国工人阶级的一部分”。对于“农民工”这一概念的界定很多，大体上可以从广义和狭义上来区分。从广义上来看，凡是目前仍然保留农民身份即农业人口户籍性质的，在城镇企事业单位从事第二、第三产业劳务工作，以工资收入为主要收入来源的劳动者都被称为“农民工”。广义的农民工既包括跨地区外出进城务工人员，又包括在县域内第二、第三产业就业的农村劳动力。从狭义上来看，农民工一般是指异地流动进城务工的农民工。另外一种较为概括的区分则是从两个特征入手的。从身份上看，辜胜阻认为，对于农村而言，农民工是城里人，因为他们是在城市生活、工作，在心理、生活习惯上适应了城市生活；对于城市来说，农民工又是农村人，因为他们在农村还有一块土地，仍然保持着土地承包者的身份。从职业上看，农民工已不再以务农为主要职业，而是转移到了城市非农产业，并以自己在城市中的劳动收入为主要的经济来源。本研究中论述的农民工是指具有农村户口，身份上属于农民，进城在第二、第三产业等就业以取得收入的外来务工人员或者新移民，包括劳动者、企业经营者、个体工商户等。

农民工子女也称“流动儿童、少年”，随在城市打工的父母来到城市居住，户籍同样仍在农村，一般特指处于要接受义务教育阶段，却因城乡二元体制和现行与户籍管理有着密切关联的教育体制，而无法在生活、居住地接受义务教育的适龄儿童和少年。程建、王春丽(2010)认为，农民工子女主要分为两种类型：一类是跟随进城务工农民生活但尚未成年的子女，包括学龄前儿童和学龄期青少年；另一类是已到就业年龄并已就业或曾就业的农民工子女，也就是常说的“第二代农民工”。中央教育科学研究所教育发展研究部则将农民工子女划分为三个层面：第一个层面是指所有的流动人口的子女，包括随监护人暂住的其他城市人口子女、暂住的农民工子女和流浪儿童；第二个层面是指在城市务工且拥有农村户口的农民工的子女，包括双亲或者其中一方离开农村到城市里去务工，而自己仍在家乡生活或上学的留守儿童和随迁的农民工子女；第三个层面是指6～15周岁的处于义务教育阶段的随父母(或其他监护人)到城市生活、学习的青少年。在本研究中，农民工子女特指随农民工父母迁移到城镇，户籍还在外地农村，并在城镇受教育的年龄在6～18周岁的农民工子女，一般以中小学学生为主，其多处于义务教育阶段，且就读于公办学校。虽然有学者认为“农民工”、“农民工子女”称谓并不恰当，认为这种称谓的背后带有一定的价值判断，但是，本研究认为，“农民工子女”只是一种称谓，是一种约定俗成的说法，使读者较易于理解，不带任何感情色彩。

对农民工子女教育问题的研究最早源于李建平发表在《中国教育报》上的一篇文章《流动的孩子哪上学——流动人口子女教育探讨》，但真正意义上的研究是从1998年左右开始的。这一时期的研究内容主要集中在农民工子女的“入学难”问题上。无独有偶，在教育体制改革催生下，城市“家长择校”风愈演愈烈，家长们紧紧盯着为数不多的窗口学校、热点学校，从而演绎了颇为奇怪的现象：农民工子女上不起公办学校，只能在硬件、软件都极度匮乏的农民工子弟学校求学；家长择校致使部分学校生源减少而导致一些优质教育资源闲置。为了解决入学难的问题，2001 年《国务院关于基础教育改革与发展的决定》应运而生，第 12 条明确规定：要重视解决流动人口子女接受义务教育问题，以流入地区政府管理为主，以全日制公办中小学为主，采取多种形式，依法保障流动人口子女接受义务教育的权利。这为解决"移民子女求学难、享受优质教育难"的两难局面提供了法律的保证。各地政府积极响应，取消农民工子女进入公办学校的各种门槛，鼓励其到公办学校求学，并依据情况设置定点吸纳学校，为农民工子女接受优质教育开辟了绿色通道。

就苏州而言，2002 年，《苏州市流动儿童少年就学管理办法》颁布，明确了逐步有条件地吸纳流动儿童少年进入公办学校就读的政策。2003 年，苏州市教育局出台《关于贯彻〈关于进一步扩大对内开放若干政策意见〉的实施细则》，进一步放宽招生政策，简化、规范入学手续。这一系列制度保障了农民工子女的受教育权利，初步实现了义务教育的全覆盖。2004 年，苏州市教育局确定了 10 所直属省级示范初中作为吸纳农民工子女就学的定点学校，基本形成了以公办学校为主，以社会力量办学为辅的良性格局。2006 年，《苏州市外来工子弟学校合格标准（试行）》颁发，民工子弟学校进入了规模化、正规化、系统化的比较健康的市场竞争状态。

然而，在教育问题由各部门合力解决之后，更深层次的文化适应问题似乎隐而不显，却又显而易见。给予在外漂泊的游子心理上的关怀，聆听他们内心深处的心声，抚慰那不安与困惑的心灵，似乎才是教育者应该正视的问题。所谓"隐而不显"，主要是指迁移给这些幼小孩童带来的心理上的变化难以通过单纯的交流、表达行为等显现；而所谓"显而易见"，则指这些变化可以从另一个侧面，也就是他们的父辈群体的适应状况来凸显。由于我国特殊的户籍管理体制，农民工很难获得和城市居民平等的待遇，各方面的限制使这些进城农民工形成了一个相对独特的社会结构单元，他们虽然身在城市，但是与真正的城市文化环境相对独立，并没有真正地融入，无论是在行为方式还是在其自身的文化传承方面，都与城市居民之间存在比较深的隔膜（刘电芝，鲁迟，彭杜宏，2008）。可想而知，让本就涉世未深的农民工子女去应对来自文化差异的冲突、适应城市生活，本身就是一个很大的挑战。适应，本质上是对多元文化的认同与接纳，这是一个相对漫长的过程。

文化有多种内涵，英国人类学家泰勒 1871 年在其名著《原始文化》一书中，最早提出人类学意义上的文化定义：文化是一个社会的成员所获得的知识、信仰、艺术、法律、道德、习俗及其他能力的综合体。Downs 把文化定义为"指导我们处理同周围环境与其他人关系的心理地图"。Gary 认为，"文化是人们作为社会成员去拥有、思考、行动（这三个行为所指向）的任何东西"。从一般意义上来说，文化可以表现为人们的态度和行为，它是由一代代传下来的对于存在、价值和行动的共识，它是由特定的群体成员共同形成的，它形成了社会与人们共同生活的基础。社会生活在很大程度上依赖于人们的共识，这种共识就构成了特定的文化(陈风，2003)。文化就其对个人的作用而言，主要表现为影响人的交往行为、交往方式、实践活动、认识活动和思维方式，有利于丰富个体的精神世界，增强个体精神力量的同时促进人的全面发展。

随着农民工子女从乡村流动进入城市，其与城市文化发生着摩擦，正如学者徐晖(2000)指出的，建立在乡村文化之上的传统人格心理与建立在工业化、城市化基础上的现代人格心理是完全不同的，这会影响城市新的移民融入城市亚文化的速度和程度；正是城市新移民在融入城市文化中的亚文化冲突，导致了许多城市新移民对城市文化的抵制。如何解决这种文化与文化之间的冲突？我们认为，最基本的力量还是源自文化本身。由于农民工子女生理年龄较小，心理年龄不成熟，学校就成了其最初进行文化融合的重要场所之一。因而，本研究中所指的文化支持具体是指学校文化支持。综合国内外对学校文化概念的探讨，目前尚无统一定论。但是可以肯定的是，学校文化是以社会文化为背景，以物质文化为基础，以制度文化为保证，以具有本校特色的学校精神为核心的。这是一种以学生文化、教师文化、管理者文化为主体，以教育教学活动、管理实践活动为载体，以校园为主要空间，以办学思想、教育理念、育人观、人才观、价值观、教师的精神气质为主要特征，比较稳定的思想意识、思维方式、价值取向、行为规范和生活态度的群体文化总和，它反映了一个学校的精神面貌，决定了学校的内聚力和发展内涵(王中华，2008)。

因而，我们将以文化融入、文化适应为切入点，寻求促进农民工子女融入城市文化、适应城市生活的文化支持模式。所谓"融入"，即农民工子女进入城市之后，与城市文化相融合、相适应的一个过程，也可以看做是农民工子女本身所携带的乡村文化与城市文化的触碰与互动。文化融合的实质是文化适应。按照心理学家 Ward 及其同事(1992，1994)的观点，文化适应包括了心理和社会文化适应。心理适应是指在跨文化接触中个体心理健康，对生活满意；社会文化适应指正处于文化融合过程中的个体在新的文化背景中有效地处理日常生活，适应当地社会，与当地社会成员进行有效接触。

国外对于跨文化适应的研究一部分原因来自于"移民潮"的出现。在国外并没有"农民工"、"农民工子女"这类说法，"移民"的概念与此相近。因而，西方国家处理移民人口子女以及不同种族、处境不利人群的方法与经验，对于我们处理我国农民工子女的教育问题仍具有一定的借鉴意义(李金莲，2008)。

英国是最早开始工业化的国家，农村劳动力流入城市，当时乡村雇工子女教育一度也成为社会的一个问题。但是1870年《初等教育法》的颁布,逐步规范了学校的设施、课程以及教师队伍,雇工子女的落后的教育状况有了重大的改变(高灿,2004)。

美国针对迁移学生的学习问题发起了“迁移者教育计划”,该计划旨在为迁移学生(主要指5~17岁的迁移的农场工人的子女)提供补偿教育和服务支持,以降低迁移流动对学生的负面影响(石人炳,2005)。

芝加哥的“保留在原处”运动,努力做到使教育工作者、学生、家长知道学生流动学习的社会后果并建立以学校为基础的计划,学校提供寄宿服务以作为学生转学的另一种选择。

为了便于对迁移学生进行跟踪服务,美国于1995年建立了“迁移学生记录传递系统”,这个系统收集了迁移学生的相关信息,包括学生家庭、迁移前就读学校、学生已掌握的技能、考试成绩、基本健康状况甚至免疫记录等信息,并不断更新记录。

德克萨斯州的维多利亚独立学区,调整战略以保证无家可归的小孩和流动学生得到学习上的、社交和情绪上的支持,并在每所学校确定一名教师作为“学生父母联系人”,使教师和学生建立联系,负责督促学生到校,办家长培训研讨班,进行家访,把学生、教师、家长联系起来(Biemat,Jax,2000)。西方各国在移民儿童教育上积累的大量经验,对我们从微观的角度构建学校文化以帮助农民工子女融入城市文化的研究有很大的借鉴意义。

在国内,对于农民工子女的研究首先是从20世纪90年代的教育问题开始的(在研究背景中已提及,故在此不作过多说明),但多侧重于宏观政策的探索,理论性较强,操作性和可行性不够。同时,国内学术界对于农民工子女就学方面的关注是值得肯定的,但是我们更应该了解他们对城市生活的适应情况,探究影响他们社会适应的各种因素,并且努力消除这些不利因素,为他们的成长创造良好的社会环境(朱丽娜,2008)。从跨文化角度来讲文化适应,主要包括社会文化适应和心理适应两方面。

关于农民工子女社会适应的诸多研究结论主要有:

林文瑞、王壬(2009)研究发现,农民工子女和城市学生在社交问题解决目标、解决策略、解决策略的适当性、原因解释等较多方面存在显著性差异。农民工子女在社交问题解决策略的许多方面不如城市学生,应加强对农民工子女的社会交际的指导和教育。

吴新慧(2009)基于杭州的实证调查发现,农民工子女在一定程度上融入了他们所生活的城市,但是其融入度不高。总体而言,他们并未能真正融入城市,不论是身份认同还是群体融入,无论是社区融入还是乡土认同,他们都未能摆脱“流动”、“农村”的影子。

学者石长慧(2010)从身份认同的角度进行探索并发现,在城乡身份方面,大多数流动少年认为自己是“农村人”,但同时也出现了“城市化了的”流动少年群体。流动少年的籍贯身份受到情境和文化等多元因素的影响。

学者徐丽敏(2010)从城市教育过程的角度切入,探讨了农民工子女的社会融入问题,其发现,农民工子女的社会融入困难主要体现在以下几个方面:在教学组织形式上,农民工子女受到了与城市孩子不同的对待;在课堂教学上,农民工子女的融入状况不佳;在教学评价上,教师容易受到刻板的偏见影响而对农民工子女作负面评价;在社会交往上,农民工子女进入城市后处于一种边缘地位。

袁巧玲(2010)指出,心理距离和居住区之间的物理距离导致了农民工子女与城市同辈群体交往频度低的情况;近半农民工子女都能有意或无意地去了解和参与城市社会的有关活动,但是出于种种原因,他们的社会参与度仍处于较低水平。

关于农民工子女心理适应的诸多研究结论主要有:

刘正荣(2007)研究发现,与城市儿童相比,农民工子女的整体心理健康水平不高,学习焦虑水平较高,孤独倾向突出,自责倾向严重,恐惧心理明显。

叶美琴(2007)指出,农民工子女心理上存在着缺乏城市的归宿感和信任度、缺乏自信心、缺乏对外部环境的适应性、缺乏学习动力、缺乏文明的举止、缺乏正确的自我认识、缺乏正常的交往和沟通、缺乏心理压力的合理释放等问题。

曾守锤(2009)通过追踪研究发现,流动儿童的心理健康状况较为稳定,但也存在一定的变异(相关系数不是特别高),而通过以行为问题流行率为指标的分析所得到的结果基本一致。此研究的结果则表明,流动儿童的内化和外化问题不是特别稳定,但流动儿童总的行为问题发生率是非常稳定的。

崔丽娟等(2009)研究指出,流动儿童的社会认同感和归属感普遍不高,自我意识也低于城市儿童。他们仅仅有混合的、矛盾的、低水平的自我认同,自然无法取得与城市学生相同的城市归属感。经济和社会关系层面的融入障碍,使得他们无法取得与城市儿童相同的城市“主人翁”地位,在心理上的融入也更难。

丁睿(2010)指出,无论是在外化问题上还是在内化问题上,本地儿童和流动儿童都存在明显的心理社会适应能力差异,并且流动儿童的心理社会适应能力要强于本地儿童。

关于帮助农民工子女融入城市的建议,学术界现有的研究结论有:

李红婷(2009)建议开展文化融合活动,即城市政府应充分利用流入地公共活动场所开展各种丰富多彩的文化教育活动,如免费开放博物馆、图书馆及名人故居等文教场所,对农民工子女进行历史文化、风土人情教育,增进他们对第二故乡的热爱之情。学校应开设"城乡文化融合教育"的校本课程,校本课程的内容应包括城市和乡村文化介绍,城市部分应侧重介绍城市学校的规章制度和城市的社会文化,帮助农民工子女熟悉学校和城市的文化特质与基本要求,并顺利内化为自身的行为规范。乡村部分侧重介绍农村社会的文化传统、生活习俗、行为特征,让城市教师与学生了解城乡文化差异,进而理解农民工子女一些独特的习惯行为、思维方式,并从内心接受这些农村的文化。

申振东(2010)指出,要注重提升农民工及其子女的城市文明素养。开展多种形式的市民化教育,设置技术培训、文化补习、科普知识、市民公德、科技咨询、政策法规等内容的课程。通过组织读书辅导讲座、读书知识竞赛等,逐步提升他们的修养与素质。通过各种途径向农民工及其子女积极宣传城市文化,通过多种形式广泛开展家庭文明活动,帮助进城农民工子女实现向市民的角色转换,让进城农民工及其子女在健康向上的活动中逐步形成适应城市生活的文化模式。

黄兆信、郭丽莹(2010)倡导对农民工子女进行融合教育,将城乡学生、城乡文化进行有机融合,使学校教育与家庭教育实现有机融合,进而使学校管理、家庭管理与社区管理有效融合起来。同时教师职业能力面临新挑战,教师需要树立平等、尊重的教育理念,开设满足农民工子女特殊需求的课程并改进教学方法,言传身教,做学生的良师益友,提高交往技能,实现有效课堂管理,加强学习教育学和心理学知识,熟练掌握心理辅导方法。

徐丽敏(2010)指出,将多元文化与城市学生代表的主流文化进行整合是促进农民工子女教育过程融入的重要方法,也能为其提供一种多元文化整合的教育,消除课程和教学中的偏见,提供非歧视的、公正的教育视角或窗口。具体来看,消除农民工子女教育中文化偏见的措施有:识别偏见与歧视、消除刻板印象、建立一种交际荣誉感、加强对自身的理解、提高移情的能力。通过这些措施,可以引导城市学生和农民工子女之间建立基于一种多元文化背景的亲和感和认同感,推动农民工子女与城市学生之间的社会互动关系朝良性发展,促进农民工子女有效地融入城市。

到目前为止,国内学术界对农民工子女问题的研究主要集中在以下几个方面:第一,对农民工子女的教育问题进行定量与定性研究,基本上是站在宏观角度提出伦理道德、政策制度层面的建议,但是在深入学生生活、思想、感受和成长方面做得不够;第二,对农民工子女的城市社会生活适应和心理适应进行量化研究，得出了一系列数据，而对此所提出的较为有针对性的策略或者建议几乎囊括了政府、学校、家庭、社区、个体等主体，可谓泛泛而谈却也不失全面性，然而，从文化适应本身的角度来探讨农民工子女融入的问题似乎还没有得到应有的重视，单纯从文化支持角度系统探讨如何帮助农民工子女融入城市文化的研究也寥寥无几。

农民工子女随父母流入城市过程中，一方面沿袭父辈传统的农村生活方式和社会习俗，另一方面又在繁华的大城市中耳濡目染城市的现代化生活，切身地体会着农村与城市生活间的悬殊差距。在他们真正地去融入一个新的、陌生的环境的过程中，由于与城市学生在文化背景、语言、生活习惯等方面存在巨大差异，心理上的巨大的压力很容易使得他们产生性格缺陷、心理障碍以及角色上的冲突，从而引发自我身份认同危机和人格发展的异常，并可能引发反社会化行为。这就给农民工子女融入城市文化带来了诸多的障碍。再加上在多数农民工家庭中，由于受父母经济收入、父母文化素质、父母劳动时间、父母的传统观念的制约，以及亲子关系不良等家庭内部主客观因素的影响，与城市家长相比，农民工对子女的家庭教育显然力不从心或不够重视。

因此，学校教育对帮助农民工子女融入城市文化显得尤其重要。而已有的在学校层面上的研究大多是从宏观上建议学校管理者要树立科学的管理理念，加强学校文化建设、教学管理、教师管理和德育管理等。因而，从学校文化建设视角构建一个具有个性的、操作性强的文化支持系统，从微观角度构建全方位的帮助农民工子女融入城市文化的支持服务体系，有着重要的理论价值及现实指导意义。

本研究的理论基础之一是文化与教育的基本关系。郑金洲（2000）将文化形式概括为知识（包括经验）、价值规范和艺术。具体来说，知识包括宗教、哲学、语言、文学、科学；价值规范包括民族精神、集体心理、世界观、价值观、人生观、规范、规则、礼仪、行为准则、风俗习惯；艺术指艺术形式、美感等。而这三种形式的理论基础又是哲学意义上的认识论、伦理学和美学。从人类心理的内在表现来看，认识与理智相连，伦理与意志相连，审美与情感相连。但是，与人内心世界相对应，认识的获得离不开智育，伦理观、善恶观的获得离不开德育，美丑鉴赏力的培养离不开美育。反之亦然。文化与教育的相互关系如图 0-1 所示。教育是文化的表现形式，文化的流变制约着教育发展的历程。本研究的理论基础之二是文化适应理论（具体参见第一章第三节）。

基于文化与教育的基本关系，我们认为，作为亚文化之一的学校文化可以通过教育的形式、氛围的熏陶，构建起帮助农民工子女融入城市文化的文化支持模式；基于文化适应理论，我们认为，文化支持的最终目标是使农民工子女获得心理和社会文化的适应。因此,本研究的研究思路也就一目了然了(图 0-2)。

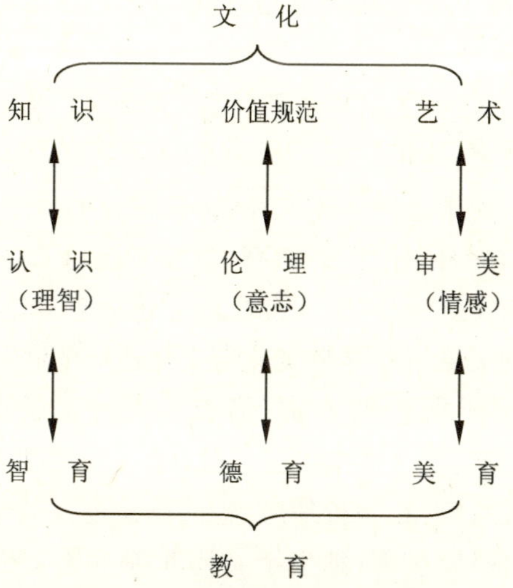

图 0-1 文化与教育相互关系图

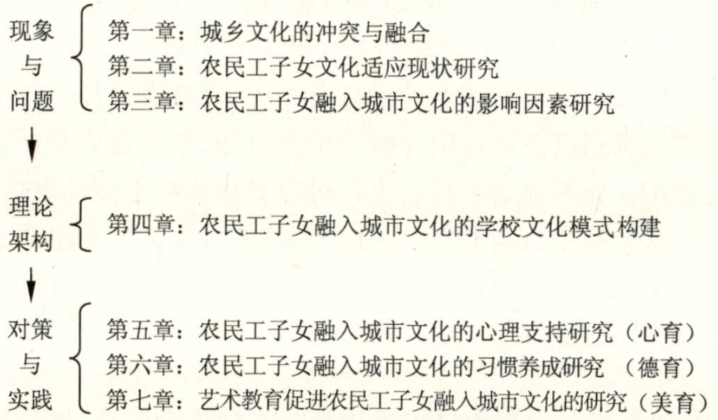

图 0-2 本书研究思路

第一部分(第一章至第三章):阐述现象与问题,主要论述了城乡文化的冲突与融合、农民工子女的文化适应现状和影响因素。

第二部分(第四章):理论架构,提出了帮助农民工了女融入城市文化的学校文化支持模式。

第三部分(第五章至第七章):对策与实践,就学校文化与教育的基本关系,结合苏州第 26 中学的实践,从学校文化建设的高度阐述心理支持、养成教育、艺术教育对农民工子女融入城市文化的促进作用及可操作性,从而使农民工子女在知、情、意统一的基础上获得城市文化的适应。

本研究运用了定性与定量相结合的方法,即综合运用了比较研究法、行为事件访谈法、文献研究法、个案分析法、问卷调查法、专家讨论法等心理学研究方法，来探索帮助农民工子女融入城市文化的文化支持模式。具体的研究内容如下：

第一章：首先，从城乡文化的内涵入手，了解城乡文化的差异及其在学校教育过程中出现的冲突，这可以从一个侧面显示为什么农民工子女在融入城市文化的过程中会出现不适应。其次，从文化融合的角度切入，探讨城乡文化融合的内涵、基础、前提、依托，明确教育、学校文化对城乡文化融合的意义、对农民工子女融入城市文化的作用。再次，以文化适应理论为基础，阐述城市文化与学校文化之间的关系以及学校文化与文化适应的联系。

第二章：采用问卷调查的方式，测查了农民工子女的文化适应现状。① 农民工子女生活满意度的总体状况一般，学业满意度尤为不佳。而不同类型的农民工子女在社会支持、学校适应、生活满意度及其子维度上有不同的表现：学校适应的性别差异显著；独生子女比非独生子女更具有家庭条件的优势，独生子女在家庭满意度、家庭支持上均优于非独生子女；适应中期是矛盾和问题的凸显期，适应中期的农民工子女，其社会支持、学校适应、生活满意度最差；家庭条件较差的农民工子女，其学校适应状况反而更好。② 社会支持、学校适应及其各子维度均与生活满意度呈显著相关，并且通过社会支持与学校适应可以预测生活满意度。通过中介效应检验可知，学校适应对社会支持影响生活满意度的中介作用显著。社会支持可以直接影响生活满意度，也可以通过学校适应间接影响生活满意度，但社会支持的直接影响是生活满意度的主要影响因素。朋友支持对友谊满意度、家庭支持对家庭满意度有直接影响，学校适应中的同伴适应对自我适应、常规适应以及师生适应也可以形成因果路径。

第三章：农民工子女相对于农民工来说是一个派生的部分，属于城市的第二代移民，这种特殊的家庭和社会背景，造就了他们特殊的生活经历和人生经验。农民工子女随父母迁移到城市，环境的变动、文化的冲突必然会给他们带来一定的压力和不安。以往的研究也证实了农民工子女的心理健康状况较差，生活满意度较低，但不同类别的农民工子女或身处不同班级环境的农民工子女，其适应状况是不一致的。也就是说，年龄、性别、家庭收入、班级类型、班级环境、社会支持等因素对农民工子女的城市文化融入有着深刻的影响。本章节主要探讨农民工子女融入城市文化的影响因素，探究不同的影响因素对农民工子女的适应、融入有怎样的影响，以及为什么会产生这样的影响，也为农民工子女的文化支持建设提供理论依据及策略支持。

第四章：农民工子女融入城市的过程其实也是文化适应的过程。其与城市文化最直接、最频繁的接触多发生在学校。如何帮助他们跨越城乡亚文化、适应城市生活？学校文化建设首先是一个契机。本研究提出，通过理念文化建设凸显和合与审美精神，通过学校、班级环境等物质文化建设营造包容、奋发、和美氛围，通过养成教育、心理支持、家校合作等行为文化建设帮助农民工子女获得良好的社会文化适应，通过教师学生管理、行政服务等制度建设为农民工子女提供保障。综合上述四个方面，为农民工子女融入城市构建一个学校文化建设的理论模式。

第五章：构建农民工子女融入城市文化的心理支持模式，其具体内容主要分为内部支持和外部支持。外部支持又是从以下几个方面体现。第一，学校心理支持系统的构建，包括：学校文化的建设，以营造心理支持的氛围；教师同伴群体的和谐，以促使农民工子女较快地适应城市学校生活；关注心理健康、补偿教育、文化适应性教育等，为农民工子女的融入提供切实保障。第二，政府心理支持系统的构建，包括正确引导舆论、户籍改革、重视学校心理健康教育制度建设、完善心理干预网络等，从宏观上进行调控和导向。第三，社区心理支持系统的构建，包括健全组织机构，提供信息、心理支持。社区心理支持系统作为一种联动和补偿的形式存在。第四，家庭心理支持系统的构建，包括父母积极的生活态度、合理期望和良好的亲子沟通、和谐的家庭氛围。内部支持主要从五个方面塑造：通过合理归因、自信训练，个体能够认识自我、悦纳自我；通过行为训练，个体能够学会交往；通过情感教育，个体能够合理宣泄、识别情绪、管理情绪；通过抗挫、意志力训练，个体能够具有坚强意志，勇于面对挫折；通过艺术教育、学习策略训练，个体能够发展特长、快乐学习。内外互动，综合作用。

第六章：采用文献法、问卷法、访谈法、比较分析法、案例分析法等方法，就苏州一公办学校教育实践看农民工子女养成教育：① 农民工子女在成长过程中表现出来的偏差行为主要有旷课、不思学业、顶撞师长、严重的逆反心理、性格孤僻、离家出走、赌博、抽烟、打架斗殴、出入营业性网吧等；② 促使农民工子女在学校教育和学习生活中养成良好习惯的实践探索；③ 对以农民工子女为主的公办初中学校的养成教育作进一步思考并提出建议。

第七章：以苏州一定点吸纳农民工子女的公办初中为研究对象，将理论与实践经验相结合，阐述艺术教育对农民工子女融入城市文化的重要作用和意义、艺术教育对农民工子女的心理扶持模式、艺术教育促进农民工子女融入城市文化的具体措施。研究表明，艺术教育能够完善认知、启发思维、培养创造力，艺术移情可以促进身心健康发展，使个体意志顽强，提高个体抗挫折能力，以美引善，提升人格魅力，完善个性，愉悦身心，推动生活环境和谐化。

第一章　城乡文化的冲突与融合

第一节　城乡文化的冲突

一、城市文化与乡村文化的内涵

（一）城市文化的内涵

城市是人类创造出来的完全不同于乡村的聚居方式。它是人类文明的象征，英文“文明”（urbane or urbanity）一词就是从“城市”（urban）一词演化而来的。城市是一定范围内政治、经济、文化的中心，它从一开始就是物质和精神财富的结晶，代表着人类文化。城市作为社会文化的写照，反映着它所处的时代、社会、经济、科学技术、生活方式、人际关系、哲学观点、宗教信仰等。城市是一种文化形态，城市是文化实体，城市就是文化的体现。城市文化是一个城市的灵魂（殷京生，2003）。那么，何谓城市文化呢？所谓“城市文化”，是人类进化到城市生活阶段的产物，是人类在城市中创造的物质财富和精神财富的总和，是城市的人格化表现，是人类生活的空间化表述。它是城市人群生存状况、行为方式、精神特征及城市风貌的总体形态，是城市的灵魂，是文明的标志，是属于这个城市人群的完整价值体系。

城市文化包含四个层面：物质层面、行为层面、制度层面和精神层面。表层：物质文化层，如城市的建筑设施、街区风貌、历史遗迹、时代标志等。浅层：生活与行为方式层，如市民生活、生产、分配、交换、消费活动中的行为习俗和特点，城市功能水准表现。中层：管理与制度文化层，如社会组织结构、规章管理机制与效率水平。深层：心理观念文化层，如道德观念、行为准则、政治观点、宗教信仰、伦理习性、审美趣味、文化艺术底蕴和城市文化艺术机构。城市文化的四个层面常常是整体呈现、交互作用。其表层文化离不开浅层文化提供的生活内容和中层文化提供的机制保证，当然更离不开思想理念由深及表的贯彻支撑。

（二）乡村文化的内涵

乡村文化是乡村居民在乡村环境中长期生产与生活，逐步形成并发展起来的一套心理、思想、观念和行为模式，以及表达这些心理、思想、观念和行为方式所制作出来的种种成品。它内敛为乡民的情感心理、思想观念、生活情趣、处世态度、人生追求、行为习惯，外显为民风民俗、典章制度和生活器物，是乡民生活世界的重要组成部分，也是乡民安身立命的价值和意义所在（张中文，2010）。

乡村文化是在特殊的自然环境和生产力水平低下的条件下形成的以农耕文明为基础，以家族文化为核心，以乡土本色为主要特征的，具有积淀和传承机制的相对稳定的文化综合体，是历史上沿袭下来的包括知识、风俗、思想、道德、制度、价值观念、生活方式等一切物质文化和精神文化在内的多层次复合体之总和。由于土地孕育了乡村文化，所以对土地的深厚感情是乡村文化的基本特色。而且，由于土地的重要性，人们安土重迁的心理有了深厚的物质基础，所以表现出对土地无法割舍的情感。生产力水平影响着文化发育的过程，也限制了个体的独立存在。在整体生存状态下，个体缺乏必要的反思，在情感和精神上过分依赖家族和宗族势力，从而使得这两种力量成为了乡村社会中的主导文化势力。小农经济孕育着他们的文化特征和精神风貌，自给自足的生产限制了他们开拓进取的精神，也限制了他们向外扩展的空间。由于乡村社会的封闭性，传统文化的细节在这块地域性社会中得以完善和精致，从而使它的势力更深地渗透在乡土社会中。也是由于细节的完备，传统乡村文化表现出更多的保守性和封闭性。

二、城乡文化差异的表现

由于各自特定的生产、生活方式不同，城市和乡村表现出不同的文化特质，城市的文化特质多显理性化、世俗化、容忍性、匿名性以及非个性化，乡村的文化特质则多具感情性、传统性、外显性、拒斥性。具体来说，集中表现在以下几个方面（表1-1）：

（1）城市文化具有多元性、开放性、新异性和典范性，对新事物多持包容态度，敢于求新求异，追求时尚，创造出多元混合的自由开放式的文化环境。乡村自古以来以农耕经济为主，形成了自给自足的模式，乡村文化相对封闭，人们多安贫乐道，悠然自得，对新生事物和新的生活方式不太容易接受。

（2）城市文化具有辐射性、集中性。城市往往处于中心或节点位置，有着地域优势，成为文化中心，向周边辐射。因而城市文化的水平和影响力，代表着一个区域的文化的最高水平（殷京生，2003）。同时，城市人口流动频繁，交往面广。乡村人口相对固定，因为受传统文化影响较大而思想保守，停滞不前，流动较少，交往范围狭窄。

(3) 城市文化注重个人的价值和人格尊严，重人为，尚人力，个体民主、独立意识强烈，有利于个人主观能动性的发挥。乡村文化立足于农业生产，相对封闭，个体意识较弱，办事效率不高，缺乏时间观念，生活贫困，对血缘关系、地缘关系更为珍视，传统伦理、习惯规范势力较大。

(4) 在生存第一的观念下，城市人善抓机遇，不怕冒险，敢于竞争，讲究实惠实利，带有明显的功利主义倾向和理性主义色彩。而乡村居民做事求和、求稳，不愿冒险，人际情感交流方式单调、直接，易感情用事，且缺乏竞争意识。

而对于城乡文化差异产生的原因，学者刘曙东从近代社会发展角度给出了三个主要原因。一是地理环境的影响。在近代中国，广大农村受交通条件和通讯条件的限制，获取新文化信息的速度远远没有沿海、沿江开埠城市那么快。二是近代城乡社会经济发展的不平衡。如果说地理条件是导致近代城乡文化差异的原初条件，那么，城乡社会经济发展的不平衡是近代城乡文化差异扩大的主要原因。三是近代乡村文化的都市迁移造成了传统乡村文化的衰落，进一步扩大了城乡文化的差异。首先，近代化城市中新颖、独特的文化样式，不断吸引着乡村中的人们放弃传统的乡村文化而到城市中接受西方新文化的熏陶。其次，由于战乱、灾荒、经商等原因，乡村中大批地主、富绅迁往城市。

表 1-1　城市文化和乡村文化的特征差异

乡村文化	城市文化
相对封闭，自给自足，悠然自得	多元开放，求同存异，创新时尚
相对稳定，保守停滞，地域性强	聚集交汇，辐射周边，兼容并包
伦理规范严格，等级性较强	重人为，尚人力
求和求稳，感性淳朴，重义轻利	竞争、冒险，理性、功利，实用为上

(一) 城乡文化的物质层面差异

城市的物质文化远远比乡村发达。在建筑风格上，城市高楼林立、色彩缤纷、规模宏大，而传统乡村民居则多为独门院落，房屋低矮，布局零乱；城市中交通体系健全，现代化交通工具大大缩短了时空距离，而乡村，特别是偏远地区的乡村，大多交通不便，与外界通达度低；基础设施的城乡差异更大，城市基础设施完备，居民生活便利，而乡村基础设施建设几乎没有统筹规划，没有统一的供电、供水、供热和垃圾处理系统，生活极不方便。

(二) 城乡文化的生活行为层面差异

城市里的一切重人为，尚人力，讲求效率，重视科学技术的力量；而立足于农业生产的传统乡村守四时之变，信万物有律，深得“天人和谐”的传统精义，顺天应物，勤俭克己，安分守己，然而办事效率不高，缺乏时间观念，忽视技术和技能。城市人多数善抓机遇，不怕冒险，讲究实惠实利，带有明显的功利主义倾向，人际关系复杂；而乡村深受以和为贵以及重义轻利思想影响，气氛平和，民风淳朴，情感单纯，人生观念质朴，交际方式憨厚，邻里关系融洽。城市具有多元性、开放性、新异性和典范性，吸引着人、物、信息汇集其中，充斥着各种各样的新事物和新观念，对新事物多能包容和接受，敢于求新求异，追求时尚，创造出多元混合的自由开放式的文化环境，却也极易丧失传统和民族之根本；乡村人口较为固定，与外界联系较少，处于相对封闭状态，人们能忍耐、讲调和、保守、知足、对商务和冒险缺乏兴趣和热情，缺乏竞争意识、效益意识、商品意识，安于一成不变的生活，缺少创造力、创新力和探索精神。

（三）城乡文化的制度层面差异

从20世纪50年代开始，在重工轻农的思想指引下，重工业优先发展战略和“城市—工业、农村—农业”的政策导向陆续造成了一系列的城乡隔离制度，如农产品购销制度，户籍制度，劳动就业制度，粮油票证制度以及住房补贴、教育补贴、医疗保障和养老保障等社会福利制度等。这一系列正式制度对城市和乡村区别对待，使乡村遭受了不平等的制度待遇，农民与市民形成了两种身份、两种待遇。城乡分割为两种社会形态。这些制度在中国城乡差距的形成中起到了关键的作用。而从城市和乡村的内部社会结构和规范来说，城市居民的社会结构是由职业、级别、职称、文化水平、身份地位等因素决定的，社会行为受法律法规、规章制度及公共道德约束；由于乡村居民血缘、宗族意识较强，乡村社会结构多呈家族式，有既定的谱系和辈分，宗法和某地约定俗成的非正式制度对乡村居民行为有较大影响，传统伦理习惯、规范势力较大，相形之下，法治观念略显淡薄。

（四）城乡文化的心理层面差异

城市人多以自我为中心，注重个人的价值和利益，血缘、宗族的观念淡漠，民主和独立意识强烈，但淡化人伦亲情和集体精神，缺乏紧密统一的整体联系，因此感情淡漠，关系松散。相对而言，传统的乡村人口固定，个体意识较弱，对血缘关系、地缘关系更为珍视，姓氏具有很强的凝聚力和向心力，突出家族本位和血缘根基，重群体而轻个人，强调彼此依赖，有利于团结协作、服从大局，但束缚了个人的能力发挥和自由。尽管工业革命以来，现代城市的人文价值观不断向乡村扩散，城市文化在更大范围内传播，但因其各自特定的生产生活方式不同，城市和乡村仍表现出不同的精神文化特质。城市的文化特质多具理性化、世俗化、容忍性、匿名性以及非个性化，大众艺术活跃，流行时尚多变；乡村的文化特质则多具感情性、传统性、外显性、拒斥性（魏新文，姚继韵，1995），宗教观念、宗亲观念等重于城市，艺术形式带有浓厚的乡土气息。

三、城乡文化冲突在学校教育中的表现

长期以来，由于受二元社会经济结构的影响，我国乡村文化与城市文化呈现出比较明显的差异，而这种差异在农村人口向城市流动的过程中表现得更为突出，两者的触碰在我国现行的教育体系中普遍存在：从冲突的隐性层面来看，主要表现为语言压力、身份意识、教育观念上的差异等；从冲突的外显层面来看，主要表现为城乡生活环境差异、城乡办学条件差异、城乡学生行为方式和学习习惯差异等。这些冲突本质上反映了“文化多元化”和“教育一体化”之间的矛盾，如果处理不好，可能会激化，影响师生关系、生生关系以及教师和家长的关系，不利于学生的社会化（汤林春，2009）。

（一）城乡文化冲突在学校教育中的隐性表现

1. 语言压力

每个社会阶层文化都有它独特的“语言与符号资本”，由此塑造了不同风格的“言语类型”。在中国，由于地域广阔，加上长期存在的城乡二元对立体制，城乡之间的语言文化差异极其明显。大部分农民工及其子女所具有的“语言与符号资本”与学校“主流社会的语言与符号资本”存在差异。比如，这些孩子在刚入城市学校时，说话会带较浓的地方口音，普通话不标准，等等。这些都会对其学习以及与同学的关系产生不利影响，甚至会招来同学取笑，处理不好还可能会产生自卑心理。在李红婷（2009）的调查以及访谈中，当问及“你目前最大的痛苦是什么？”时，有相当一部分学生的回答是“自己不会说普通话和当地方言，在学校很孤单，没有朋友”、“我说话的时候老师和其他同学不理解我的想法与意思”。

语言压力通常是在农民工刚进入城市或者农民工子女刚进入城市学校时产生的，随着时间的推移、环境的改变以及个体积极主动地适应，理论上来说这一压力会渐渐消除。但是，除了语言不通会给这些农民工子女带来压力外，城市人口也将这些人群称为“乡下人”，明显含有轻蔑的意思。例如，南京市民对农民工的“二哥”、“二姐”的称呼（由工人老大哥、农民老二哥演化而来，这里突出了农民的身份，有蔑视的含义），上海地区的“江北人”的称呼（“江北”意味着贫困、愚昧、野蛮、落后），都是在生活中常见的歧视性语言。

2. 身份意识

由于城乡二元结构的存在，社会回避、排斥农民工子女现象并不鲜见。城市学生多少较农民工子女有优越感，从而也间接导致农民工子女对自己的身份特别敏感，容易因身份认同问题而产生冲突。如一位音乐老师在音乐课上

给学生播放海顿的《惊愕交响曲》第二乐章时，提醒学生注意音乐产生的时代背景，并以“贵族”的身份，以绅士的风范品味作品的优雅，结果一位本地学生说：“听这种音乐是种享受，他们能听得懂吗？”然后不屑地望了望旁边的农民工子女，引得本地同学大笑起来，而那几个农民工子女则面露愠色，摔书而起（汤林春，2009）。

此外，就回避、排斥现象而言，具体是指不怕麻烦，千方百计地回避、躲藏他们所讨厌的人，在学校范围内，这种行为的主体既可能是农民工子女，又可能是城市学生。因为害怕自己被别人瞧不起或者成为众人议论的焦点，有些农民工子女会有意回避与城市学生在一起活动的场合或机会。同样，城市学生在不了解这些新同学的前提下，也会表现出一些回避性行为，比如有意绕过他们，或作出掩鼻状，嫌对方不整洁、有气味。而有些城市家长也会以同样的观念教育自己的孩子，使之在有刻板印象的前提下以不健康的心态去迎接这些新同学。

3. 教育观念

学者汤林春（2009）的调查显示，在对教育价值的认识上，城市学生相对于农民工子女学生，更能认识到读书的重要性，这在统计学上具有显著意义；在对教学的看法上，城市学生认为应“打乱教材，根据学生的情况安排教学内容”，而农民工子女学生更倾向于“上课就是老师讲、学生听”的观点；在家长对学校工作的参与上，农民工子女更希望家长能积极参与学校组织的相关活动，但不希望老师将自己的错误告诉家长，这说明农民工子女既希望自己的父母关心自己，并有能力辅导自己，又对家长简单的教育方式心存担忧；在教育评价观上，农民工子女的评价观带有更强的应试倾向。

（二）城乡文化冲突在学校教育中的显性表现

1. 城乡生活环境差异

农民工子女在进入城市以后，面对突如其来的陌生环境会感觉到孤单、受约束、没有安全感、不自由。有学生认为：“我感觉城市里的生活不安定。在城市里就像关在笼里的小鸟，你要出去，必须有大人带着……在老家，我们要自由很多，那里的一切我们都很熟悉。”

2. 城乡生活习惯差异

乡村居民十分依恋土地，整天跟泥土打交道，对于泥土、灰尘，并不觉得脏，反而有一种亲切感。所以，在乡村，我们经常可以看到满身泥土、蓬头垢面的学生大摇大摆地走进教室，乡村教师也见怪不怪。此外，传统乡村社会没有“现代性”观念支配下的线性物理时间观念，家长和学生对于时间的观念是很笼统而具体的。但来到城市后，现代学校对于作息时间的安排与日常卫生习惯的要求是极其严格的。许多学生进入城区学校上学后,对于学校的作息时间安排以及卫生习惯的要求极其不适应。

3. 城乡家庭教育差异

城乡是两个不同的生活世界,乡村社区在经济、文化等方面与城市的巨大差距,使得农村家庭早期为儿童输送的文化资本远不如城市家庭,这突出表现在城乡父母的文化水平、家庭所拥有的文化耐用品、文化参与、教育投入、教育期望以及家庭社会化模式等方面。一般来说,父母除了为子女创造一个良好的文化氛围外,其文化修养水平还直接影响其对子女的教育水平、教养态度、教育期望等。

4. 城乡教师与家长教育方式的差异

学者汤林春(2009)调查发现,教师与农民工子女家长在教育方式上容易产生冲突。教师往往认为教育是需要家长配合的事情,家长应该承担相应的责任。而农民工子女家长或由于自身文化水平不高,无力指导小孩,或忙于生计,无暇顾及孩子的学习,常把教育孩子的责任完全推给教师。在教育方式上,农民工子女家长往往倾向于简单粗暴的方式,而教师则希望家长要采取更有教育性的方式。如教师与农民工子女家长沟通时,家长常会说:"老师,我们没文化,孩子就交给学校了,如果不听话,您就打嘛!"可贵的一点是,农民工子女家长知道穷人的孩子早当家的道理,他们一般会比较早地培养孩子的自理与自立能力。

5. 城乡学生行为方式的差异

学者汤林春(2009)调查发现,农民工子女生活环境普遍不够稳定,父母对他们的有效指导不多,且农民工子女更不愿受规章制度的约束,行为相对粗放,处事方式相对简单,易与老师、同学发生冲突。调查显示,18.3%的农民工子女认为容易与同学交往发生冲突。如一位农民工子女在入学那天作自我介绍时这样说:"我叫小强,我喜欢打架!"教师以为自己听错了,就引导说:"我们在说自己喜欢什么,那你喜欢画画、唱歌还是折纸?"他还是十分肯定地回答:"我喜欢打架,每次我都能打赢!"教师观察后发现,这个学生的家长与老乡很讲江湖义气,形成了一个小团体,孩子在无形中受到了影响。该学生后来当了课代表,学习积极、工作认真,但遇到同学不交作业时,还常常抡起自己的小拳头,结果使同学们对他"敬而远之",经过教师多次帮助后才逐步改正这一毛病。

6. 城乡学生学习习惯的差异

学者汤林春(2009)调查发现,农民工子女良好学习习惯的养成情况参差不齐,有的不习惯做作业,有的不会记笔记,有的不遵守课堂纪律,这使一些学生被教师列入不守纪律或不爱学习的行列，有时也易引起同学间的摩擦。调查发现：分别有21.0%、18.9%的农民工子女学生认为与教师在作业和课堂纪律方面发生冲突较多；与同学在作业和课堂纪律方面发生冲突的比例分别为17.1%和15.7%。有些农民工子女在家乡时成绩较好，但在进入城市公办学校后成绩滑坡，原因之一就是原有的学习经验和学习基础与城市公办学校的教学要求不同，他们需要一个适应过程。

第二节　城乡文化的融合

一、城乡文化的融合与尊重、包容

（一）城乡文化融合的内涵

文化融合是指具有不同文化背景的群体持续性地直接接触，结果两个群体或者其中一个群体的原初的文化模式发生了变化。也有学者提出，文化融合是因两种或多种独立的文化系统联合引起的文化变化。变化可能是直接的文化传递的结果，也可能来源于非文化因素，也可能因接受外来模式后进行内部调整而有所推迟，也可能是对传统生活模式的反向适应。文化融合的目的是建设新的文化，其实质是对不同价值观的抉择、融合与创新的过程，文化本身所共有的传递性、差异性、发展性、习得性为文化融合提供了依据和可能（赵海峰，2001）。

城乡文化融合是指城市文化与乡村文化在相互接触、吸收、调和中趋于一体、共生共融的过程，文化本身所固有的传递性、差异性、发展性、习得性为融合提供了依据和可能。动态的文化有消散，也将有新生、碰撞、冲突、交流、融合，各取所需，各去其弊，消除差距，形成互补。农民流动的大规模进行，城乡关联的不断加强，使以现代工业文明为特征的城市文化和以传统乡土文明为代表的乡村文化开始了撞击、摩擦和交融，出现了不同程度的整合，城乡文化各自得以丰富和发扬，既保持传统文化的底蕴，又富含现代文明的精华。

但是，必须注意的问题是，城乡文化融合不是城市文化入侵或取代乡村文化，而是城市文化和乡村文化相互吸收先进和健康的文化，摒弃落后和病态的文化的一种双向演进过程。城乡文化融合，是承认城乡文化的不同，并且在承认城乡文化异质性、互补性和差异性的基础上，用公认、理性、进步的文化价值观将城乡文化统一起来，把乡土观念和现代城市文明有机结合起来。也正如学者陈金生、贾后明（2004）所指出的，城乡文化统筹建设是城市和乡村相互吸收先进和健康文化的一种双向演进，是承认城乡文化的不同，并在城乡文化异质性、互补性和独特性基础上的协调发展。

（二）城乡文化融合的基础——相互尊重

文化融合可以在群体水平上发生，也可以在个人水平上概念化。群体和个体的文化融合并不是协调一致、整齐划一的，群体水平的文化融合并不必然导致个体水平的文化融合。正如跨文化心理学家 Berry 所认为的：社会结构、经济基础、政治组织在总体水平上的变化是非常频繁的。相反，在个体水平上，行为、同一性、价值观、态度等的适应变化并不是和总体的适应变化完全同步，也就是说，不是每一个文化适应的个体都会参与总体的变化，同时个体的文化适应也不是以相同的程度和相同的方式进行的。

城乡文化融合的关键在于社会主体对不同文化的心理认同，社会主体的心理认同程度越高，文化融合程度就越高。提高心理认同度的关键在于不同文化之间的相互了解和相互尊重。只有相互尊重才能相互认同，文化歧视只能产生文化抗拒。就教育而言，城市与农村、平坝与山区、重点与非重点、名教师与一般教师、都市学生与农村学生、富裕家庭与贫困家庭，等等，都必须建立在相互尊重的基础上才能产生良性互动，最终才能从文化情感上达到城乡教育的同化。

（三）城乡文化融合的前提——相互包容

上海市教育科学研究院普通教育研究所所长傅禄建认为，开展农民工子女文化融合的教育，需要的是一种新的视野和大的气魄。在平等的氛围中培养农村孩子的自信心、适应性与竞争能力，成为文化融合教育的核心内容。其进一步指出，城乡文化融合在于“潜移默化”、“细水长流”，做到这一点，更应该“从娃娃抓起”。文化融合教育的要素是：解决城乡文化的冲突，破除区域习俗的封闭性，形成共同的愿景认同，结合传播与教育的过程，提升受教育者的文化品位，适应现代的主流社会发展。文化需要改造，融合的前提是包容。通过快速的信息传播、多阶层人群的文化沟通，在平等的氛围中培养农村孩子的自信心、适应性与竞争能力，成为文化融合教育的核心内容。反观上海近现代的发展，也正因为全国各地人民的汇集以及农民与城市居民混合后社会新阶层不断产生，“海派文化”才能吐故纳新。我们在农民工子女集聚的学校发现，农村孩子的朴实、勤劳、责任心等品质，同样也丰富了现实生活中的文化内涵，对于城市孩子来说，是一种不可多得的有效教育资源。

二、城乡文化的融合与教育一体化

（一）城乡文化融合的依托——城乡教育一体化

在日新月异的城市化进程中，城乡二元化程度越来越高，已经成为影响社会发展的关键因素。其不仅造成了城乡经济发展水平的巨大差异，而且凸显了隐性文化方面的二元化。虽然随着城乡统筹的日益深入，城乡文化也在彼此的磨合中从格格不入到相互适应，进而走向相互接受和认同，但是，正如传统观念根深蒂固一般，实现真正的文化融合，需要时间的沉淀，更需要各方的努力，而在这些形形色色的角色中，教育，无疑是题中之义。

教育作为传承和发展人类文化的活动，一直被赋予增进社会公平、促进文化共享的使命，因而城乡教育一体化既是城乡一体化的应有之义，同时又是加速城乡一体化的动力和酵母（李敏，万正维，2007）。城乡统筹发展，基础在城乡发展平衡，关键在主体适应，核心在文化融合，重点在行为改变。这一切都必须倚重于教育，教育无疑可以加快城乡统筹发展的进程，这是因为观念、思维方式和行为方式的转变离不开教育，视野的开拓和文化品性的改变同样离不开教育（纪大海，2006）。

然而，作为推进力量进入统筹发展进程的教育自身必须先行被统筹、被整合。因此，城乡文化融合应首先实现城乡教育的统筹和整合，而城乡教育统筹本身就是城乡文化融合的题中应有之义。同时应当看到，文化融合也是教育整合发展必须迈过的一道最为艰难的坎。正如学者何奕飞（2006）所指出的，城乡经济的二元结构和城乡社会关系的差异，在客观上导致了城乡之间的社会发展差距，与其具有相关性的教育也因此呈现出较为明显的城乡二元特点，特别是在速度和质量方面更是呈现出非均衡发展的态势。由于教育具有基础性、先导性和全局性的作用，城乡教育的二元发展问题如果长期得不到妥善解决，将使城乡经济和社会发展的差距进一步拉大，社会分层和城乡两极分化将会更加明显；由于教育和学校具有社会分层功能，将使城乡教育质量差距进一步拉大。如此循环往复，其结局令人担忧。因此，要提高当地社会经济发展水平和可持续发展的能力，必须高度重视社会与教育的密切联系，切实促进区域内城乡教育质量的均衡发展。

（二）城乡教育一体化的内涵

目前学术界对城乡教育一体化尚无统一说法：

学者王克勤（1995）认为，城乡教育一体化是指随着经济、社会的发展，把城乡教育置于由城市和乡村所构成的同一个大系统中，打破城乡二元经济结构和社会结构的束缚，把它们视为同一个整体，以系统思维方式推动城乡共享优质教育资源，在相互支持、相互促进的前提下通过教育传承、分享和发展共同的文化成果，并在规划发展、体制机制、政策保障、资源配置、内涵建设等方面达到一体化，实现城乡教育协调、均衡、可持续和共同发展，最终实现城乡教育共同现代化的过程（李潮海，于月萍，2010）。

学者刘宝驹（2005）指出，“城乡一体化实质上就是城乡经济从二元分离走向同一的过程”，其最终目标是“达到城乡和谐，共同发展，共同致富”。

学者褚宏启(2009)的观点认为,城乡教育一体化是城乡一体化的衍生概念。城乡教育一体化是指统筹城乡教育发展,整合城乡教育资源,打破城乡二元经济结构和社会结构的束缚,构建动态均衡、双向沟通、良性互动的教育体系和机制,促进城乡教育资源共享、优势互补,推动城乡教育相互支持、相互促进,缩小城乡之间的教育差距,有效消除地域、经济等原因导致的教育不公平,改变农村地区教育的落后状况,使均衡化的公共教育服务覆盖城乡全体居民,实现城乡教育均衡发展、协调发展、共同发展。

学者彭茂辉、胡廷娜(2010)则指出,所谓城乡教育一体化,是指城市、农村打破城乡二元的教育体制,形成一个紧密的教育系统,在此过程中,教育产生新的结构和功能。城乡教育一体化是城乡一体化的重要组成部分,是保障城乡教育均衡发展,促进教育公平的必然要求。城乡教育一体化的发展大致是沿着这样一条道路演变的:农村教育孕育城市教育——城乡教育分离——城乡教育联系——城乡教育融合——城乡教育一体化。这一演变过程既反映了城乡教育一体化的演变趋势,又反映出城市化的进程。这一演变过程是渐进、双向的,需要通过对教育的不断改革来实现。

因而城乡教育一体化不是磨灭各自特色的城乡教育一样化,而是寻求交流和共享。在我国目前城乡教育资源分配严重不平衡、城乡教育发展水平差距巨大的背景下,简单消除差距,既不现实又不合理,用简单拉平的方法降低领先地区、领先人群、领先领域教育发展的速度也是不可取的。城乡教育一体化更现实的意义是改进农村学校办学条件,提高农村教育水平,城市反哺农村,促进优质教育资源共享,以共同的目标、共有的资源经历共同的进步,办有益于实现共同富裕的优质教育。

（三）城乡教育一体化的实现载体——学校文化

在如何实现城乡教育一体化的问题上,国内学者在宏观方面提出了诸多建议。彭茂辉、胡廷娜(2010)认为,应该对教育体制进行深入而彻底的改革:承认城乡差距,实现优势互补;创新教育管理模式,培养高素质的校长;完善教育投入模式;提高教师素质,建立城乡一体化师资建设制度;项目联动,加强校际的对口支援等。何奕飞(2006)认为,应该重视地方教育机构的职能,调整价值标准;调整工作思路,即整体规划,差异化分层发展,分类指导;调整工作措施,如建立城乡一体的教研网络,推进农村教育科研,以倾斜扶持为重点,推进城乡联动发展。谭六三(2006)从更为微观的角度提出,创建初中义务教育、普高教育、职高教育、成人教育、社区教育五位一体的“综合中学”办学模式,促进城乡教育一体化的实现。褚宏启(2009)提出,破解城乡教育二元结构、推进和实现城乡教育一体化,必须从制度问题入手,改革城乡二元的教育管理制度,即要从明确政府职责、提高统筹的层级和重心、坚持规划先行和科学规划、完善户籍和学籍管理制度入手；改革教育投入制度，即要明确经费保障责任，完善经费管理机制，明确政府解决流动人口受教育问题的教育投入责任，公共教育财政制度应覆盖整个教育体系；改革人事制度以及教育质量保障制度，建立严格的教育行政问责制度等。

从城乡文化融合的角度来看城乡教育一体化问题，或许能给我们一些启发。试想，城乡不同的生活方式和教育经历带来了城乡不同的教育文化，特别是形成了城乡关于教育的不同的价值观、风俗、道德和信仰，这些文化因素反过来通过符号的作用不断在各自得以产生的环境中进行自我强化，复制着各自不同的文化行为。因而，促进城乡教育一体化不得不重视文化因素的影响，必须通过文化建设，促使城乡教育文化特别是农村地区文化的变迁，改变二元发展的文化环境，从根本上推进教育的一体化进程。众所周知，在某种意义上，教育是对语言、历史、价值观和新文化规范等的预先的文化融合。教育的主体机构是学校，而学校的主要功能之一就是将这些重要文化要素代代相传，因而，它顺理成章地成为了个体社会化和文化融合的重要机构。此外，就城乡教育一体化的相关主体而言，最重要的是学校、社区和政府，相应地，学校文化就成为城乡教育一体化进程中文化建设的重要内容（李敏，万正维，2007）。

学校文化作为城乡教育一体化的载体之一，体现着某个区域所持有的人文精神和育人理念，是文化创新的主导力量，在潜移默化中影响着学校的每一个个体，是学校全体成员或部分成员共同具有的思想观念和行为方式。但学校文化也并非一成不变，应随着社会文化的进步，城乡文化的冲突，不断创新、调整。面对大量农民工子女的涌入，城乡教育一体化的迫切要求，学校文化更应以开放的心态来面对，提高自身的整合性与包容性，形成多层面、多类型的融合文化。

在城乡教育一体化的背景下，反思主导的教育价值观，重视学校文化建设，从而实现个体内在的文化认同和群体的文化接受。具体而言，学校文化建设可以从以下四个方面着手：

（1）理念文化建设。理念文化主要是一种全校师生员工在长期共同学习、生活过程中所形成的、大体趋于一致的、共同的心理需求、价值取向、思维方式和精神面貌。它往往表现为一种氛围，渗透于学校的一切活动中。我们认为，学校应倡导和合、审美的理念内核，营造和而不同、多样化的校园氛围，融合城乡文化的同时，帮助农民工子女学生尽快熟悉城市学校的文化特质，在耳濡目染、潜移默化之中内化学校的校风、校训、规章制度与行为规范。

（2）行为文化建设。行为文化以师生员工的行为表现、社会实践及校内外其他各种活动为载体，以理念文化为指导，体现为围绕着学校文化建设、办学战略的各个层次和方面所展开的各类与之相关的实践活动等。通过养成教育、家校支持、心理支持等模式实现学校、家庭、个人三位一体。一方面，让农民工子女学生了解城乡文化差异，从而在行为上接受系统训练，养成良好习惯；在认识上通过校本教育获得对城市学校的新看法及正性思维模式；在心理上获得支持，摆脱自卑感、孤独感，锻炼意志，增强抗挫能力，心态更为乐观向上；在情感上拥有积极能量追逐美感、拥抱生活。另一方面，也让城市教师、城市学生对乡村文化传统、行为模式、生活习俗等有所了解，能够理解这些来自农村的农民工子女学生所特有的乡音、行为习惯、思维方式，从而在内心深处接受、认同并欣赏他们，从观念上、心理上、情感上、行为上与他们和睦相处、共同成长。

(3) 物质文化建设。物质文化是理念文化的外显形式，其独特的风格和文化内涵对学生的精神状态产生一定影响，以潜移默化的形式影响着学生情感、意志、态度、价值观等的形成与发展。

(4) 制度文化建设。制度文化是行为文化的固化形式。它包括以理念为指导，在学校这个大环境中，在师生共同的理想追求和价值取向的基础上所形成的一系列规章制度、道德规范、管理方法等。制度文化既是学校理念文化的衍生、表象，又是学校文化建设的保障。

值得注意的是，在学校文化的建设过程中，尽管各个学校有自己独特的学校文化，但城乡教育一体化强调的是区域内共同的学校文化，在保留个性的情况下更重视文化的共性。其次，城乡教育一体化要求弱化城乡差别，强调共性与共享，尊重与平等，因此，学校文化的符号必须去除“城乡标签”、“身份标签”、“地位标签”等，转而强调区域内的共性和平等。

第三节　学校文化对文化适应的影响

一、城乡文化的跨越与文化适应

(一) 跨文化的文化适应理论

文化适应就是指不同文化群体及其成员之间直接的、持续的接触所导致的文化和心理两方面的变化过程，包括群体层面和个体层面的文化适应。群体水平上的文化适应研究侧重于社会因素的影响，如群体间相对的政治经济实力、群体内部社会结构的开放性、群体间文化上的差异程度以及群体中参与接触的社会阶层的广泛性等对社会结构、文化习俗的影响。而个体层面上的文化适应研究以个体的文化适应为研究对象，包括对个体文化认同、价值观、态度和行为能力等方面变化，以及个体文化适应方式、心理适应、社会文化适应、文化适应压力、文化适应过程与心理健康等的相关研究。（图 1-1）

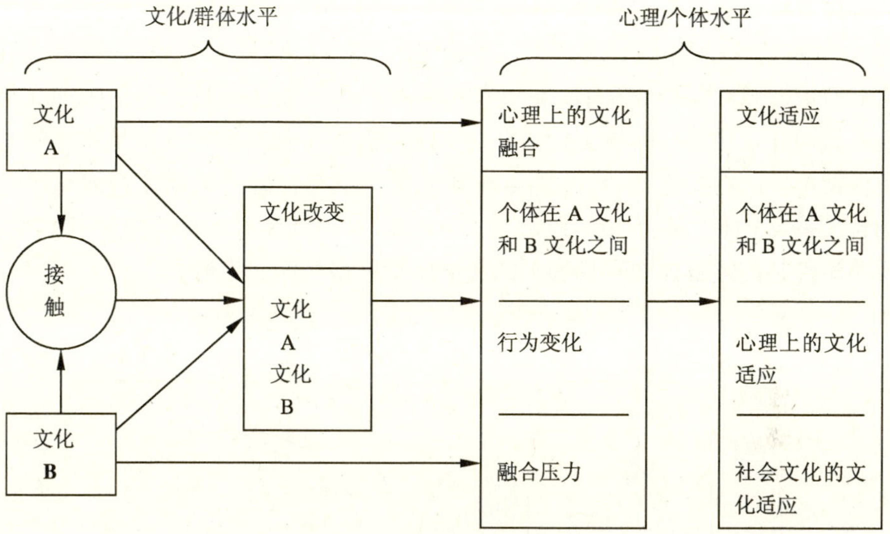

图 1-1 文化适应的一般框架

其中，需要注意的是，行为变化主要体现在两个方面：一是文化脱落，即在文化接触过程中，故意或偶然的现有文化特征或行为特征的丧失；二是文化学习，故意或偶然获得的在新的接触环境中的新的生活方式，更多的情况是，有选择地学习、获得，最后形成维持和变化的可变模式。

所谓文化融合压力，即当生活事件超越了个体的解决能力时，个体对（由于异文化间接触而产生的）生活事件的反应，通常这些反应包括高水平的抑郁（与文化丧失的经验相联系）以及焦虑（与在新社会中如何生活的不确定性相联系）。发生在心理上的文化融合及其影响因素，就群体水平而言，主要体现在原来社会背景（包括政治背景、经济地位等）、新定居社会背景（包括社会支持、多元文化意识形态、种族态度）等方面；就个体水平而言，这些先于文化融合的缓和因素包括性别、年龄、教育、宗教信仰、健康、语言、社会地位、预先的文化融合、移居动机（推/拉的因素）、期望、文化距离等。

1. 文化适应的维度模型

Berry 根据文化适应中的个体对自己原来所在群体和现在所处的新群体的态度来对文化适应策略进行区分，他提出的文化适应两个维度分别是保持传统文化和身份的倾向性，以及和其他文化群体交流的倾向性。他认为这两个维度是相互独立的，也就是说，对某种文化的高认同并不意味着对其他文化的认同就低。根据文化适应中的个体在这两个维度上的不同表现，Berry 区分出了四种不同的文化适应策略：整合、同化、分离和边缘化（见图 1-2 的左边部分）。整合策略的意义是：个体既对保持自己原来的文化感兴趣，同时又与其他群体进行日常交流。实施的前提条件是在明显具有多元文化性的社会中实施，这样社会中的群体或个体普遍接受文化多样性，偏见水平相当低，对大社会具有依恋感或身份认同感。同化策略是指个体不希望保持他们原来的文化身份认同并且注重与其他文化的日常交流的策略。分离策略具体是指个体重视保持他们原有文化，同时又避免与其他文化进行互动的策略。边缘化策略的含义是：个体对坚持原来的文化没有兴趣，对和其他群体交流也缺乏兴趣。实施条件是民族群体中有足够多的成员愿意坚持群体文化传统。

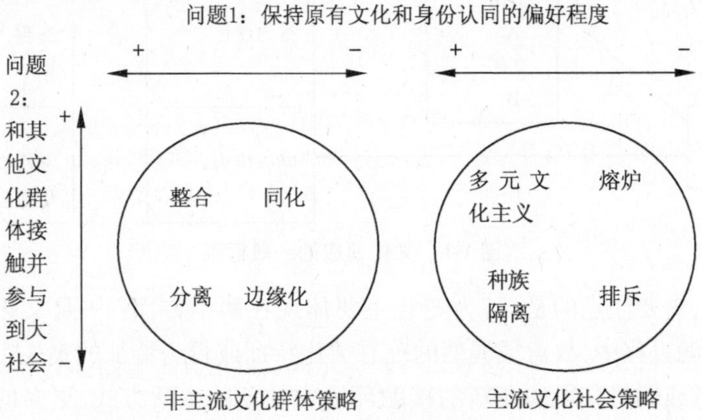

图 1-2　Berry 的文化适应模型

随着对文化适应研究的深入，Berry 考虑到文化适应中的民族文化群体在很多情况下并不能自由地选择他们的文化适应策略，同时也是从 Redfield，Linton 和 Herskovits 对文化适应的经典定义出发，在他原有理论两个维度的基础上增加了第三个维度——文化适应期望和主流文化群体在强有力的相互文化适应过程中所扮演的角色。由此在原有双维度模型的基础上（如图 1-3）在旁边增加了一个类似的结构，当主流文化群体通过种种手段来促进移民的“同化”时，实际上试图把所有少数民族文化都熔化进去；当这些主流文化群体追求并加强“分离”时，采用的是“种族隔离”策略，这一策略在南非和美国都实行过；当主流文化群体将文化适应中的群体“边缘化”时，实际上采用的是一种“排斥”策略；最后还有一种，就是当主流文化群体承认其他文化的对等重要性，并追求国家的文化多样性时，就出现了与“整合”相对应的“多元文化”，这一策略在加拿大等国家比较受欢迎，并且开始在全球范围内获得越来越多的重视。

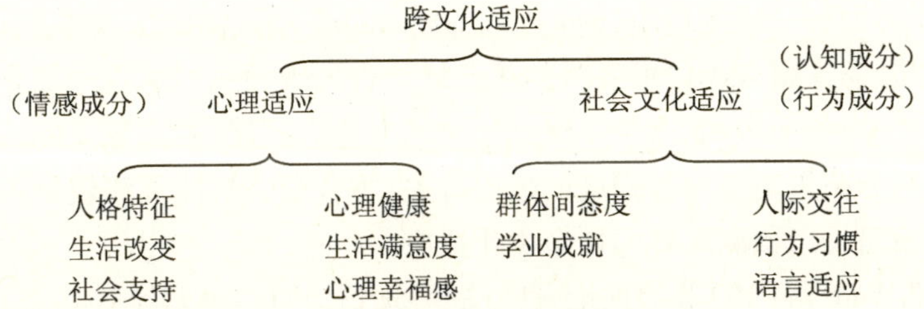

图 1-3　跨文化适应的层次模型

2. 文化适应的层次模型

一些心理学研究者是从心理学适应研究的三个要素——认知、情感和行为的角度，对个体在新文化或异文化环境中的适应问题进行研究。

Mendenhall 等认为，跨文化适应包括情感、行为和认知三个部分，情感指心理幸福感，行为是个体与当地文化间的相互作用情况，认知是对当地文化的态度以及对当地价值观的接受程度等。Kealey 认为文化适应有正面和负面的心理因变量，对生活的满意度是正面变量，抑郁和焦虑是负面变量，生活满意度高，抑郁和焦虑等负面情绪少，就达到了理想的文化适应状态。

而 Ady 把跨文化适应分为：生活满意度，与当地文化接触的程度，不能适应新文化时产生的负面情绪（焦虑、抑郁等），有效控制、协调的能力（压力—应对），对新居住环境的协调，与当地文化、当地人的有效接触。

Moghaddam 等认为跨文化适应包括了三个关键部分：对自己所处地位的积极情绪和满意度，发展与新文化成员的积极人际关系，处理必须解决的任务的有效性。而第三个部分可以被认为是任务效率，也就是个体成功完成必要任务的行为表现。

Ward 等（1997）认为跨文化适应（图 1-3）可以分为两个维度：心理适应（psychological adaptation）和社会文化适应（socio-cultural adaptation）。他们的研究主要以旅居者为对象。心理适应在很大程度上包含一个人的心理和身体上的良好状态（Schmitz，1992），其以情感反应为基础，指在跨文化接触中的心理健康和生活满意度。在跨文化接触的过程中，心理适应包括了没有或较少产生抑郁、焦虑、孤独、失望、想家等负面情绪。社会文化适应基于行为，是指正处于文化融合过程中的个体在新的文化背景中有效地处理日常生活，适应当地社会文化环境，能够与当地文化群体进行有效的接触。心理适应问题在相互接触后通常会增加，然后随时间又减少，社会文化适应通常是随时间呈现线性改善趋势。这两方面的适应都可以用文化融合整合策略以及最小的文化距离来预测（Ward & Kennedy，1993；Ward，1996）。Aycan 和 Berry 提出了适应的第三个方面——经济适应(economic adaptation),可以用移民动机、有关剥夺的感知以及初次踏入工作世界时的社会地位丧失来预测。适应与文化融合策略之间的关系研究表明,追求并完成整合的人适应最好,被边缘化的人适应最差;同化与分离策略与中等程度的适应有关;整合策略只能预测较好的心理适应,同化策略可以预测较好的社会文化适应。

按照 Ward 等(1997)的理论,良好的心理适应可以通过个性特征、生活改变事件、社会支持进行预测,而好的社会文化适应则可以通过文化知识、接触程度和积极的族群态度进行预测。文化适应良好的标准之一就是良好的心理适应,包括有心理幸福感,生活满意度高,抑郁、焦虑等负面情绪少;其二是良好的社会文化适应,包括个体能否与当地文化、居民进行有效接触。这样的划分具有一定意义,因为有的个体虽然心理健康,但是不能和当地社会进行有效接触,在适应当地社会文化方面还是存在问题。如美国的唐人街(Chinatown)就是一个典型例子。

(二) 城乡跨文化适应的影响因素

城乡跨文化适应,是指个体在进入城市社会后(无论他们是在农村出生,还是在进入城市后出生),为了顺利地融入城市社会生活,改变其原有的以乡村文化为背景的文化价值体系、思维模式和生活方式,并代之以城市文化为背景的文化价值体系、思维模式和生活方式的过程。这种城乡亚文化跨越不仅对个体具有重要的意义,而且对整个社会也会产生影响。研究者指出,个体在文化、亚文化和社会心理上的不适应,是造成城市社会行为失范的主要原因之一。

跨文化心理学认为,与不同文化群体成员接触过程中,个体会经历一系列生活变化,如风俗习惯、生活方式等变化,这些都会引起压力,影响个体在异文化环境中的适应状况。而影响的因素多可分为两类:外部因素(生活变化、时间、社会支持、文化距离、歧视与偏见等),内部因素(认知方式、人格因素、知识与技能、应对策略和人口统计学因素等)。

1. 外部因素

(1) 时间。Oberg 提出处于文化接触中的个体存在四个情感适应阶段:蜜月期、危机期、恢复期和适应期。蜜月期,持续时间较短,置于其中的个体享受新文化带来的新奇;危机期中的个体,在新环境中开始了实际的生活,逐渐体验到文化冲击带来的挫折和焦虑;恢复期中的个体对新的文化环境有所认识,接受了一些新的价值观,自信有所增长,开始试图解决新环境中的危机,融入新的文化背景;而适应期的个体重新适应新环境(徐光兴,2000)。

(2) 生活变化。跨文化接触带来的生活变化会影响人的心理适应(陈慧等,2003)。Furnham 和 Bochner(1986)在对负面生活事件文献的批判性回顾中,提到生活变化与身体、心智健康存在着一定的关系,生活变化和心理失调的平均相关系数为 0.35。

(3) 社会支持。对于个体来说,社会支持来自家庭、老乡以及当地人。一方面,老乡可以提供信息,帮助个体应对新环境,同时也提供感情帮助,起到一种保护的作用,使个体感到安全,增加归属感,减少压力,减少焦虑、无助感和疏离感等消极情绪。另一方面,这种社会支持也可能阻碍个体对当地文化的学习和融入。个体与当地文化成员的关系,也会影响他们的适应情况。有当地朋友的个体适应问题比较少,满意度与心理幸福感比较高,与当地人关系的满意度与外国学生的整体满意度(包括学业和非学业方面的满意度)联系在一起(Ward & Kennedy,1993)。陈向明对旅居美国的中国留学生的研究发现,不能跟当地人进行良好的交往,使中国学生产生很多负面情绪,如无助感、孤独感和负罪感等。而且,陈向明还发现,中国学生不能与当地人进行良好的交往有很多原因,其中一个重要的原因是交往的模式、交往态度和交往习俗与当地人不同。

(4) 偏见与歧视。歧视对心理与社会适应会产生很大的影响。很多研究发现,种族歧视和旅居者的心理幸福感之间有很强的负相关。如对在加拿大的塔基人来说,他们知觉到的歧视与其较差的心理适应联系在一起。从文化距离的角度来看,中国人应该比较容易适应日本的环境,但是很多研究都发现,与西方人相比,中国人在日本的适应情况比较差,其中一个主要的原因就是中国人在日本受到了歧视。因此,可以看出,歧视与偏见也是影响跨文化适应的一个很重要的因素(陈慧等,2003)。

2. 内部因素

(1) 认知方式。对生活变化的认识和评价方式的不同对文化适应会造成不同影响。在生活变化的认知评价方面,研究得比较多的是个体的期望。期望是指在进行跨文化接触之前,个体对跨文化接触的想象。现实的、与实际体验匹配的期望,能促进良好的适应。期望与现实体验匹配,证明个体有足够的心理准备去处理潜在的生活压力变化,期望的正确性可以使人对以后的压力环境进行正确的评价,建立起信心,减轻焦虑(陈慧等,2003)。

(2) 人格。人格影响文化适应的研究主要侧重于对控制点、外向性等的研究。内控的人具有积极的态度,通常被认为心理比较健康。如果人很相信外界因素,如运气对事情的影响,那么他就是一个外控的人。这方面的研究主要是了解控制点对心理适应的预测作用,很多研究发现控制点是心理适应有效的预测源。如 Kuo,Gray 和 Lin(1976)发现,外控点是在美国的中国移民心理健康问题的有效预测源，比人口统计学因素、社会文化因素以及生活变化因素都重要。Ward 和 Kennedy（1992）认为控制点的作用并没有情景性，即除了文化变迁外，在其他情景下的适应问题中，控制点也具有相同作用。Ward 和 Chang（1997）提出文化适合假说来整合这些研究。他们认为，人与环境存在着交互作用，在很多情况下不是根据人格预测跨文化适应，而是根据旅居者的人格与当地文化群体是否“适合”。

（3）知识与技能。此外，对新文化的知识和技能的掌握通常被认为可以提高适应水平。如熟练掌握主流文化语言的个体被认为在与主流群体的交往和社会活动参与上体现出更多的自信，而熟练掌握两种语言的个体可能在原文化群体和主流文化群体中游刃有余，但仅仅掌握本族语可能使个体在主流文化适应的过程中困难重重，从而产生自卑和退缩心理。对语言能力与文化适应的关系研究有不同发现。一些研究发现语言能力与心理幸福感、适应和一般满意度相关，而一些研究并没有发现语言能力与心理适应有显著相关，甚至有的研究还发现语言能力与心理幸福感有相反关系。例如，Takai（1989）发现在日本的留学生日语流畅程度与生活满意度成反比，因为具备一定语言能力的外国人对与当地人的交往有较高期望，但是这种期望又不能实现，因此语言能力高的旅居者的满意度降低。这说明当根据语言能力来预测跨文化适应时，存在着其他的调节变量，如认知和期望。

二、城市文化、学校文化与文化适应的关系

（一）城市文化与学校文化

城市本身是一种文化形态。城市文化是城市人群生存状况、行为方式、精神特征及城市风貌的总体形态，是城市的灵魂，是文明的标志，是属于这个城市人群的完整价值体系。

随着移民不断涌入城市，城市文化与乡村文化从格格不入到包容、接纳，这其中众多因素发挥着不可替代的作用，其中，教育的力量最不可忽视，因为其始终与文化适应有着某种联系。第一，个体的问题分析和问题解决能力通常是在正式教育中得到提高，这似乎会促进其更好地适应；第二，教育有助于移民调整自己以便他们与所移入的新城市的社会特征相协调，教育是对语言、历史、价值观和新文化规范的预先的文化融合；第三，教育还与其他资源有关，比如支持网络，这些都是自我保护的因素。

而教育的主体机构是学校。学校的存在，不仅是为传承和探究社会生产、生活经验和规律，更重要的是引导社会和谐的文化。学校作为文化组织，在加速人的社会化过程中，只有自身的文化和谐，才能培养和谐的人，并引领和谐社会文化。长期以来，城市学校形成了适应城市发展需要和城市市民期望的

办学理念、管理制度、教育教学内容与方法等，在一定程度上反映了城市文化的发展水平，形成了城市学校所特有的文化，比如教师在教学中及与学生的日常交往中，会将这个城市所特有的文化特征有意无意地表现出来。而学校的主要功能之一就是将这些重要文化要素代代相传，同样，它也是个体社会化和文化融合的重要机构。正如学者徐新林(2007)所认为的那样，文化环境对人的社会化影响极大，它潜移默化、无孔不入的作用，内化为诸如人格、素质、个性、角色、历史轨迹等人人都不可或缺的因子，对于人的素质的形成和提升，对推进人的社会化进程的作用是独特的，影响是深远的。通过文化的传承，人们可以了解前人的生活经验、行为准则，可以顺利地与他人及群体建立联系，将自己融入社会中。

学校文化作为一种亚文化，体现着城市的人文精神和育人理念，是城市文明传播、文化创新的主导力量。它是学校全体成员或部分成员共同具有的思想观念和行为方式(郑金洲，2000)。这是一种以学生文化、教师文化、管理者文化为主体，以教育教学活动、管理实践活动为载体，以校园为主要空间，以办学思想、教育理念、育人观、人才观、价值观、教师的精神气质为主要特征，比较稳定的思想意识、思维方式、价值取向、行为规范和生活态度的群体文化总和，它反映了一个学校的精神面貌，决定了学校的内聚力和发展内涵。

(二) 学校文化与文化适应

文化适应的层次是多方面的。心理学家 Ward 及其同事(1992，1994)从个体层面提出并验证了文化适应的两个维度：心理和社会文化适应。心理适应在很大程度上包含一个人的心理和身体上的良好状态，以情感反应为基础，主要指在跨文化接触中个体的心理健康和生活满意度，以心理健康为测量依据。良好的心理适应可以用个性变量、生活改变、社会支持来预测。社会文化适应则更多涉及适应的认知和行为成分，指正处于文化融合过程中的个体在新的文化背景中有效地处理日常生活，适应当地社会，与当地社会成员有效接触，它以测量个体在当地社会体验到的困难为依据。良好的社会适应可以用文化知识、接触程度和积极的群体间态度来预测(Ward & Kennedy，1993)。

个体从农村或城镇边缘移居城市而成为新移民时，会因现代都市的繁华而倍感新鲜与好奇，也会因生活环境的改变、语言交流的困难等而倍感压力与冲击。尤其是对于这些年幼的城市移民而言，如何养成良好习惯，如何平等融入群体、寻求同伴认同，如何在新的环境中快乐学习与成长，适应并且融入城市文化就显得尤为重要。正如学者(邱兴，2006)所言，城市与乡村亚文化的差异就是国内移民出现文化适应困难的主要原因。同时，城乡文化的不同，将在某种程序上影响个体的价值观念、生活态度，当它们共处于一个校园环境时，不可避免会发生文化上的碰触。这个碰触若不能得到及时、合适的整合，将会延迟农民工子女学生的社会进程。营造积极向上、和合审美的学校文化氛围，能够帮助其缩短文化差异带来的阵痛期，尽早融入学校文化，使其成为具有良好心理素质、正确价值观念、符合规范的行为方式的和谐发展的个体，这既是学校发展的需要，又是个体文化适应的要求。

从更为具体的层面来看，个体在进入文化融合（适应）进程时，本身已经拥有了一系列个人特征，如人口统计学特征、心理特征以及社会特征。人们已经意识到年龄和文化融合方式之间的联系。如果文化融合开始得比较早（如在进入小学之前），文化融合过程通常会比较顺利，可能的原因是：个体在原来文化中还没有完全被文化所濡化，在进入新文化时就不需要太多文化脱落，不会产生严重的文化冲突，因此，在早期阶段个体的可塑性和适应性都处于顶峰。然而，年龄更大一点的，处于青春期的个体也确实会遇到一些问题（Sam & Berry，1995）。在这一阶段，父母的要求和同伴的要求之间的矛盾可能比较多，也有可能从孩子到成人过渡问题与文化过渡问题混合了起来。比如，身份认同的发展问题此时开始出现，使得“自己到底是谁”这样的问题复杂化。

学校文化看似无形，实则于潜移默化中影响着学校里的每一个个体，包括教师、学生、其他工作者，甚至是前来交流的外来人员。但是学校文化也并非一成不变，尤其是随着大量移民子女陆续进入公办学校，城乡文化之间的冲突与融合确实对学校文化的创新提出了更高要求。这种冲突体现在：移民子女学生与城市学生、公办学校教师之间的文化冲突；移民子女家长与城市公办学校教师、城市学生家长之间的文化冲突（汤林春，2008）。我们认为，对于这些差异与冲突，应以开放的心态来面对，承认其存在，包容其独特性。在社会文化多元化背景下，鼓励不同文化背景的学生相互学习、取长补短，培育兼容并包、相互学习、团结互爱的氛围。通过多种途径，搭建城市学生和农民工子女学生互动平台，使其通过交流，达到相互接纳，从而实现两种文化的和谐共处，使个体更好地适应城市文化氛围。因而，学校文化在某种意义上是一种整合性较强的文化，因为学校有着明确的价值取向和目的、要求，学校文化是以内化的观念为核心，以预定的目标为动力，通过一系列活动形成的多层面、多类型的文化。

第二章　农民工子女文化适应现状研究

农民工子女跟随父母由农村迁移到城市，其原有的生活环境、教育环境都发生了很大的改变。他们被视为城市的边缘人，是新兴的弱势群体，权益也往往被忽视。由于其在家庭条件、生活方式、行为习惯、基本素养等方面与城市人存在较大的差异，他们难以在城市中找到归属感和认同感。陌生的环境和冲突的城乡文化无疑会给农民工子女的心理带来很大的压力，威胁着他们的心理健康。近年来，越来越多的学者也开始关注文化适应对民工子女心理的影响并提出相应的对策。但在提出解决方案之前，我们应先来了解一下农民工子女文化适应的现状。

第一节　农民工子女的现状研究

一、农民工子女的数量与结构

（一）第二代移民人口——农民工子女数量激增

伴随着我国改革开放以及城市化进程的加快，在农业发展不景气和现代农业的需求所产生的巨大推力与城市化发展中所欠缺的劳动力、城乡差距日益拉大所产生的拉力共同作用下（李强，2004），中国最本分的农民变得“不安分”起来，他们纷纷卷起铺盖，放弃祖祖辈辈形成的“日出而作，日落而息”的生活方式，不约而同地迈着坚定的步伐，走出贫困的乡村、封闭的山区，走向繁华的城镇、开放的都市。他们“怀揣着梦想”、“背井离乡”，从熟悉的农村来到陌生的城市，从乡村的主人变成了城市的边缘人，希望能在城市中求得生存与发展空间。他们奔波在城市的大街小巷，从事非农业工作，为城市发展作出突出贡献，但他们户籍仍在农村，成为流浪于城乡间的弱势群体——民工（程仙平，2009）。

20 世纪 80 年代中期，全国各地掀起了一股波涛汹涌的“民工潮”。大量农村剩余劳动力由农村流向城市，由欠发达地区涌向发达地区。而 20 世纪 90 年代后期，民工规模在持续扩大的同时，结构也发生了较显著的变化，农民工由过去的“单身外出”转变为“举家迁移”。随着流动家庭化趋势的加剧，城市中也因此涌现了大量的第二代新移民人口——农民工子女。有研究表明，流动人口家庭化是近年来人口流动的一个突出现象，有近三分之一的流动人口带有“移民”性质，他们在城市居住的时间超过5年且没有返乡意向。农民工在上海、北京等城市和广东、浙江、江苏、福建等经济比较发达省份的部分城镇比较集中（谢枭鹏，2006）。而在这些移民人口中，上海市28.3%的移民人口是举家搬迁的；在武汉的150万移民人口中，家庭式流动人口占33.3%；北京市的调查表明，农村人口举家迁移的比例已高达75%以上（刘珍珍，2005）。

（二）农民工子女多为处于义务教育阶段的小学生

由于农民工具有流动性强等特点，对于城市农民工及其子女的数量很难有一个准确的统计数字，目前比较权威的数字来源于《中国九城市流动儿童状况调查》，该研究认为：2000年11月，全国18周岁以下流动儿童1 982万人，占全部流动人口的19.37%；大多数流动儿童来自农村（占74%），也就是说，全国18周岁以下的城市农民工子女达1 466.68万人。流动儿童中，男女各占50.8%和49.2%，6～14岁义务教育阶段流动儿童占全部流动儿童的43.8%，15～18岁流动儿童占28.8%，义务教育年龄段流动儿童达到868.12多万人，义务教育年龄段城市农民工子女642.41万人。农民工子女在北京、广东、上海等经济发达地区较为集中，且数量有急剧增长的趋势，给当地政府带来很大压力（陈晓蓓，2003）。

2003年11月，国务院妇女儿童工作委员会和全国妇联根据2000年第五次全国人口普查结果推算：我国移民人口规模已超过1亿人。其中18岁以下的农民工子女有1 982万人，占全部移民人口的19.37%。国家统计局有关资料显示，2003年农村外出务工的劳动力已达1.14亿人，占农村劳动力的23%，其中举家在外务工的劳动力2 430万人，随同父母进入城市的6～14岁义务教育阶段适龄儿童约有643万人。

从农民工子女的年龄结构来看，目前主要以小学生为主，这与农村留守儿童的年龄结构也基本吻合。调查显示，在农村留守儿童中，小学生家长外出打工的比初中生家长外出打工的要高出10～30个百分点，而小学低年级学生家长外出打工又比高年级学生家长外出打工的多10～20个百分点，这实际上反映了当前农民外出打工的一个基本的生态周期：外出打工的农民一般都是青壮年劳动力，他们的子女，这个时候正处于小学或初中阶段，而无论是在城市移民子女中，还是在留守儿童中，小学生，尤其是小学低年级学生，家长进城务工就业的比重之所以高于初中生，是因为前者的年龄大致处在25～35岁之间，一般是小家庭刚建立不久，家庭的经济基础较差，要通过进城务工来巩固小家庭的经济基础。然而，随着年龄的增大，特别是到了35岁以后，农民进城务工就业的就越来越少（范先佐，2005）。因此，跟随父母迁移到城市的农民工子女中，小学生占了绝大部分。

二、农民工子女的适应状况

对农民工子女的研究始于教育问题。随着社会各界对农民工子女受教育问题越来越重视，其受教育状况得到了很大的改善。21世纪以来，越来越多的学者开始重视文化差异对民工子女的融入影响，从适应角度来探讨农民工子女的社会融入问题，分析农民工子女的适应现状与影响适应的因素，以期找出更好地促进农民工子女城市适应的措施。

2003年周皓在《流动儿童与社会的融合》一文中，用社会统计方法对流动儿童的社会融合问题进行了分析（周皓，章宁，2003）。选取的研究对象是来自北京行知打工子弟学校的学生。研究从静态和动态角度分析了流动儿童与当地社区融合的情况，并且利用多元 Logistic 回归分析了影响流动儿童与城市社会融合的因素。最后得出结论：在社会交往方面，流动儿童之间融合程度较高，但是与常住儿童、常住居民交往不多，关系比较疏远。在与社区的融合方面，流动儿童对城市社区缺乏足够的认同。而在影响流动儿童与城市社会融合的因素中，除了时间外，还包括流动儿童的年龄、性别、父母的受教育程度、迁出地的生活背景和社会背景以及迁入地居民对他们的态度，其中母亲的受教育程度、迁入地居民对流动儿童的态度对流动儿童与迁入地的融合影响非常明显。

2005年，郭良春、姚远等以北京市一所公立中学为个案，在《公立学校流动儿童少年城市适应性研究——北京市JF中学的个案调查》中从社会学角度研究流动儿童的城市融合问题（郭良春，姚远，杨变云，2005）。他们将流动儿童的城市适应性定义为流动儿童在新环境下主要依靠自身努力实现的社会化和再社会化，反映出对所居住城市的认同程度和融入程度。流动儿童的城市适应性也就是流动儿童对其生存环境的适应，即对家庭、学校和社会这三方面环境的适应。通过分析得出结论：公立学校的流动儿童在城市的适应性基本良好，但随着年龄的增长，流动儿童对来自社会的排斥有强烈的体验，心理健康受到一定的影响，内心有较严重的自卑、敏感和对不公平制度的反抗倾向。

唐贵忠、唐晓君、肖家慧等人在《重庆市城区流动儿童社会适应情况》（唐贵忠，唐晓君，肖家慧，2007）一文中，分析了流动儿童与同班城市儿童的关系、流动儿童课堂发言情况、集体活动情况、交友情况、担任学生干部情况等变量。得出的结论是流动儿童社会融合情况良好，但在参与集体活动和课堂发言方面还显得不够积极，应重视流动儿童社会融合能力的培养，为流动儿童的社会心理发育提供良好的校园和社会环境。

胡韬将影响流动少年儿童社会适应的主要因素归为四个方面(胡韬,2007):学校因素,家庭因素,社会歧视,个人志气;认为少年儿童社会适应是由人际友好、活动参与、学习自主、生活独立、环境满意、社会认同、人际协调、社会活力八个一阶因素以及社会关系与观念适应、学习与学校适应、生活与活动适应三个二阶因素构成的。其中,学校和个人因素直接影响社会适应,家庭和社会因素通过学校因素和个人因素对社会适应产生间接影响。

尽管大多数的文献都显示了农民工子女在社会适应上的问题与障碍。不可否认,农民工子女由农村来到城市,在适应上存在一定的困难,但我们也不要忽视其自身优良素质所带来的优秀表现。中国青少年研究中心课题组考察了北京市进城务工农民子女的城市适应状况,从社会—城市生活、学校生活、社区环境适应等几个层面考察了其城市适应状况,发现进城农民工子女虽然居住条件较差,但在学习方面农民工子女比城市儿童更勤奋刻苦,多数学业成绩表现良好,与父母相处也比较融洽。因此,在促进农民工子女适应性发展时,也应关注其优良品质,从内部引导入手,使其积极、主动、善意地适应城市生活,融入城市社会。

三、农民工子女的适应障碍

(一)农民工子女所遭遇的社会排斥

社会排斥的概念最早出现在对贫困的研究中;社会排斥的类型多种多样,成因复杂,很难有统一的概念界定,因此理论界对社会排斥至今没有一个广泛认同的定义。社会排斥具有层次性、综合性、累积性、过程性和传承性的特点。社会排斥包括个人、家庭、社群等不同层面上的排斥;社会排斥不仅指经济方面的排斥,而且包括政治、社会、文化及心理等方面的排斥,而社会成员在某一层面上遭到排斥,往往导致其在其他层面上也会遭到排斥;社会排斥是一个动态的过程,而不仅仅是一种结果、状态;社会排斥还具有很强的传承性,受到排斥的家庭,其在社会资本、经济资本、文化资本等方面的匮乏,其后代向上层流动时往往会受到更多的限制,因而比普通家庭的后代更容易受到排斥(景晓芬,2004)。

农民工子女由农村流动到城市,是社会流动过程中产生的特殊弱势群体。其经济条件、社会地位、自身能力的弱势地位,外加对城市环境、文化的融合障碍,使其在思想观念、社会关系、社会福利等不同层面上受到了社会排斥。

1. 观念排斥

观念排斥是城市居民在意识层面上对外来农民工子女的排斥,这有着深刻的社会历史因素。由于我国长期执行户籍管理的城乡分割制度,对城市和农村实行不同的政策。城市居民可以享受国家提供的一系列社会福利和保障,而农村居民却不能;加上工农业产品的价格差,使得城市居民的生活水平远远高于农村居民。因此,城市跟农村不仅仅存在生活地域上的差异,还代表着生活水平的差异,甚至城市居民也成了一种身份和社会地位的象征。“城里人”有文化,有素质,高人一等,“农村人”、“乡下人”落后、愚昧、没有素质。

随着改革开放进程的加快,国家逐渐放宽了对社会流动的限制,越来越多的农民进入城市谋生,并且愿意长期留在城市,短期内没有回乡的打算。但由于政策限制、城市居民的排斥和自身资源不足等原因,这些进城务工的农民所从事的大多是报酬低、劳动强度大的工作,干的都是一些城里人不愿意干的脏活、累活。进城务工人员对城市的建设、发展作出了巨大的贡献,却没有得到应有的尊重。提起“农民工”,很多的城市居民都是戴着有色眼镜甚至歧视的意味来对待的。

农民工子女作为农民工的后代,跟随着父母来到城市,也同样遭受着城市居民的排斥。外来人口的激增造成城市公共服务的短缺,特别是农民工子女多是义务教育适龄儿童,其大量涌入造成了城市中小学人满为患和质量下降等问题。许多城市居民认为外来人口影响了他们原有的生活秩序和质量,因而对外来人口更加排斥,这种排斥同时也影响到了农民工子女。访谈时听到有些城市学生的家长谈论某些招收了很多农民工子女的学校时,说“那个学校都快成了民工子弟学校了,招的都是外来打工的人的孩子,教学质量、硬件设施肯定跟不上”。招收农民工子女的多少俨然已经成为某些城市家长衡量一个学校质量的标准。而在农民工子女比较多的学校就读的城市儿童的家长,也不愿意自己的孩子与农民工子女打交道,认为农民工子女都是些“野孩子”,没有教养,学习差,又不讲卫生,因此禁止自己的孩子跟他们交朋友。

2. 认同排斥

认同是一种主观感受,农民工子女来到城市,对城市生活、文化认同感较高,他们希望进入到城市的生活中去,也希望能在城市中接受较好的教育,将来从事有较高经济收入和社会地位的工作。

但农民工子女对自己目前在城市中的身份存在着认同排斥。虽然他们认同城市文化,也希望在城市中生活,可他们在城市中只能作为“外地人”、“边缘人”存在。大多数的孩子还是认为自己是老家那地方的人。在他们判断自己是不是城市人的标准中,有没有城市户口是第一位的,其他诸如:是否出生在城市、在城市中长大,家里在城市是不是有房子,能否吃得好、穿得好,家里是否有钱,父母在城市是否有稳定工作等。但即使是在城市出生并且在城市长大的孩子,也会因为自己是外地户口,在回答自己是哪里人时犹豫不决(王莹,2005)。因此,户口是孩子们心中的一堵高墙。农民工子女不是不想做城市人,而是城市的拒斥令他们不敢,他们对城市无法产生强烈的归属感。可以说,外来的农民工子女在城市中处于一种“飘零”、“无根”的状态:他们不愿再回农村的老家,对于现在生活的城市又无法认同。

3. 社会福利排斥

社会福利排斥是指个人和团体因不具有公民资格而无法享有社会权利,或者即便具有公民资格也被排斥在某些国家福利制度外(曾群,魏雁滨,2004)。在我国,社会福利排斥主要是制度性社会排斥,是由国家法律法规、政策规定或具体的实施过程造成的社会排斥。制度性排斥是农民工子女在城市中遭遇的最主要、最严重的社会排斥,也是其适应城市生活、融入城市社会的最主要障碍之一,这也是由我国长期的城乡分割状况和户籍差异造成的。城乡户籍之间的差异远远超出了其本身的意义,户口不仅是个体籍贯的证明,还代表着某种身份和地位。城市的户口意味着优越的身份,而农村的孩子从一出生就跟城市的孩子不在同一条起跑线上。对于外来务工的流动人口来说,制度性排斥主要体现在社会福利和公共服务上,因为城市中的社会福利与公共服务是与户籍制度捆绑在一起的,只有具有这个城市的户籍,才能享有这个城市所提供的养老、医疗、失业、住房、教育等相关福利(王莹,2005)。

而对于外来的农民工子女来说,教育排斥是其面临的最现实也最需要消除的社会福利排斥。从总体状况来看,农民工子女的义务教育状况并不乐观。虽然我国政府在2001年的《国务院关于基础教育改革与发展的决定》中首次提出了“两为主”政策,规定了流入地政府和公办学校在解决农民工子女教育问题上的主要责任,并表明农民工子女上学与当地学生一视同仁。另外,2006年,《中华人民共和国义务教育法》的修订,也从法律上保障了农民工子女的受教育权。这在一定程度上保证了义务教育阶段农民工子女与城市儿童享有同等的待遇(李慧,2010)。但现实并不如想象般乐观,由于受到家庭背景、文化传统、先天素质和经济状况等条件的影响,儿童在开始接受教育的机会上就存在着不平等。因为户籍制度,有的孩子可以读好学校、重点学校,有的学生只能读差学校,而他们所缴纳的学费是一样的,但享受到的教育资源是截然不同的。农民工子女的接收学校,在教育资源、办学条件、教师队伍等方面与城市重点学校有着天壤之别,并没有实现所谓的教育公平。

4. 社会关系排斥

社会关系排斥是指个体或团体被排斥出正常的或主流的家庭和社会关系网络,是对社会关系、人际交往的衡量。

在农民工子女的社会关系网络中,主要包括初级群体中的父母、亲戚、朋友和邻居，以及次级群体中的学校老师、同学等。在这些关系群体中，父母基本不存在排斥现象，农民工子女跟随父母来到城市，原有的社会关系已经远去，现今能依靠的、关系最密切的只有父母。而从我们的访谈中也可以得知，大多数的父母对孩子的教育还是很重视的，尽力给孩子提供一个好的学习环境，甚至给孩子请家教，希望孩子将来能有一份稳定的、优越的工作。

但在农民工子女的其他社会关系网络中，社会关系排斥还是存在的。首先，农民工子女远离自己的家乡，原先的亲戚、朋友、邻居等社会关系网络被中断，重要他人也已经解体。进入完全陌生的城市环境中，要建立新的社会关系网络并非易事。有血缘关系的亲戚仍在农村，交往的机会很少，从他们那里得到的情感支持也减少了。在原先的农村社区环境中，有相当稳固的地缘关系，"远亲不如近邻"正是这种生活的写照。而在城市环境中，人们之间的关系相对疏远，想要建立相对稳定的社会关系网络更是难上加难。其次，农民工子女在与学校中的城市儿童交往时，社会关系排斥也是存在的，文化气息、生活习惯、自身观念的不同，使农民工子女在接触城市儿童时有一定的抵触心理。在调查中我们发现，很多农民工子女都表示城里的孩子"太娇气"、"一点事情就大惊小怪"，而"老家的朋友无所不谈"，许多孩子甚至表示自己最快乐的时光是假期的时候，父母带自己回老家，"可以跟爷爷奶奶去地里"、"老家的亲戚也多，经常到朋友家玩"、"在老家连着十几里路的人都认识，可以一起玩"。由此可以看出，由于受到社会关系的排斥，农民工子女在城市中很寂寞，情感交流十分匮乏。

5. 社区排斥

进入城市后，由于城市的住房消费水平远远高于农村，所以大多数农民工家庭住房条件明显下降。其中 90.47% 的农民工家庭租用住房，79.24% 的农民工子女没有自己的房间，2/3 的家庭没有独立的厨房和厕所。在住房条件上，农民工子女家庭与常住儿童家庭有较大的差距（邹泓，屈智勇，张秋凌，2004）。农民工子女的家庭大多租住在"都市村庄"的房子里，居住环境差，与外界沟通少。而且，"都市村庄"型的社区服务最差，有的"都市村庄"的社区服务几乎是空白。很多农民工子女认为"都市村庄"不能叫"社区"，认为"父母没有买房，我们家不住在社区，所以社区对我们没什么帮助"。

农民工子女长期聚居在"都市村庄"中，除了社区这一层面的作用缺失外，还有一个更大的弊端就是把农民工子女和城市生活完全割裂开来。他们虽然身处城市之中，但又似乎离城市很远。聚居在"都市村庄"中的人大多是外来人口，受教育水平不高，从事的都是收入低、劳动强度大的工作，社会地位比较低。这样一个游离于城市与农村之外的特殊群体，都是一些生活在社会最底层的、没有城市合法身份的人，缺乏与其他社区的交往，容易形成自己的亚文化，而这种亚文化往往含有与社会主流文化相抵触的成分。

而农民工子女跟着父母居住在这样的环境中，被封闭在这样一个充斥着抵触文化的氛围中，缺乏与城市主流社会的沟通、交流。在他们的社会关系网络中，大多是和他们一样从农村来的孩子。课余时间，他们或是待在家里，或是帮父母干活，很少有和外界、城市生活接触的机会。他们平时耳濡目染的是失业、贫困、低收入、权利缺失等，那么等他们长大后，由于经济资本、文化资本和社会关系的缺乏，他们也很可能无奈地选择像他们的父母、邻居一样，生活在城市的边缘，游离于城市和农村之外。

6. 休闲排斥

公园、动物园、游乐场、海洋馆、博物馆、体育馆、游泳池等都是城市儿童经常去的地方。有多种休闲活动可供他们选择，然而对于农民工子女来说，这些活动都是可望而不可即的。

农民工子女表示家长很少带自己出去玩，除了功课重、学习时间紧的因素外，最主要的原因恐怕还是经济原因。农民工家庭收入很低，除去房租、生活费、医药费和孩子读书费等一些必要支出之外，已经所剩无几了。城市中的娱乐设施、场所的门票对于农民工家庭来讲是很昂贵的，家长不可能让孩子花那么多钱去玩。而且农民工的工作时间很长，也没有节假日，很少有时间陪孩子，更不用说带孩子出去玩了。所以，对城里缤纷的娱乐活动，农民工子女是可望而不可即的。

(二) 农民工子女适应障碍的具体表现

综上所述，农民工子女来到城市生活，文化冲突、观念冲突等使其对城市生活的适应有些困难，再加上在城市生活中所遭遇的社会排斥，更加剧了其适应的障碍。那么，农民工子女在城市生活中的适应性障碍具体有哪些表现呢？陈怀川在《进城农民工子女社会适应性问题研究》中将适应的具体障碍分为生活层面的适应性障碍、学习和教育层面的适应性障碍、行为层面的适应性障碍和心理层面的适应障碍四个方面(陈怀川，2007)。

1. 生活层面的适应性障碍

进城农民工子女生活层面上的适应性障碍主要表现在经济、生活环境和语言交流方面。

(1) 经济层面的适应障碍。虽然随着经济的发展，农民的收入有所提高，生活也有所改善。但与城市相比，城乡之间的收入水平和生活水平仍然有很大的差距。国家统计局专家姚景源根据2003年调查数据测算认为，我国城乡收入差距已经达到6倍左右。但这仅仅是城乡之间的名义差别，如果将城市居民所享有的补贴，如公费医疗、中小学财政补贴、养老金保障、失业保险、最低生活救济等计算在内，城乡的实际差别将更大。

农民工以微薄的经济基础进入城市之后，首先面对的是城乡之间的消费水平差别所引发的生活成本的提高。在农村，虽然他们的收入低，但其支出也低，粮食、蔬菜、取暖、用水等多种消费不需要花钱或者仅需花很少的钱。进入城市后，虽然收入比在农村有所提高，但生活支出也相对增加，粮油、用水、取暖等都需要从打工所挣的工资中支出，经济负担加重。除了生活成本增加外，子女教育花费更是巨大的经济负担。目前教育部虽然已经出台政策取消"借读费"、"赞助费"等，但一些教育单位依然通过各种渠道向进城农民工子女收取高额入学费用。虽然有些地方已取消了各项额外收费，但每学期几百元的书费和学杂费对于收入并不高的农民工家庭来说依然是不小的数目。这种家庭经济的困顿加重了农民工家庭的经济负担和心理负担，同时也加重了农民工子女的负担，很容易影响到农民工子女心理和行为的发展。

(2) 生活环境的适应障碍。进城农民工子女对生活环境的适应障碍首先表现在不断变换的环境上。在青少年成长的过程中，良好、稳定的生活环境具有十分重要的作用，它可以培养个体较稳定的个性和行为。但由于农民工工作的不稳定性，进城农民工子女经常需要随父母工作地点的变换而迁移，也就使得农民工子女不得不经常去面对新的学习和生活环境。而不断变换的生活和居住环境使他们在陌生环境下产生恐惧感和失落感，这样使很多孩子形成自我封闭、消极的性格，进而影响了他们的学习和生活以及对城市的适应。

进城农民工子女对生活环境的适应障碍还表现为对居住环境的适应障碍。在前面的社区冲突中也提到过，农民工家庭居住的大多是租来的房子，聚居在与城市生活完全孤立的"都市村庄"中。这些地方不仅条件恶劣，而且文化氛围也不适合青少年的成长。很多农民工子女认为让他们难以适应的是：住所周围铺面繁多，日夜不停的噪音使得他们无法静心学习，有时甚至无法入睡；网吧、舞厅等娱乐场所多，色情图片、图书小地摊随处可见，对他们干扰和诱惑很大；周围居住人员复杂，使他们缺乏安全感；家中房屋空间小，没有好的休息和学习环境；等等。

(3) 语言交流方面的适应障碍。据新华网的一篇报道，一位来自豫东农村的孩子将蜈蚣叫成家乡话中的"龙公"，便引起同学们的嘲笑，同学还给她起了"龙公"的外号。对于进城农民工子女来说，这种现象非常普遍。浓重的乡音给农民工子女带来的烦恼和障碍主要体现在两个方面，一是浓重的乡音给交流带来了不便，二是浓重的乡音使他们感到自卑。

浓重的乡音给农民工子女的交流带来了很大的不便，尤其是学校上课或提问时，老师和同学听不懂他们的话，给他们的交流产生了很大的影响。久而久之，他们逐渐不敢在公众场合讲话，再加上农村孩子一般比较内向和害羞，怕遭到别人的嘲笑，农民工子女往往会变得自卑、封闭，不敢在人面前表达自己的想法，没有了在课堂上发言的积极性，同时也影响了他们的学习兴趣，有些农民工子女甚至产生了辍学的念头。

2. 学习和教育层面的适应性障碍

学习适应性是指学生在学习过程中调整自我，适应学习环境，克服种种困难，取得较好学习效果的一种能力倾向，也可以说是一种学习适应能力。其主要影响因素有：学习热情，有计划地学习、听课方法，读书和记笔记的方法，记忆和思考的方法，应试的方法，学习环境，性格和身心健康等。学生的学习适应性好，学业成绩就好；相反，学生的学习适应性差，则会导致学业不良。农民工子女的流动性、城乡教育的差异性以及家庭教育都会对学习的适应性产生影响。

（1）流动对学习和教育的影响。已有的研究表明，流动会对学生造成很大的影响，主要表现在以下几个方面：频繁的流动会造成学习中断、学习内容的残缺不全；频繁流动使学生获得基本技能的效率更低，长期学习成绩落后导致辍学的可能性增加；由于对学生的成绩不了解，流动学生在新学校中可能被放在不恰当的班级中；等等。

由于农民工工作不稳定、居住地经常变换，农民工子女也必须经常跟随家长迁移，学校、生活环境发生改变。每一次的迁移后，农民工子女都要对新的学校文化、教师授课风格、班级同学关系重新适应。而且，不同的学校教学进度有所不同，转学的时候很多学生又会耽误一段时间的课程。因此，到新的学校之后，学生很难理解老师所教的东西，这无疑给其学习带来了很大的负担。

（2）城乡教育的差异性对农民工子女学习的影响。首先，城乡差别造成的农民工子女的自卑感影响着他们的学习。农民工子女进入城市学校后，尽管和城市孩子同在一个班，但农民工与市民在经济上的差异影响着他们的心理，使他们无法跟城市同龄人融合在一起。一些进城农民工子女总觉得自己比城里孩子低一等，以致不敢跟城里的孩子交流；上课不敢提问，怕被同学们笑话；对于不懂的问题置之不管，对课堂没有融入感。这给民工子女的学习造成了很大的负面影响。

其次，农民工子女的学习基础差也给他们的学习适应性拖了后腿。与城市学校相比，农村的教学质量相对较差，农民工子女的学习基础也相对较差。农民工子女对新的学习内容不能够很好地理解，上课时不能积极提问或回答问题，不能按时完成家庭作业，往往无法达到新学校教学的要求。而且，农民工子女对学科知识的学习不全面,有些知识存在漏学的现象,导致在知识的学习上出现断层;在艺术、计算机等学科上甚至存在空白现象。很多被访的民工子女说,他们在农村学校的时候根本就没有学过电脑,有些甚至见都不曾见过电脑,所以根本无法听懂老师讲的内容。

(3) 家庭教育。家庭教育是影响孩子成长进步的一个主要方面。进城农民工子女的家庭教育与城市孩子的家庭教育相差甚远。来自农村的孩子大部分基础较差,又到了新的环境,他们迫切需要父母的辅导,但这是农民工父母一般不能提供的。因为大部分农民工文化水平偏低,所掌握的知识跟不上现代城市的要求,没有辅导孩子学习的能力,这样也会使孩子产生学习障碍。

3. 行为层面的适应性障碍

农民工子女在行为层面上的适应性障碍主要包括个体行为的适应障碍和人际交往的适应障碍。

(1) 农民工子女在个体行为方面的适应障碍。进城农民工子女个体行为的适应障碍属于未成年人行为问题的范畴,未成年人行为问题是指在严重程度和持续时间上都超过了相应年龄所允许的正常范围的异常行为。绝大多数进城农民工子女正处于青春期,在人生观、价值观等方面尚未定型,容易受外界的影响而在生活上、学习上养成一些不良行为习惯,严重的甚至会走上违法犯罪的道路。在城市就学的农民工子女,由于种种原因,容易产生自卑、失落、不满等情绪,有些甚至对市民和社会产生敌视情绪,这些心理上的障碍有时会影响他们的行为,使他们在这种心理的影响下发生破坏和攻击行为。

在调查中我们通过老师和家长了解到,很大一部分进城农民工子女在个体行为方面有适应障碍,主要体现在以下几个方面:

承受能力差。有的进城农民工子女过于敏感,意志薄弱,经不起批评,抗挫折能力差。

厌学行为。有很多进城农民工子女有厌学情绪,主要表现为逃学、经常性地旷课、学习主动性差等。

撒谎行为。说谎是一种十分常见的青少年不良行为。在进城农民工子女中,撒谎的比例是比较高的。据被访教师和家长介绍,进城农民工子女撒谎的形式主要为防卫性撒谎、牟利性撒谎、报复性撒谎以及表现性撒谎等。

社会暴力行为。在进城农民工子女中也存在社会暴力行为和倾向,主要表现为出于报复心理而进行的打架斗殴和破坏公共财物等行为。

讲哥儿们义气。搞小团体主义,养成抽烟、喝酒、偷盗等不良行为习惯,有些甚至走上犯罪道路。

(2) 农民工子女在人际交往方面的适应障碍。农民工子女在人际交往方面的适应障碍，首先是由城乡儿童在早期社会化过程中接受的人际交往教育的差异造成的。城市和乡村儿童早期教育中所接受的关于人际交往的教育内容不同。城市孩子接受的是城市生活中的行为规范、人际交往准则和价值观念教育，诸如不要跟陌生人接触，不要随便接受别人给的东西，同时也包含了不应当随便去邻居家之类的规范教育。总体来讲，城市的孩子们从小就养成了比较强的戒备心理和防范意识，保持人与人之间的距离，交往形式属于注重隐私和人际距离的社会交往。他们受以次级群体关系为基础的、保持距离的、注重个性的社会交往方式的影响比较大。而在农村孩子接受的早期教育中，在如何与人相处方面则接受着一种以初级群体关系为基础形成的开放的、地缘性和家族式的教育内容。例如，亲属和邻居给的东西小孩子要接受，因为这表示对孩子的喜欢。凡是以血缘关系和地缘关系构成的人际圈中的成员，对孩子都会给予教育和管理。

其次，接受不同教育内容的城乡儿童有着不同的个性和行为方式。生活环境的不同使城乡儿童形成了不同的人际交往表现特点。城市儿童的特点主要为：① 具有较好的人际交往能力。城市儿童自小生活在社会迅速发展、各种关系比较复杂的环境中，他们从小就培养了一定的判断能力和人际交往能力。他们对新事物的反应快，具有较强的接受能力。② 个人主义倾向，尤其不喜欢别人干扰自己独立的生活。相对于农村儿童，绝大多数城市儿童在家中都是独生子女，儿童在家庭中的中心地位，也容易使他们产生特殊感和个人主义倾向，而缺乏对他人的理解、关心和照顾，有些甚至由于受非主流文化的影响而行为怪异。③ 较好的卫生习惯。比起农村的儿童，城市儿童拥有比较优越的生活环境，在家长的要求下，一般的城市儿童都有着比较好的卫生习惯。④ 与农村儿童交往时的优越感。城市居民在拥有优越条件基础上形成的优越感内化为一种市民心理之后，便会在言行举止中表现出来，在这种环境下成长起来的城市儿童便也潜移默化地拥有了这种观念乃至行为。农村儿童因其生活环境完全不同于城市儿童，同样也具有与城市同龄人不同的个性特征和行为方式：① 与人交往时容易接纳他人。在农村，一个小村庄中，几乎所有的村民相互之间都具有亲缘或血缘关系，因为在大部分情况下，同姓家族的村民都居住在一起，而异姓之间又存在着各种关系，诸如姻亲关系、拜把兄弟关系、干子干女关系，这些关系几乎将整个村庄的村民都联系了起来。在这种关系之下，对于农村的孩子来说，村庄上的每个人都与他们有血缘或亲戚关系，他们从小就养成了与人交往时相对随意的特点。② 在人际交往中的被动性、掩饰性。由于农村环境和家庭教育的原因，农村儿童在人际交往中比较被动，往往表现出羞怯、掩饰和顺从的个性特点。尤其在生人环境中，农村的儿童会表现出更加明显的自我封闭、自我掩饰甚至自我惩罚倾向。农村儿童胆小、腼腆，受父辈保守思想观念的影响较深，为了自尊，常常会掩饰自己的真实想法，而不暴露自己的情绪；一般自我意识、独立意识较差，不敢对别人提出批评的意见，喜欢自我贬低，有些孩子在生人环境中过分敏感。

面对城市生活中以功利性、业缘关系为基础的人际交往，农民工子女需要一个漫长的适应过程。由于没有他们原来的朋友，他们需要承受心理上的孤独和寂寞。在这个陌生的环境中他们经常感到受压抑、被歧视，认为城里人看不起他们。在这种情况下，很多进城农民工子女性格内向，行为拘谨，自卑心理较重，自我保护、封闭意识过强，甚至不敢与人交往，不愿与人交往。这给农民工子女的人际关系网络的建立造成了一定的阻碍。

4. 心理层面的适应性障碍

农民工子女进入城市后的适应过程是一个对经济、文化、心理等各个方面的适应过程。在这个过程中，在经济、生活、学习等方面的适应状况影响他们对城市生活在心理上的适应。

农民工子女从农村来到城市，他们怎样定位自己的身份，对城市是否有归属感，他们的心目中对家乡和目前所在的城市又有着怎样的想法，这些因素影响着他们的心理和行为。农民工子女对自我的认知界定并不是很清楚，在被问到“你认为自己是城市人还是农村人?”这一问题时，他们无法清楚地说明自己究竟是城市人还是农村人。这主要源于他们目前身份与生活环境之间的不一致性。相对于农村而言，他们的确生活在城市中，因此不能说他们依然是农村人，但是相对于城市居民，在享受的权利、拥有的生活等方面，他们又与城市居民无法相提并论。因此他们无法说清楚他们究竟是城市居民还是农村人。

农民工子女模糊的自我认知给他们的心理情绪带来了很多的困扰。在城市生活中，他们不知道以何种身份、何种面貌来生活，给心理层面的适应带来了很大的障碍。具体的障碍表现为：

（1）理想与现实的矛盾造成的巨大压力。大部分农民工对子女的未来抱有较高的期望，他们生活在城市的边缘和底层，经历了生活的艰辛，因此更加盼望自己的子女给自己“争口气”，摆脱较低的地位，拥有较好的未来。同样，绝大多数进城农民工子女对自己的未来也有着美好的期望。他们看着父母为了谋生大多从事着城市人不愿意干的脏、苦、累、险、毒的工作，面对着父母的种种困境以及苦闷、不满和失望等情绪。这种独特的人生体验，使农民工子女形成了这个群体独有的社会认知，在潜意识中他们也认同他们不能与城市居民相提并论的事实，认为他们在各个方面都低城市居民一等。因此，通过好好学习等方式改变家庭和他们自身的处境成为了绝大部分农民工子女的愿望。

但是在现实生活中,进城农民工子女却无法拥有实现这些愿望的社会条件和家庭基础。大多数进城农民工子女在城里接受义务教育受到很大的阻碍:一是受到户籍制度的限制,入学手续繁杂,不能像在乡下那样顺畅地入学读书;二是家庭经济能力有限,承担不起城市里高昂的费用。于是很多人选择民办简易学校入学,或者干脆放任子女失学,任其整天在街头巷尾嬉戏玩耍。理想与现实之间的矛盾给农民工子女的心理造成了很大的压力:他们背负着父母的期望,但又挣扎在城市生活的边缘;他们渴望自己能够拥有理想的生活和学习环境,以图将来有好的前途,但是现实的学习和生活环境又无法满足他们的需求。这些冲突和矛盾加大了农民工子女在学业上以及生活上的压力,给他们在心理上造成了很大的负面影响。

(2)强烈的自卑感。自卑是指自我评价偏低、自愧无能而丧失自信,并伴有自怨自艾、悲观失望等情绪体验的消极心理倾向。自卑常以一种消极防御的形式表现出来,如嫉妒、猜疑、羞怯、孤僻、迁怒、焦虑、紧张、不安等。

在一个对农民工和进城农民工子女排斥、歧视的城市中生活,无疑会使进城农民工子女产生强烈的自卑感。让进城农民工子女感到自卑的原因有很多,主要包括:家庭经济条件差;城市孩子的吃穿和学习用品比自己的好;自己的表达能力比不上城市的同学;城市的孩子瞧不起他们。

这种自卑感让他们总感到自己事事不如人,心境忧郁,无心做事,影响着他们正常的行为表现。很多农民工子女感到受压抑、被歧视,认为城里人看不起他们。这些孩子大多性格内向,行为拘谨,自卑心理较重,自我保护、封闭意识过强,以致不敢与人交往。不愿与人交往。从很多行为表现中可以感受到农民工子女的内心有着很强的自卑感。

自我表现的胆怯与怕羞。在城市的农民工子女往往表现得过分胆小和羞怯,他们很少在课堂上提问或者回答问题,他们在班级活动中不敢发表自己的见解,不敢向父母表达自己的内心想法。

人际交往的自我封闭。从社会心理学的角度讲,自我封闭是指个体将自己的真实的思想、情感、欲望掩盖起来,试图与世隔绝的一种心理的外在表现形式。在调查中了解到,很多农民工子女在人际交往方面趋于自我封闭,不愿意与他人交往,常常独来独往。他们在学校中交往的朋友很少,有些农民工子女甚至根本不与他人交往。

语言表达能力差。据被访教师反映,在学校的农民工子女大多语言表达能力差,在老师提问或者他们回答问题时,他们往往神色紧张,语言表达不流畅,有些甚至每次被提问都会发生口吃的情况。

猜疑心重。很多农民工子女对家长、教师、同学的评论十分敏感,特别是对同学的批评,更是感到难以接受,有时甚至无中生有地怀疑别人讨厌自己,而且表现出愤愤不平的样子。

自信心缺失。很多在城市中上学的农民工子女缺乏自信心,不相信自己的能力,不能够积极、主动地参加学校的各项竞赛。

(3) 失落心理。在农村,由于受到自然条件和经济条件的限制,人们过着大致相同的生活,人们不能够感受到人与人之间有明显的贫富差别。但是当农民工到了城市以后,物质生活方面的不同使他们感受到了人与人之间的差别,尤其是农民工家庭与城市家庭之间的差距,使他们心理上有了很大的落差感。当谈及城市的生活时,最让进城农民工子女感到失落的是:在城市中,除了能与其他同样身份的进城农民工子女交往外,在城市同龄人中他们很难找到朋友,他们无法在城市同龄人中找到自己的位置和归属感,也无法真正融入城市的生活。

生活在城市边缘的农民工子女,无论在生活环境方面还是在心理优越感方面,都无法与城市同龄孩子相比。当农民工子女感到城乡差别、农民工家庭与城市人家庭之间的巨大差别时,他们的内心就会产生很强烈的失衡心理。对于较小的孩子来说,由于他们还不十分了解人们在生活和社会地位方面的差别,农民工与城市居民之间的差别、他们与城市同龄孩子之间的差别还没有给他们的心理造成太大的影响。但是对于年龄较大的进城农民工子女来说,他们能够深切地感受到他们与城市孩子之间的差别,由此这种差别使他们有严重的失衡心理。在调查中,很多进城农民工子女谈到他们与城市孩子在生活方面的差别时,都感到生活对他们很不公平:为什么城市孩子就能够过上比较舒适的生活,而他们父母在城市中干那么辛苦的活,有时却连基本的生活都无法保证?等等。

(4) 不满与抵触心理。著名的社会心理学家多拉德提出“挫折—侵犯”理论,即人的侵犯行为是个体遭受挫折而引起的。当人们被剥夺和被歧视的时候,产生的最直接的心理反应便是抵触与不满心理。农民工在城市中辛勤地劳作,只换来微薄的收入和低下的社会地位,收入的巨大差别催生了农民工强烈的被剥夺感。另一方面,长期以来生活在城市中的市民,占据着天然的社会资源和竞争优势,形成身份优势意识,并把这种意识内化为一种市民性格,他们在心理上歧视和排斥外来农民工及其子女,表现在语言和行为上就是对农民工及其子女的侮辱、呵斥、责骂等。这不仅让农民工产生逆反和不满心理,还会让进城农民工子女产生不满与抵触的心理,进而产生对城市居民的敌视情绪。

很多农民工子女认为在城市生活中他们遭受着很多的不公平待遇:城市

居民是靠收他们的房租来生活，却又瞧不起他们；农民工同样为城市的建设作出了贡献，城市居民却对农民工抱着敌视和排斥的态度；等等。有的孩子甚至说：“我恨城市里的人，他们是在剥削我们。”这种处于萌芽状态的批判认识直接出自他们所实际感受的社会生活，同时也反映了进城农民工子女对城市生活的感受，从中可以感受到他们心灵的压力、受到的伤害以及内心的不满。

进城农民工子女已感觉到了城市孩子与自己的差别，而且这种差别在城市壁垒面前难以逾越，这加深了他们的被歧视感、自卑感和对立感。我们应该尽快创造条件以改善进城农民工子女成长环境，提高他们的社会适应能力，帮助他们树立正确的人生观和价值观，形成健康的心理。否则，他们很容易出现心理和行为上的偏差，甚至会对社会产生对抗情绪，这既不利于进城农民工子女的成长发展，又不利于城乡和谐社会的建立。

第二节　苏州市农民工子女的适应状况调查研究

通过以往的研究，我们可以看出，农民工子女在文化的适应和融合上确实存在一定的障碍。在此，我们对苏州市农民工子女的适应状况进行调研，选取苏州市第26中学这所外来农民工子女接纳学校的学生作为研究对象，考察农民工子女在生活满意度、学校适应方面的总体状况以及不同种类的农民工子女存在的具体问题，同时引入对农民工子女生存和适应具有重要影响的社会支持因素，探讨农民工子女的社会支持情况，为帮助农民工子女更好地适应城市生活、建立社会支持系统提供新的思路。

一、苏州市农民工子女状况

（一）农民工子女状况

苏州市第26中学是苏州市外来农民工子女的定点吸纳学校，是苏州市吸纳移民子女最多的学校之一。2006年，在籍学生中外来人口的比例为72.6%，2007年上升至81.2%，2008年进一步上升至88.48%，以每年8%左右的速度在增长，现在农民工子女比例已达到90%以上。

（二）农民工子女的家长情况

根据苏州市第26中学提供的学生家长情况调查记录可以看出（邹全红，2009），大多数学生父母的学历不高，大专以上文化的仅占1.5%，初中及初中以下文化的占到2/3以上；单亲家庭学生占11.6%，其中还不包括学生不愿说的以及离婚重组的家庭，如果把这类人也归入统计的话，恐怕会达到45%以上；学生父母正处于下岗状态的有41.6%，遭遇过下岗的比例超过2/3；家庭人均经济收入在400元以下的占41.6%，200元以下的占11.2%，低保户占

6.2%；家庭人均居住面积在10平方米以下的有21.6%。这是个在平均生活线下生存的群体。

表2-1　苏州市第26中学学生家长学历、婚姻情况调查汇总表

调查对象	调查人数	户口性质		父母学历					父母婚姻状况
		本地户数	外地户数及比例	大专以上人数及比例	高中人数及比例	初中人数及比例	小学人数及比例	文盲数及比例	单亲家庭及比例
初一学生	269	31	238 88.5%	父母总人数：510人 6 1.2%	110 21.6%	270 52.9%	65 12.7%	59 11.6%	35 13.0%
初二学生	219	41	178 81.3%	父母总人数：402人 10 2.5%	99 24.6%	239 59.5%	48 11.9%	6 1.5%	25 11.4%
初三学生	170	46	124 73.0%	父母总人数：325人 3 0.9%	55 16.9%	205 63.1%	48 14.8%	14 4.3%	16 9.4%
全校学生	658	118	540 82.1%	父母总人数：1 237人 19 1.5%	264 21.3%	714 57.7%	161 13.0%	79 6.4%	76 11.6%

表2-2　苏州市第26中学学生家长经济、居住情况调查汇总表

调查对象	调查人数	父母工作情况		家庭经济收入（人均）			居住情况（人均）			
		下岗待业人数及比例	再就业人数及比率	400元以下人数及比例	200元以下人数及比例	低保户人数及比例	10平方米以下人数及比例	学生独立居住人数及比例	与单亲居住人数及比例	与(外)祖父母居住人数及比例
初一学生	269	146 54.3%	105 39.0%	114 42.4%	25 9.3%	13 4.8%	63 23.4%	5 1.9%	18 6.7%	7 2.6%
初二学生	219	70 32.0%	75 34.2%	97 44.3%	24 11.0%	10 4.6%	40 18.3%	10 4.6%	23 10.5%	7 3.2%
初三学生	170	58 34.1%	54 31.8%	62 36.4%	25 14.7%	18 10.6%	39 22.9%	2 1.2%	22 12.9%	12 7.1%
全校学生	658	274 41.6%	234 35.0%	273 41.5%	74 11.2%	41 6.2%	142 21.6%	17 2.6%	63 9.6%	26 4.0%

二、苏州市农民工子女适应现状调查研究

(一) 研究方法及程序

1. 被试

本研究选取苏州市第 26 中学的农民工子女 478 名为研究对象，收集有效问卷 382 份，所有被试自愿参加且均没有参加过类似测验。

2. 研究工具

(1) 人口统计学资料问卷。问卷包括性别、年龄、在目前学校就读时间、家庭月收入、是否独生子女五项内容，是我们根据与本次研究可能相关的人口统计学变量自行编制的。

(2) 社会支持量表。采用《领悟社会支持量表》(PSSS)。该量表包括 12 个自评项目，每个项目采用七级评分法，即分为极不同意、很不同意、稍不同意、中立、稍同意、很同意、极同意七个级别。PSSS 由 Zimet 等编制，是一个强调个体自我理解和自我感受的社会支持量表，包括三个社会支持来源：家庭支持、朋友支持和其他支持，同时以总分反映个体感受到的社会支持的总程度。该量表在本研究中的信度为 0.88，效度为 0.89。

(3) 学校适应量表。采用台湾吴武典教授编制的《学生在校适应状况》分量表《学生在校各个环节的适应行为》来测量学生的学校适应状况。测评内容包括常规适应、师生适应、同伴适应、课业适应和自我适应五个方面。量表由 50 个题目组成，所有题目均采用四级评分，即分为没有、很少、有时、经常四个级别，得分越高，说明被试的适应水平越低。研究表明，该量表对大陆中学生群体具有良好的心理测量学特性。该量表在本研究中的信度为 0.87，效度为 0.86。

(4) 生活满意度量表。采用张兴贵编制的《主观幸福感量表》中的《生活满意度量表》。该量表采用七级评分，分别为完全不符合、不符合、有点不符合、说不清、有点符合、符合、完全符合，内容包括友谊、家庭、学业、自由、学校和环境六个维度，其中友谊、家庭、学业、自由属于对自我满意的测量，学校和环境属于对环境满意的测量。该量表在本研究中的内部一致性信度为 0.87，效度为 0.90。

(5) 班级环境问卷。采用江光荣编制的《我的班级》问卷。问卷内容包括师生关系、同学关系、秩序和纪律、竞争和学习负担五个维度，共 38 个题目。量表采用五点计分：0 代表"从不如此"，1 代表"偶尔如此"，2 代表"有时如此"，3 代表"经常如此"，4 代表"总是如此"。数据分析时分别对各维度下的所有题目(反向题目先转换成正向分数)得分进行求和，即可得到各维度的分数。本问卷既可以个体为分析单位，又可以班级为分析单位。

(6) 统计工具。数据采用 SPSS16.0 统计软件进行描述和比较分析。

3. 研究程序

向被试介绍此次研究,说明其保密性及可靠性,在被试自愿参加的前提下,发放问卷并说明问卷填写的注意事项,要求被试按照内心真实的想法和感受在相应的选项上打"√"。确定被试回答完毕后,回收问卷。

(二) 苏州市农民工子女文化适应、心理健康及支持系统的总体状况

1. 学校适应及学业情绪状况

表 2-3 苏州市第 26 中学农民工子女学校适应、学业情绪的描述统计

	个数	最小值	最大值	平均数	标准差
积极高唤醒	250	29	78	59.51	9.37
积极低唤醒	250	20	69	43.53	8.37
消极高唤醒	250	21	81	54.28	10.64
消极低唤醒	250	27	108	61.14	14.8
常规适应	250	10	40	21.41	4.59
师生适应	250	10	36	23.12	4.69
同伴适应	250	10	36	22.97	4.78
课业适应	250	10	36	25.15	3.76
自我适应	250	10	37	22.77	5.61
学校适应	250	64	167	115.41	17.46

由表 2-3 可以看出,学校适应方面,适应总分的平均值偏高(学校适应量表是一个反向的量表,得分越高表示适应越不良),说明农民工子女的学校适应总体上还是存在很大的问题。在各个维度上,课业适应的问题最为突出,农民工子女课业压力较大、学习适应不良的状况较为严重;师生关系也有一些困难;反而是常规适应较好,表明他们对学校的各项规章制度基本可以接受。在学业情绪方面,农民工子女的积极低唤醒的得分最低,而积极高唤醒与消极低唤醒的得分较高,但消极低唤醒的最大值为 108,远远大于其他三个维度的最高分。这说明在农民工子女中,较少人体会到满足、平静、放松等积极低唤醒的学业情绪,有一部分农民工子女的学业情绪很高,能够感受到希望,有强烈的自豪感,但同时也有一部分农民工子女的学业情绪较消极,对学业感到厌倦、无助。

总体来看,农民工子女的学校适应和学业情绪存在较大的问题。农民工子女来到新的学校,由于乡村文化教育模式与城市文化教育模式的不同,他们

可能对学校的教学方法、学习方式、班级环境等都不太适应,再加上以前的知识底子比较薄弱,他们在学业方面倍感吃力,与城市学生相比,他们容易产生自卑心理,对自身学业感到不满,造成课业适应的不良。从对农民工子女的访谈中得知,农民工子女对自己的要求比较高,希望能考好一点的高中,进而考优秀的大学,对未来的高期许与学业现状之间的差距又进一步加剧了他们的负面情绪,使他们产生沮丧感。对此,在农民工子女比较集中的学校,应该对农民工子女进行必要的学习上的补偿教育,还可以组织帮扶小组,促进农民工子女和城市原住民子女的融合,使农民工子女能够尽快适应城市教育的要求、标准和教学方式方法(邱兴,2006)。学校也应该注意对农民工子女的鼓励工作,帮助他们正确确立自己的目标,根据自身的实际情况设立适合自己的目标及前进方向,由小及大,通过小目标的实现来增强他们对学业以及对未来的信心。

2. 主观生活满意度状况

表 2-4　苏州市第 26 中学农民工子女生活满意度的描述统计

	个数	最小值	最大值	平均数	标准差
生活满意度总分	382	95	241	172.77	24.63
友谊满意度	382	17	59	45.18	6.89
家庭满意度	382	10	49	36.54	8.58
学业满意度	382	5	33	17.58	5.80
自由满意度	382	5	35	23.55	6.02
学校满意度	382	14	39	27.10	4.25
环境满意度	382	5	35	22.83	4.25

由上表可以看出,农民工子女的生活满意度总体状况一般,其中家庭满意度与友谊满意度较高,而学业满意度还是最低的。关于农民工子女的学业问题在上面已经有所论述,在此不再重复。农民工子女的家庭满意度与友谊满意度较高,说明农民工子女对自身家庭状况及迁移到城市后新的朋友、新的友谊关系还是比较满意的。农民工子女跟随父母来到城市,生活条件、学习条件肯定比在农村时改善了很多。虽然父母工作比较忙,对其有所忽视,但农民工子女正处在青春期这个特殊的成长阶段,与父母的交流本来就不多,也不再习惯于跟父母诉说心事,想要有自己的小秘密,因此他们更喜欢与同龄人,如同学、朋友沟通。我们从家长访谈中得知,农民工子女来到新的环境,并没有对新的同学、新的朋友产生抵触心理,他们适应得很快,因此农民工子女的家庭

满意度与友谊满意度要远远高于其他维度的满意情况。

3. 支持系统及环境因素

表 2-5　苏州市第 26 中学农民工子女社会支持、班级环境的描述统计

	个数	最小值	最大值	平均数	标准差
家庭支持	252	4	28	18.80	5.08
朋友支持	252	4	28	20.39	4.56
其他支持	252	4	28	19.71	4.54
社会支持	252	27	84	58.90	11.60
师生关系	252	8	40	28.88	8.04
同学关系	252	12	35	25.20	4.59
秩序和纪律	252	14	35	25.04	3.41
竞争	252	8	35	22.50	5.73
学习负担	252	8	32	18.62	4.03

由上表可以看出,农民工子女三方面来源的社会支持相差不大,但朋友支持要略高于家庭支持与其他支持,这一结果也进一步验证了农民工子女往往有较高的友谊满意度,对新的友谊关系比较认可的结论。

在班级环境中,师生关系、同学关系、秩序和纪律得分都比较高,竞争与学习负担比较小,说明班级环境良好。而且这里的学习负担小与先前提到的学习压力大并不冲突,学业情绪及学业满意度注重的是农民工子女对自身学业的感觉、感受,是一种主观情绪,而班级环境里的学习负担更倾向于测评学生课业量的大小,如"老师是否布置很多作业"、"班上是否额外增加课或补课"等。因此,农民工子女体会到的学业压力多来自于自身与城市原住子女相比所产生的消极与沮丧情绪,由于认识到自身的不足,农民工子女更希望老师对自己严加管教,多补习,因此对老师布置的课业量是可以接受的。

(三) 苏州市农民工子女文化适应的个体差异

1. 女生更容易适应不良

不同性别的农民工子女在学校适应总分、师生适应、同伴适应、课业适应和自我适应方面都存在显著差异,且均为男生的适应状况优于女生。

表 2-6　苏州市第 26 中学不同性别的农民工子女的独立样本 t 检验

	男($N=211$)		女($N=171$)		t 值
	平均分	标准差	平均分	标准差	
学校适应	112.94	17.13	118.46	17.43	-3.11^{**}
师生适应	22.53	4.83	23.84	4.42	-2.73^{**}
同伴适应	22.35	4.66	23.73	4.82	-2.82^{**}
课业适应	24.64	3.65	25.78	3.81	-2.98^{**}
自我适应	21.88	5.55	23.88	5.49	-3.53^{***}

注：$^{*}p<0.05$，$^{**}p<0.01$，$^{***}p<0.001$，下同

导致此现象的原因可能有两个：① 从内部人格特点来看，男生往往比女生更加自信，传统的文化理念也要求男生具有更强的独立性、决断力和意志力；女生则多偏向于情感型，对旧的事物不愿“放手”，难以接纳新的事物。面对陌生的环境和沉重的课业压力，女生更容易产生沮丧感和自卑感，男生情绪则比较稳定，喜欢迎难而上，着手迎接新的挑战。② 从外部因素看，基于社会学的角度考虑，这是社会按照性别分配给人的社会行为模式的性别角色体现，社会对男女两性提供的机会不均等，导致了性别角色的差异（赵燕鹰，张东生，白波，吉如河，2005）。但随着社会的进步和发展，重男轻女的观念逐渐淡薄，女性的社会地位逐渐提高，社会对男女生都给予了同等的关注，使其享有同等的教育资源、待遇等。所以，社会因素的影响可能越来越小，更多的影响是内部原因所致。

因此，学校应该更加注重女生的心理疏导和沟通，及时排解其沮丧情绪，适当地给予鼓励。对男女同学的教育模式也要因人而异，对调皮的男生可以适当采取“苛责”教育，严格要求；对女生则多采取鼓励的教育方式，给予其信心，使其顺利克服环境改变带来的沮丧感与失落感，勇敢地面对眼前的挑战。

2. 独生子女有家庭条件优势

表 2-7　苏州市第 26 中学独生子女与非独生子女的独立样本 t 检验

	独生($N=193$)		非独生($N=189$)		t 值
	平均分	标准差	平均分	标准差	
生活满意度	175.61	24.05	169.88	24.95	2.28^{*}
家庭满意度	37.57	8.16	35.49	8.89	2.39^{*}
家庭支持	19.45	4.81	18.13	5.26	2.57^{*}

独生子女在生活满意度、家庭满意度和家庭支持方面的得分均显著高于

非独生子女，由此可以看出，独生子女比非独生子女更具有家庭条件的优势。农民工往往整天忙于工作，投入到孩子身上的时间可以说是少之又少。但面对同样忙碌的父母，独生子女对父母给予的一切资源都是独占的，而非独生子女还要和自己的兄弟姐妹共同“分割”（祁正庆，2009）。就家庭经济条件而言，独生子女家庭的孩子平均花费相对高于非独生子女家庭的孩子，独生子女家庭的教育、学习环境也要优于非独生子女家庭；且父母若花同样的时间用于孩子教育，独生子女享受到的时间远多于非独生子女，因而无论在家庭的教育状况还是经济状况上，独生子女都比非独生子女拥有更多的优势。

但是，虽然独生子女的家庭支持显著优于非独生子女，但独生子女与非独生子女在社会支持总分上并没有显著差异，说明非独生子女在父母这里的劣势并没有影响他们的支持水平。在前面的论述中也提到过，农民工子女大都处于青春期这个特殊的成长阶段，与同龄人的沟通越来越多，甚至超过了对父母的依赖。因此，非独生子女在家庭条件上的劣势完全可以从朋友、同学那得到补偿，利用这些资源而弥补了家庭支持的缺憾。

3. 适应和满意度的延迟低谷期

单因素方差分析表明，不同就读时间的农民工子女在社会支持总分上存在显著差异［$F(3,378)=393.10, p<0.05$］，就读时间3年以上的农民工子女社会支持得分最高，次之是1年以下的农民工子女，就读时间为1~2年的农民工子女得分最低。经过多重比较发现，就读时间1年以下的农民工子女跟1~2年的农民工子女在社会支持上的得分差异显著。不同就读时间的农民工子女在学校适应总分上也存在显著差异［$F(3,378)=1260.13, p<0.01$］，就读时间在3年以上的农民工子女得分最低，说明适应状况最好，就读时间为2~3年的农民工子女适应状况最差，并且与就读时间在1年以下和就读时间为1~2年的农民工子女均存在显著差异。

比较的结果并不像我们所认为的随着就读时间的增长，各方面的适应和满意度也逐步提高，而是在中期出现了一个低谷。就本研究而言，就读时间为1~2年的农民工子女，其支持、适应和满意度得分都是最低的。农民工子女刚来到新的环境，对一切都充满了激情和新鲜感，觉得自己摆脱了落后的农村，来到了现代化的都市，相比自己那些还在农村的同学，甚至会有一丝自豪感，这时候他们往往会全力对待自己的学业，积极应对面临的困难，大部分的适应不良都被陌生城市的新鲜感和自己的高期望值给掩盖了。但这只是一个酝酿阶段，随着时间的推移，当初的激情和新鲜感渐渐消退，越来越多的困难和问题浮出水面，农民工子女对这突如其来的压力和冲击却丝毫没有准备，所以往往会在这时陷入一个低谷期，出现适应不良，感知到的社会支持和生活满意度也较低。这就给我们的学校教育者提了一个醒，我们应该更加关注适应中期的学生，帮助他们正确全面看待自己的生活和学习状况，制定积极的适应策略，不要让学生在这个低谷中一蹶不振。

4．家庭经济条件对学校适应的反作用

在单因素方差分析中，家庭经济状况在社会支持、学校适应和生活满意度总分上差异并不显著。但就其平均分而言，家庭收入越高，社会支持和生活满意度越高，而学校适应却反之。这可能与父母教养方式和家庭环境有关，经济条件优越的学生在家里会得到更多的溺爱，没有接受适当的挫折教育。他们面临一个新的环境时，更容易不知所措，从而产生适应不良的情绪。而经济条件较差的学生以前往往经历过更多的挫折和磨难，对于新困难的忍受能力较强，不容易产生抱怨情绪，而是努力调整自己去战胜困难。

三、促进农民工子女文化适应的建议

1．构建帮助农民工子女适应城市学校生活的有效社会支持系统

对于初来乍到的农民工子女学生而言，固有的行为习惯、生活方式、认知模式等往往会给他们的学校和社会适应带来一定困难，比如课业适应不良、人际适应存在问题、对自我适应不满等，也可能使他们产生诸多心理和行为问题。在这一转折期，不同来源的支持可以在一定程度上缓解问题产生的压力，而成为一个重要的积极因素，比如社会制度和政策的优化与保障、家庭的关爱与理解、朋友的鼓励与帮助、学校的教导与激励等。因而，构建有效的社会支持系统是重中之重。

2．构建促进农民工子女融入城市文化的学校文化模式

农民工子女融入城市的过程其实也是文化适应的过程。农民工子女与城市文化最直接、最频繁的接触多发生在学校。帮助他们跨越城乡亚文化、适应城市学校生活，学校文化建设是一个契机。可以通过理念文化建设凸显和合与审美精神，通过学校、班级环境等物质文化建设营造包容、奋发、和美氛围，通过养成教育、心理支持、家校合作等行为文化建设帮助其获得良好的社会文化适应，通过教师和学生管理、行政服务等制度建设为其提供保障，综合以上四个方面，构建起促进农民工子女融入城市文化的学校文化模式。

第三章　农民工子女融入城市文化的影响因素研究

农民工子女相对于农民工来说是一个派生的部分，属于城市的第二代移民，这种特殊的家庭和社会背景，造就了他们特殊的生活经历和人生经验。农民工子女随父母迁移到城市，环境的流动、文化的冲突必然会给他们带来一定的压力。以往的研究也证实了农民工子女的心理健康状况较差，生活满意度较低，但不同类别的农民工子女或身处不同班级环境的农民工子女其适应状况也是不一致的。也就是说，年龄、性别、家庭收入、班级类型、班级环境、社会支持等因素对农民工子女融入城市文化有着深刻的影响。本章节主要探讨农民工子女融入城市文化的影响因素，探究不同的影响因素对农民工子女的适应、融入有怎样的影响，以及为什么会产生这样的影响，也为农民工子女的文化支持建设提供理论依据及策略支持。

本章由4份研究报告组成，在成书过程中保留了研究报告的基本格式。考虑到研究报告的完整性，部分内容虽然与前面的论述有重复，但仍然予以保留。

第一节　不同班级类型农民工子女学校适应的差异研究

随着经济的发展，新的城市不断出现，劳动力从传统的农业部门向现代的工业部门转移，尽管采取的具体形式不同，但是农村人口流向城市是一个普遍的规律。随着经济的发展和收入的提高，农村家庭对待子女教育的态度也逐渐开始发生转变，他们希望自己的子女将来能够留在城市，定居在城市，有好的发展前景。因此解决这些农民工子女的教育问题就成为各地政府的任务之一。为了保证其接受义务教育，各地政府积极寻找对策，取得了显著成绩。在吸纳农民工子女就学的过程中，出现了一批以接收农民工子女为主的公办学校。如何提高这类学校的教育质量，让更多的孩子真正融入城市，适应学校，身心得以全面、健康发展，成为以农民工子女为学生主体的公办学校所面临的迫切、艰巨的现实问题。

改革开放三十多年来，苏州市在经济建设中取得了显著的成就，同时也吸引了大量外来人口到苏州务工、经商，他们携家带眷到苏州市工作和生活，成了我们身边的新苏州人，有些地区的新苏州人甚至超过了本地居民。由于不少新苏州人家庭子女多、收入偏低、流动性大，而苏州市中小学教育资源又相对不足，许多新苏州人子女接受教育的权利难以得到保障。相当一部分新苏州人处在两难境地：把孩子留在老家读书，难以照顾孩子生活、学习；把子女带在身边，在当地公办学校入学，又承担不起高额的费用。

提高新苏州人子女受教育水平，最大的得益者是国家，是全社会。我国现有的劳动力中，占86%的是仅受过初中及以下教育的人，受过大专以上教育的仅占3.6%。如果我国较发达地区和城市在大力发展经济，奔向现代化的同时，又听任普通教育盲区扩大，给未来社会政府遗留下一大批低水平或根本不合格的劳动力，这将拖本地现代化社会发展的后腿，这肯定不是向往现代化的人们所期望的。

然而，自20世纪60年代末以来，苏州的生育水平持续下降，到1998年总的生育率已降到0.87，远远低于2.1左右的更替水平。随之而来的是少年儿童占总人口的比例逐年减少，这部分人口的教育需求萎缩，造成了部分教学资源的闲置。从统计数据来看，1999年苏州市共有小学1 208所，与1990年相比，减少了一半多，招生人数也减少了7.65万人；同期幼儿园的数量减少了2/3，在园人数减少了42%。也就是说，随着生育水平的降低和人口结构的变化，苏州市户籍人口中的少年儿童的实际教育需求有所减少。而以往教育投资形成的教育资源并不会因此而消失，场地、设备、师资都闲置出来，这些资源可以用于外来人口子女的教育。苏州市第26中学就是这样一所以农民工子女为主要学生群体的公办学校，近些年来它又逐渐演变成一所以艺术教育为特色的特色初中。

本研究的意义在于探讨如何使在苏州公办学校就读的农民工子女更好地适应学校，融入城市文化，为构建和谐社会添砖加瓦。本研究着重探讨了苏州市第26中学艺术特色教育的成果，普通班与艺术班学生在学校适应上是否存在差异，希望更好地推进艺术教育，让农民工子女得到更好的发展。

一、文献综述

（一）相关概念的界定

1. 不同班级类型之普通班

中学教育属于普通教育，是对学生进行一般科学文化知识教育，为他们在德、智、体等方面的发展奠定中等普通科学文化基础，或者说，为人一生正常地工作、生活和继续学习打下中等教育基础。

普通教育是相对于专业教育和职业教育而言的。它不是进行实用技能训练的职业教育，也不是高深专门的专业教育。普通中学对学生施行公民素质教育，课程内容主要是一般科学文化知识。普通中学课程中渗透职业技术教育内容，或者开设一定量的职业技术课程，有的中学缩短普通文化课教学时间，而用1个学年开设职业技术课程，为未来职业作准备。

2. 不同班级类型之艺术班

艺术班根据学校和学生的特殊情况，选择一些对艺术感兴趣的、有能力的学生，在开设原有的文化课程基础上，开设了专门的艺术课程，让学生能够专于这一方面，精于这一方面，有明显的特长，为升学和将来发展打下良好的基础。

3. 学校适应

学校适应是一个广义的多维概念。Birch 认为学校适应不仅指学生的学校表现，而且包括学生对学校的情感或态度及其参与学校活动的程度。Corsini Raymond认为学校适应是在学校背景下运用技能和能满足自己需要的程度，儿童可被描述为适应良好和适应不良。刘万伦等(2005)认为学校适应是指学生在学校的学业行为、学校参与、情感发展、人际交往等方面的情况。陈君认为学校适应是学生和学校环境、学校活动相互作用的结果，个体良好的学校适应表现在能够基本达到学校的教育目的，顺利完成学业，学会和人进行沟通交流，树立正确的人生观、价值观，获得健康的人格，等等。李辉等人认为学校适应是指学生通过积极的身心调整和学校环境相互作用的结果。本研究采用陈君对学校适应下的定义，该定义不仅精辟地论述了学校适应的本质，而且对“良好的学校适应”给出了明晰的界定。

(二) 国内外研究现状

1. 农民工子女的国内外研究现状

国外大多无户籍限制，因此与农民工子女相类似的人群是流动儿童。根据各国国情的不同，流动儿童的内涵比较广泛，主要是指跨国流动的儿童，如国际外来农民工儿童、难民儿童、跨国收养儿童等。而农民工子女是中国城乡模式的特有产物。目前，国内对农民工子女的研究大多集中在教育政策、法律法规的修订方面，对于文化冲突、心理矛盾方面的关注较少。但目前，农民工子女的心理健康问题日益凸显，城乡文化的冲突愈演愈烈，这给我们的农民工子女教育敲响了新的警钟，迫切需要社会各界的关注。

2. 不同班级类型的国内外研究现状

我国中学教育是社会主义性质的教育，为建设具有中国特色的社会主义服务，这是由我国社会主义初级阶段的政治、经济特点所决定的。党在社会主义初级阶段的基本路线是领导和团结全国各族人民，以经济建设为中心，坚持四项基本原则，坚持改革开放，自力更生，艰苦创业，为把我国建设成为富强、民主、文明的社会主义现代化国家而奋斗。我国教育，包括中学教育的一整套方针政策与党的基本路线相适应。中学教育为社会主义现代化服务，必须为发展生产力服务，坚持四项基本原则，坚持教育的改革和开放，贯彻教育面向现代化，面向世界，面向未来的方针。

2002年7月25日，中华人民共和国教育部发布第十三号令《学校艺术教育工作规程》，这是对普通高校艺术教育的指导性、纲领性文件。其中强调，在学校教育中，"艺术教育是实施美育的重要途径和内容，是素质教育的有机组成部分"。艺术教育对培养学生感受美、表现美、鉴赏美、创造美的能力，树立正确的审美观念，抵制不良文化影响，陶冶情操、发展个性、启迪智慧、激发创新意识和创造能力，促进学生全面发展有着重要的不可替代的作用。

进入21世纪，在全球范围内，世界各国的政治家、教育家们都清醒地认识到，面临日益激烈的竞争和挑战，综合国力的强弱在很大程度上取决于人才培养的成功与否。高素质的人才，应当是有健全思维、全面发展的人。

1957年，苏联发射了全世界第一颗人造卫星。这不仅使自认为20世纪科技第一的超级大国美国大吃一惊，而且使美国感到蒙受了巨大的国耻。美国人在分析、寻找原因时，首先在教育界找原因。1967年在美国波士顿交响乐团的夏日之家坦格尔伍德召开了美国教育家、音乐家、科学家、社会学家以及工业、企业、财团劳工代表等各界人士参加的"坦格尔伍德会议"，讨论了艺术教育在当代美国社会中的作用。经过认真反思，一些教育家提出"美国的科学教育是先进的，但艺术教育是落后的"观点，认为"当代教育必须把生活的艺术、个性建构和创造性的培养作为主要目的，鉴于学习艺术对现实目的的重要作用，倡议把艺术教育作为学校课程体系的必修的基础核心"。1967年，哈佛大学还就此开始了"零点项目"的研究，研究活动历时二十多年，比较结论性的观点是："形象思维和逻辑思维有很多共同之处，可以互相弥补、互相促进，这两种思维都是人类重要的思维方式。"

我国教育的最终目的是培养德、智、体、美全面发展的人，作为教育方针的重要实施内容的美育，本质上是通过艺术教育和艺术化的教育，培养学生创造美、欣赏美、感受美的能力以及与美育实践相应的情感、态度、价值观。就人的全面发展来讲，具有一定的艺术能力和素养已经成为现代社会所需要的综合型人才不可缺少的素质，甚至成为人才录用的基本条件之一。因此，艺术课的开设已经成为教学改革重要的、具有创新意义的内容。

3. 不同班级类型与学校适应关系研究的现状

纵观许多资料，很少有直接涉及班级类型（普通班和艺术班）与学校适应的关系的研究。体育、艺术教育让学生接受了完整的教育，培养了学生的创造精神，为他们展示自己的特长和鲜明个性搭建了舞台，为全面发展打下了良好的基础，而且活跃了校园文化，沟通了学校、家庭、社会的联系，拓宽了育人的渠道。因此，班级类型应该对学生的学校适应有一定的影响。

二、研究方法

（一）被试

被试为苏州市第26中学的农民工子女，共478名。收集有效问卷382份，其中普通生问卷225份，艺术生问卷157份。所有被试自愿参加且均没有参加过类似测验。

（二）研究工具

1. 学校适应量表

采用台湾吴武典教授编制的《学生在校适应状况》分量表《学生在校各个环节的适应行为》来测量学生的学校适应状况，包括常规适应、师生适应、同伴适应、课业适应和自我适应五个方面。量表由50个题目组成，所有题目均采用四级评分，即分为没有、很少、有时、经常四个级别，得分越高，说明被试的适应水平越不好。研究表明，该量表对大陆学生群体具有良好的心理测量学特性。该量表在本研究中的信度为0.87，效度为0.86。

2. 统计工具

采用SPSS16.0统计软件进行描述和比较分析。

（三）研究程序

向被试介绍此次研究，说明其保密性及可靠性，在被试自愿参加的前提下，发放问卷并说明问卷填写的注意事项，要求被试按照内心真实的想法和感受在相应的选项上打"√"。确定被试回答完毕后，回收问卷。

三、研究结果

（一）农民工子女的总体状况

被试在所有变量上的描述统计见表3-1。

表3-1 被试在常规适应、师生适应等各个分维度上的描述统计

	个数	最小值	最大值	平均数	标准差	平均值
常规适应	382	14.00	35.00	25.15	3.76	2.14
师生适应	382	10.00	37.00	21.41	4.59	2.31

续表

	个数	最小值	最大值	平均数	标准差	平均值
同伴适应	382	10.00	36.00	23.12	4.69	2.30
课业适应	382	10.00	40.00	22.97	4.78	2.52
自我适应	382	10.00	38.00	22.77	5.61	2.28
学校适应总分	382	69.00	165.00	115.41	17.46	2.31

由表3-1可以看出，被试学校适应总分的平均值为2.31，说明农民工子女在学校适应上仍然存在一定的问题。在子维度方面，课业适应的平均值最高，说明适应不良最为严重；师生适应和同伴适应次之；常规适应平均值最低，说明农民工子女对学校的各项规章制度基本可以接受。

（二）不同班级类型农民工子女的比较分析

1. 普通生、艺术生在学校适应各维度上的描述统计

表3-2　普通生在学校适应各维度上的描述统计

	个数	最小值	最大值	平均数	标准差
常规适应	225	15.00	34.00	24.97	3.77
师生适应	225	10.00	37.00	21.44	4.96
同伴适应	225	10.00	36.00	22.76	4.98
课业适应	225	10.00	40.00	22.62	5.11
自我适应	225	10.00	38.00	22.16	6.07
学校适应总分	225	69.00	165.00	1.14	18.82

表3-3　艺术生在学校适应各维度上的描述统计

	个数	最小值	最大值	平均数	标准差
常规适应	157	14.00	35.00	25.40	3.76
师生适应	157	11.00	36.00	21.36	4.02
同伴适应	157	12.00	34.00	23.62	4.20
课业适应	157	15.00	34.00	23.46	4.21
自我适应	157	11.00	37.00	23.65	4.76
学校适应总分	157	79.00	158.00	1.17	15.11

由表3-2和表3-3可以看出，艺术生的学校适应总分及子维度得分略高于普通生，说明艺术生的学校适应较普通生略差。

2. 普通生、艺术生在人口统计学变量上学校适应的差异分析

不同性别的普通生在学校适应的各方面没有显著差异，男生在常规适应、同伴适应、课业适应、自我适应和学校适应总分上都略优于女生。（表 3-4）

表 3-4　普通生在性别得分上的独立样本 t 检验

	男生（$N=137$）		女生（$N=88$）		t 值	自由度	p 值
	平均分	标准差	平均分	标准差			
常规适应	24.60	3.56	25.55	4.01	−1.85	223	0.07
师生适应	21.47	4.66	21.40	5.42	0.10	223	0.92
同伴适应	22.43	5.00	23.27	4.94	−1.20	223	0.23
课业适应	22.38	5.20	23.00	4.97	−0.89	223	0.38
自我适应	21.58	6.11	23.07	5.92	−1.80	223	0.07
学校适应总分	112	18.33	116	19.44	−1.48	223	0.14

通过对普通生是否独生的 t 检验，发现在独生这个变量上学校适应各个维度没有显著差异，发现非独生子女在除课业适应和自我适应外的其他方面的平均分均优于独生子女。（表 3-5）

表 3-5　普通生在是否独生得分上的独立样本 t 检验

	独生（$N=105$）		非独生（$N=20$）		t 值	自由度	p 值
	平均分	标准差	平均分	标准差			
常规适应	25.24	3.81	24.73	3.72	1.00	223	0.32
师生适应	21.90	5.36	21.03	4.57	1.32	223	0.19
同伴适应	23.15	5.46	22.42	4.52	1.09	223	0.28
课业适应	22.32	5.46	22.88	4.79	−0.82	223	0.41
自我适应	22.07	6.12	22.25	6.05	−0.23	223	0.82
学校适应总分	115	20.05	113	17.74	0.543	223	0.59

因为被试选取的问题，在普通生中没有出现初三的学生，学校适应的各维度在年级这个因素上没有产生显著差异，学校适应总分、自我适应、课业适应和师生适应均随着年级的增长变得更好。（表 3-6）

表 3-6 普通生在年级得分上的单因素方差分析

	初一($N=121$)		初二($N=104$)		p 值
	平均分	标准差	平均分	标准差	
常规适应	24.90	3.91	25.05	3.60	0.78
师生适应	21.90	5.28	20.90	4.53	0.13
同伴适应	22.74	5.39	22.79	4.49	0.94
课业适应	22.79	5.76	22.43	4.25	0.61
自我适应	22.64	6.39	21.62	5.65	0.21
学校适应总分	115	20.47	113	16.72	0.40

不同就读时间的普通生只在课业适应上显示出了差异,其他维度上均没有显著差异。就平均分而言,常规适应随着就读时间的推移而越来越差;师生适应在 1 ~ 3 年间随着时间推移变得更加良好,但在就读时间 3 年以上时出现了负的反弹;同伴适应随着时间推移变得越来越好;自我适应和学校适应总分总体趋势是越来越好,但都在就读时间 2 ~ 3 年时出现了轻微的反弹。(表 3-7)

表 3-7 普通生在就读时间得分上的单因素方差分析

	就读时间为 1 年($N=109$)		就读时间为 1 ~ 2 年($N=103$)		就读时间为 2 ~ 3 年($N=11$)		就读时间为 3 年以上($N=2$)		p 值
	平均分	标准差	平均分	标准差	平均分	标准差	平均分	标准差	
常规适应	24.78	3.68	24.96	3.76	26.10	4.55	29.50	2.12	0.25
师生适应	21.82	5.11	21.05	4.83	20.00	3.61	29.00	4.24	0.08
同伴适应	22.82	5.25	22.80	4.83	22.27	3.90	20.50	6.36	0.91
课业适应	22.37	5.29	22.53	4.50	26.91	7.09	17.50	0.71	0.02*
自我适应	22.39	6.14	21.75	6.02	24.64	4.97	18.00	9.89	0.33
学校适应总分	114	19.57	113	18.43	119	16.66	115	9.19	0.72

家庭收入不同的普通生在同伴适应和师生适应上显示出了差异,家庭收入越高,同伴适应和师生适应越差。在其他维度上均没有表现出显著差异。(表 3-8)

表 3-8　普通生在家庭收入得分上的单因素方差分析

	2 000 元以下（N=78）		2 000～5 000 元（N=127）		5 000 元以上（N=20）		p 值
	平均分	标准差	平均分	标准差	平均分	标准差	
常规适应	25.13	4.07	24.69	3.59	26.15	3.50	0.24
师生适应	20.78	4.75	21.47	5.05	23.80	4.71	0.05*
同伴适应	21.77	4.93	23.02	4.92	24.95	4.95	0.03*
课业适应	23.32	5.43	22.21	4.81	22.50	5.66	0.32
自我适应	22.06	6.50	21.87	5.83	24.45	5.62	0.20
学校适应总分	113	19.37	113	18.79	122	15.49	0.15

由表 3-9 可以看出，不同性别的艺术生在除师生适应之外的各维度上均显示出了差异，并且在课业适应、自我适应和学校适应总分上差异极其显著。女生的适应状况差于男生。

表 3-9　艺术生在性别得分上的独立样本 t 检验

	男生（N=74）		女生（N=83）		t 值	自由度	p 值
	平均分	标准差	平均分	标准差			
常规适应	24.70	3.83	26.02	3.60	-2.23	155	0.03*
师生适应	21.69	4.11	21.06	3.95	0.98	155	0.33
同伴适应	22.70	4.52	24.45	3.73	-2.65	155	0.01**
课业适应	22.29	3.46	24.45	4.57	-3.42	151	0.00***
自我适应	22.42	4.32	24.75	4.88	-3.15	155	0.00***
学校适应总分	114	14.73	121	14.77	-2.95	155	0.00***

是否独生子女对艺术生的学校适应没有影响。独生子女的适应能力优于非独生子女。（表 3-10）

表 3-10　艺术生在是否独生子女得分上的独立样本 t 检验

	独生（N=88）		非独生（N=69）		t 值	自由度	p 值
	平均分	标准差	平均分	标准差			
常规适应	25.15	3.47	25.72	4.09	-0.96	155	0.34
师生适应	21.14	4.28	21.64	3.69	-0.77	155	0.44
同伴适应	23.29	4.04	24.04	4.38	-1.11	155	0.27
课业适应	23.18	4.09	23.81	4.38	-0.93	155	0.36
自我适应	23.03	4.55	24.43	4.92	-1.85	155	0.07
学校适应总分	116	14.39	119	15.82	1.59	155	0.11

由表3-11分析可知，年级不同的艺术生在常规适应、师生适应、同伴适应和学校适应总分上均存在显著差异。年级优势不明显。

表3-11 艺术生在年级得分上的单因素方差分析

	初一（$N=56$）		初二（$N=51$）		初三（$N=50$）		p 值
	平均分	标准差	平均分	标准差	平均分	标准差	
常规适应	23.80	4.06	26.18	2.99	26.40	3.57	0.00***
师生适应	3.06	0.41	3.43	0.48	4.89	0.69	0.00***
同伴适应	4.46	0.59	3.55	0.49	3.56	0.50	0.00***
课业适应	4.13	0.55	4.11	0.58	4.39	0.62	0.29
自我适应	4.82	0.64	4.01	0.56	5.34	0.76	0.34
学校适应总分	13.94	1.86	12.34	1.73	16.57	2.34	0.00***

艺术生在常规适应、师生适应、同伴适应和学校适应总分上因就读时间的长短而产生显著差异。常规适应和师生适应均随着就读时间的增长变得更加良好，但都在就读时间超过3年的情况下发生了转折，适应变差。同伴适应是在就读时间达到3年以上时由逐渐变差变得良好。在其他方面就读时间长短产生的优势不明显。（表3-12）

表3-12 艺术生在就读时间得分上的单因素方差分析

	就读时间 1年（$N=53$）		就读时间 1-2年（$N=51$）		就读时间 2-3年（$N=49$）		就读时间 3年以上（$N=4$）		p 值
	平均分	标准差	平均分	标准差	平均分	标准差	平均分	标准差	
常规适应	23.72	4.05	26.37	3.12	26.51	3.16	21.75	4.72	0.00***
师生适应	19.72	3.17	21.57	3.43	23.02	4.82	20.00	2.16	0.00***
同伴适应	21.43	4.33	24.37	3.52	25.49	3.60	20.25	3.09	0.00***
课业适应	22.68	4.21	24.37	3.93	23.53	4.48	21.25	2.75	0.15
自我适应	23.00	4.96	24.25	3.67	23.82	5.60	22.50	2.65	0.55
学校适应总分	111	14.09	121	11.81	122	16.43	106	12.28	0.00***

收入不同的家庭的艺术生在学校适应各维度没有显著差异，艺术生要负担额外的一些工具费用等，所以家庭收入情况在某种程度上相近，所以没有太大差异。常规适应、课业适应、自我适应和学校适应情况随着家庭收入的增加变得更好。其他优势不明显。（表3-13）

表 3-13 艺术生家庭收入得分上的单因素方差分析

	2 000 元以下($N=31$)		2 000～5 000 元($N=112$)		5 000 元以上($N=14$)		p 值
	平均分	标准差	平均分	标准差	平均分	标准差	
常规适应	25.97	4.16	25.30	3.68	24.93	3.56	0.61
师生适应	20.19	4.21	1.71	3.96	21.07	3.96	0.17
同伴适应	23.45	4.26	23.69	4.22	23.50	4.13	0.96
课业适应	24.16	4.28	23.38	4.26	22.50	3.78	0.45
自我适应	24.84	5.39	23.59	4.32	21.50	6.06	0.09
学校适应总分	119	15.76	118	14.68	114	17.49	0.56

(三)不同班级类型的被试在学校适应各维度上的差异分析

表 3-14 不同班级类型的被试各量表得分的独立样本 t 检验

	普通生($N=225$)		艺术生($N=157$)		t 值	自由度	p 值
	平均分	标准差	平均分	标准差			
学校适应总分	114	18.82	117	15.11	−1.95	380	0.05*
师生适应	21.44	4.96	21.36	4.03	0.17	380	0.86
同伴适应	22.76	4.98	23.62	4.19	−1.83	380	0.07
课业适应	22.62	5.11	23.46	4.22	−1.69	380	0.09
常规适应	24.97	3.76	25.40	3.76	−1.11	380	0.27
自我适应	22.16	6.07	23.65	4.76	−2.68	380	0.01**

对普通生和艺术生的学校适应各维度得分进行独立样本 t 检验,结果发现不同班级类型只在自我适应和学校适应方面呈现显著差异,且均表现为普通生的适应状况优于艺术生。

四、讨论与建议

(一)农民工子女整体状况

农民工子女整体的学校适应状况并不是太好。其中,课业适应的问题尤为突出。农民工子女从农村来到城市,以前农村的文化基础比较薄弱,也没有齐全的教学设施,对城市的学校教育难免会感到吃力,对繁重的课业无法适应。这就要求学校的教育工作者多多关注农民工子女的课业状况,根据他们的文化基础进行恰当的课程设置,必要的时候进行额外辅导,不要让差距越拉越大。而农民工子女的常规适应是最好的,说明他们对学校的各项规章制度基本可以接受。农民工子女以前的农村学校，规章制度往往并不健全，也没有考虑到青少年发展的需要，来到城市，学校人性化的制度使他们感受到了温暖，而农村儿童意志力较强，具有吃苦耐劳的优良品质，对学校的规章制度并不会感到苛刻或严格。因此，常规适应较好也是合情合理的。

（二）不同班级类型的农民工子女在学校适应上的差异

总体而言，普通生的适应状况优于艺术生。艺术生除了学习文化课外还要兼顾艺术课程，这给本来就很少接触艺术教育甚至完全没有接触过艺术教育的农民工子女带来了不小的挑战。因此，艺术生在学校适应方面也比普通生产生了更多的问题。

从表 3-4 到表 3-13 的分析中可以看出：

（1）不同性别的普通生在不同维度没有产生差异，而不同性别的艺术生在常规适应、同伴适应、自我适应和学校适应总分上均产生差异。普通班学生学习同样的全面、均衡的课程，男女基本不存在差异。但是艺术班更加侧重艺术、美的教育，这时候男女的差异就显现出来，可能女生在某种程度上来说更加细致，更加能感受到艺术的魅力，当然也有男生对艺术的感触非常敏锐，导致了两极分化，从而使学生在学校适应方面产生差异。

（2）是否独生子女对普通生和艺术生的学校适应都没有产生太大影响。在普通生中，独生子女在课业适应方面优于非独生子女。经分析，非独生子女在家庭中可能会更早地分担一些家务，了解生活的不易，更加早熟，能更好地适应这个社会、这个学校；但是在课业方面，智力因素是不可抗因素，而且非独生子女的家庭环境可能比较嘈杂，不利于学习，也会在一定程度上影响学习成绩，因此独生子女在课业适应上就会优于非独生子女。但是在艺术生中，独生子女的适应能力优于非独生子女。在这里，不得不再提到艺术生的家庭环境相对来说都是比较好的，所以在普通生中存在的非独生子女要分担家务、家庭环境不好这些因素都不太可能存在，独生子女能拥有一个家庭全部的资源，在同等条件下会优于非独生子女也在情理之中。

（3）不同年级的艺术生在常规适应、师生适应、同伴适应和学校适应上均存在显著差异，而在年级这个变量上普通生的情况没有差异，但自我适应、课业适应和师生适应情况随着年级的升高变得更好，艺术生的学校适应与年级无明确关联。艺术生在最初选择艺术这个"专业"的时候可能满怀抱负，觉得自己必然适应这一个"专业"，在往后的继续学习中，有的学生不断进步，真正地感受到艺术的魅力；有的学生迷茫，发现自己并不适应，在这个环境中无所适从，与老师、同伴关系变差，对现有的规章制度开始抵触。普通生在一个"规矩"、"定格"的学习之路上前进，对于无法改变的东西，人们往往只能去适应它，普通生随着年级的升高，慢慢地开始接受这些东西，变得如鱼得水，在其中寻找自己的快乐。

（4）就读时间达到 3 年以上，不管因为何种因素，学生在本该毕业的时候没有毕业。普通生和艺术生的常规适应和师生适应在就读时间达到 3 年以上的时候发生了负相关。就读时间达到 3 年以上不是一种愉快的经历，学生对老师、对学校各种制度的抵触达到了临界点，他们不再想着去改善、适应。在同伴适应这一点上，艺术生和普通生都是随着就读时间的增加变得愈加适应，时间越长，交情越好。普通生的自我适应在就读时间为 2 ~ 3 年的时候发生了反弹，与就读时间呈负相关。这个时间段正是中考来临的关键时刻，学生对自己在学校的表现开始不满，希冀得到改变。

（5）艺术生对家庭条件还是有一定的要求的，一些讲座、培训、学习用品还是需要一定的经济基础的，在经济条件较好的情况之下，学习没有后顾之忧，学校适应情况随着家庭收入的上升呈上升态势了。总体来说，艺术生的家庭条件是相近的，没有太大差异。普通生的家庭收入不齐，高高低低，在同伴适应这一块发生了差异，家庭收入越高，同伴适应反倒越差，家庭情况相近的孩子会抱成一团，少数家庭条件好的孩子自然会受到一定程度的排挤，同伴适应会不良。

艺术生和普通生的独立样本 t 检验，仅在自我适应上出现了显著差异，即在对自己的满意程度上存在显著差异。艺术生选择艺术特长班是根据自己的爱好特长来选择的，就是说是自己愿意学，并对自己目前在校情况感到满意。在普通班中，学生接受的是常规教育，一些学生并不想学习，或者学习的内容并不是自己喜欢的，学生对自己的状态不满意。除在师生适应方面，艺术生略优于普通生，在学校适应的其他方面普通生均优于艺术生，可见艺术教育的体制还没有完善，毕竟它在这几年才兴起，不如已经运作了几十年的普通教育，普通教育有着丰富的经验，更加符合国情，符合教育现状。艺术特长教育在我国还有很长的路要走。

（三）建议

在这里提出几点建议。研究表明，自我适应是普通生和艺术生在学校适应上存在显著差异的唯一一个方面，这一点也是非常值得深思的。对自己在学校的表现满意程度会因为是艺术生还是普通生而产生显著差异，那原因出现在哪里？如果能把这点找出来，然后放大，应用在日常学校的管理教学中，相信能很大程度上提高学生的自信心，对促进和谐校园的建设、学生素质的全面发展都会起到很大的作用。

在普通生和艺术生的人口统计学差异比较上，普通生在 5 个人口统计学量表上存在显著差异的地方并不是很多,就读时间是和艺术生同样产生差异的地方,可能是存在着一种小规模的“文化休克”现象,从一个地方的教育系统的适应到另外一个系统适应需要一个过程。但是,在家庭收入方面,艺术生之间没有显著差异。联系到我们访谈的时候了解到的一些情况,艺术班的学生的学习花费相对多一些,所以说家庭情况都是比较好的,家庭收入差异比较小。而在普通生的班级里,家庭收入情况参差不齐,所以在这一方面普通生之间产生了差异。艺术生在年级和就读时间上出现多个维度的显著差异,和普通生形成对比,这点非常有意思,可以继续做深入研究。

第二节　不同班级环境类型与农民工子女学校适应的关系研究

随着经济的发展和城市建设进程的加快,越来越多的劳动力由农村涌入城市,掀起了一阵“打工潮”。农民工的生活水平、身心健康已受到了社会各界的广泛关注。但近年来,随着流动人口外出打工的“家庭化”趋势,农民工子女的教育、心理问题日益凸显,已经成为各个以农民工子女为主体的公办学校所面临的最迫切、最艰巨的现实问题。

本研究正是从农民工子女的学校适应出发,探讨不同班级环境类型对农民工子女学校适应的影响。通过对学生、家长以及老师的访谈,还通过大量的问卷调查收集信息,全面深入地对农民工子女的学校适应作进一步的探索,为学校的文化建设提供建议及教育对策,以改善学生与学生、学生与老师以及整个班级的氛围,使农民工子女更好地适应学校生活。

一、文献综述和问题提出

(一)相关概念的界定

1. 班级环境

班级环境是由师生的态度、情绪、价值观及其相关因素交织而成的,它是学生与学生之间、师生之间、学生与班级之间及学生与课程之间在长久的相互作用下所形成的共有的看法和心理感受。

班级环境是指存在于师生所组成团体中的社会心理环境,学校中的社会心理环境对学生的发展和学习具有广泛而重要的影响。本书所指的班级环境,是学生对整个班级一般的社会心理气氛的知觉,而不是某种“客观”的描述或测量的结果。

2. 学校适应

学校适应主要是指学生在学校背景下愉快地参与学校活动并能满足自己需要和获得学业成功的状况,可作为学生心理健康的重要指标。一般来说,学校适应可从学业适应、人际关系适应、行为适应、情绪和心理适应几个方面来衡量。对于学校适应的测量，多数研究者都采用多个指标来反映个体学校适应的总体状况。

（二）班级环境与学校适应的国内外研究现状

理论界对班级环境的研究起步是比较晚的，可以说从20世纪60年代才刚刚开始。最早参加此项研究工作的是美国人沃尔伯格，他在60年代后期开始探讨班级环境问题。他曾发表过《教师个性和班级环境》《班级规模和学习的社会环境》等文章，指出班级环境主要包括班级物化环境和班级心理环境。近30年来，国内外有关班级/课堂环境的研究主要有两类：以具体的学科课堂教学气氛为对象的研究和以班级的一般社会心理氛围为对象的研究。两类研究都表明，班级/课堂环境对学生的认知和社会性发展具有重要作用。已有研究发现，班级/课堂环境与学生态度和情感的相关要大于与学习成绩的相关。Wong等人研究了化学实验课环境与学生学习化学的态度的关系。结果表明，课堂社会心理环境对学生的科学态度有显著的预测作用：在团结合作、问题开放、积极参与的课堂环境中，学生更喜欢化学课、对科学探索的态度更积极，也能在实际中更多地运用科学的态度解决问题。

自20世纪30年代以来，许多研究者从不同角度对学习环境问题进行了广泛的研究，并取得了大量的研究成果。在众多的学习环境研究中，学习环境对学生的影响受到了人们的重视，这些研究主要体现在理论分析和实证探索两个层面，具体而言学习环境对学生认知、社会性发展、创造力和学习行为等均有作用。例如，Walberg，Haertel，Fraser等人在不同时期分别对以往的研究作了元分析，结论是学习环境与学生的认知和情感发展有着密切的联系，具体来说，当课堂是有凝聚力的、令人满意的、有目标、有组织和少冲突时，学生在认知和情感指标上的得分会比较高。其中，国外研究表明，学习环境对学生的学校适应有影响，主要有Fraser对班级环境与学生学校适应的研究，Susan，Baek和Choi对学生学习环境与学习成绩的关系研究，等等。国内一些研究也表明，班级环境对学生的发展与适应具有重要的作用，主要有江光荣、郭伯良、张雷、屈智勇、邹泓、谭千保等人的研究。

近期在以Chang为代表进行的大型综合研究中，研究者不仅考察了儿童社会行为与学校适应结果间的关系，还把班级环境单独作为一层变量，探讨班级水平变量对儿童社会行为与学校适应结果之间关系的影响。在儿童社会行为与学校适应结果的关系上，研究基本上支持了亲社会行为与学校适应之间的正向相关，但不论是在同伴关系上还是在学业成就领域，攻击、退缩行为与学校适应之间的相关都呈现出由正到负的散状分布。

对于班级环境的研究，大多数学者倾向于其中一个维度的研究——师生关系的研究。关于师生关系的研究，国外研究者较多关注儿童早期的师生关系，如幼儿园阶段以及小学阶段的师生关系。这些研究主要采用教师报告的形式，Pianta 等在依恋理论和师生互动研究的基础上，提出了师生关系的三个主要因素，它们是亲密性、依赖性、冲突性，并据此编制了“师生关系量表”。Pianta 所说的亲密性表示师生间情感联系的紧密程度。根据依恋理论，在情感安全或亲密的师生关系中，教师在儿童对环境的探索过程中发挥着“安全基地”的支持作用，师生之间有着温暖的情感联系，师生之间的交流是开放性的。依赖性是指儿童对教师的占有和“缠人”行为，表现为过度依赖教师的帮助。冲突性指的是师生在互动过程中的不和谐和不友好，儿童在这种师生关系中会对教师的支持和帮助失去信任。后来大多数研究都以此为依据探讨幼儿园和学龄儿童的师生关系。在师生关系对儿童学校适应的影响上，研究认为，早期(如幼儿园和小学)形成的安全型、支持性的师生关系有助于同伴关系的乐观定位，可以减少儿童之间的疏远感，它会通过影响学生的学习行为以及学生对学校活动的参与度，对学生的学习成绩产生积极影响。而师生之间的冲突与儿童对幼儿园或学校的厌恶情绪和逃学行为呈正相关，与儿童对幼儿园或学校的喜爱以及课堂合作行为呈负相关。师生关系冲突性较高的儿童亲社会行为较少，有更多的社交和情绪适应问题，也常常被同伴评价为攻击性太强，有较多的问题行为。与教师有更多依赖关系的儿童可能表现出更多的人际交往问题。在对中学生的研究中发现，与小学生相比，中学生报告的师生关系质量明显下降，中学教师更少支持、关心他们，态度更不友好。中学生报告的与教师的冲突型关系较少，但报告的平淡疏远型的关系较多。研究也认为，中学生与教师的支持、亲密关系，为学生创造了一个安全、开放的环境，有助于学生学业、人际技能的发展。

目前，我国学者也越来越关注师生关系的研究，其采用的测量工具也大多是在 Pianta 研究的基础上发展而来的。这些研究主要考察了师生关系的亲密性、冲突性、反应性、依恋性、回避性等维度，并通过聚类分析将师生关系划分为不同的类型。例如，王耘等根据师生关系的亲密性、冲突性、反应性程度，将北京市小学生的师生关系划分为两种类型：亲密型和冲突型。结果表明，4—6 年级学生知觉到的师生关系更为消极，而 3 年级学生知觉到的师生关系则更为积极。而林崇德等对北京市小学生师生关系的研究，根据亲密性、冲突性、反应性程度，却得到三种类型的师生关系：冷漠型、冲突型和亲密型。李彩娜等根据师生关系的亲密性、冲突性、支持性和满意度，得到西安市中学生(初中、高中)的三种师生关系类型：亲密型、一般型(四个维度均处于中等水平)

和冲突型。结果表明中学生的师生关系一般型最多,冲突型最少。张磊依据师生关系的亲密性、冲突性、依恋性和回避性程度,得到牡丹江市中学生(初中、高中)的三种师生关系类型:亲密和谐型、矛盾冲突型(指冲突和回避都较多,亲密和依恋较少)和平淡疏远型。结果表明中学生的师生关系平淡疏远型最多,矛盾冲突型最少,而初二和高二学生师生关系的矛盾冲突型最多。而且研究也表明,亲密型个体的心理健康状况最好,冲突型个体的心理健康状况最差,一般型则居于二者之间。冲突性对学校适应中的外显问题行为有显著正向预测作用,矛盾冲突型学生的外显问题显著多于亲密和谐型和平淡疏远型的学生。

学校适应是近50年来心理和教育工作者研究较多的问题之一。但是对学校适应至今没有一个统一的界定,从相关的研究来看,一般用学校态度、学业成绩、社会行为和人际适应等指标来衡量。从已有的文献来看,早期的研究主要考察学生的辍学率或缺勤率,现在的大多数研究则考察了学生在行为(如课堂参与和破坏行为、外化和内化行为问题)、情感(如孤独感、社会焦虑)和学业(如学习成绩)等方面的适应情况。另外,学生对学校的态度(逃避或喜欢),以及学生在学校背景下的人际关系(同伴接纳),也曾被看做学校适应的重要指标。

Ladd等人的研究发现,小学低年级学生的学校态度(喜欢或逃避)受其学校经历、同伴关系、师生关系的影响。比如,在学校受过同伴欺负的学生明显讨厌和逃避学校,而拥有较多朋友和好朋友且朋友关系维持良好的儿童会比一般儿童更加喜欢学校生活;讨厌和逃避学校的儿童也更多地表现出情感上的问题(如焦虑)。已有研究关注了师生关系与学生学校适应的关系,刘万伦以学校喜欢、环境适应和学校适应为指标,考察了师生关系与学生学校适应性的关系,发现师生关系与以上三个指标有显著相关性。但是也有研究发现,学校中的环境变量(如班级环境)与学生的态度、情感有很高的相关性,但对学生的行为的解释率很低(10%以下)。近年来,一些研究者开始关注班级环境与学生学校适应的关系。有研究表明,中学生对班级环境的知觉对学生的学校态度有显著的预测作用。江光荣考察了班级环境与学生的学校适应(学校胜任、适应缺陷、一般焦虑)及学校生活满意感的关系,发现班级环境对学校适应三个变量都有显著的预测作用(解释率为78%),对学校生活满意感也有显著的预测作用(解释率为68%)。教师和同学是学生成长过程中的重要影响者,学生的学校适应不可避免会受到班级中的教师、同学的影响。廉串德、郑日昌的研究结果显示:学生的学校适应与教师的领导行为有密切的联系。

（三）问题的提出

1. 现有不足

综上，尽管现在的研究得到了很多丰富的成果，但仍然存在一些问题：

（1）在研究对象上，现有研究对农民工子女的学校适应研究较少，主要是针对普通学校的学生进行研究；而且现有研究对儿童的学校适应研究较多，对初中生的学校适应研究则较少。

（2）在研究结果上，由于所采用测量工具及被试来源不同，班级环境类型与学校适应的关系研究的结论不一致，而且即使是使用同一测量工具，得到的结论也并不一致。

（3）从研究维度上来说，现有研究对班级环境维度的研究多倾向于师生关系的研究。

2. 研究目的

本研究以农民工子女为研究对象，以班级环境中的师生关系、同学关系、秩序和纪律以及竞争、学习负担五个维度为指标，研究它们与学校适应的五个维度的关系，从而探讨出班级环境与学生学校适应之间的关系。

3. 研究意义

班级是学生成长的基本单位，班级环境对学生的品质和品格的形成产生着一定的影响，因此创建良好的班级环境是非常重要的。班级也是学校教学的基本单位，是学生置身其中学习和生活的环境。一个功能健全的班集体，不仅能够促进学生身心健康发展，而且直接影响学生的学习兴趣、学习态度和学习结果。本研究旨在探讨出班级环境与学校适应的关系，以提出改善班级环境的策略，让学生能更好地适应学校生活，建立一个师生关系良好、学生之间友好的班级，营造出更好的学习氛围，使学生更好地发展，发挥自己的长处。

二、研究方法

（一）研究对象

被试为苏州市第26中学的农民工子女（252名），所有被试自愿参加这项调查。

（二）研究工具

1. 学校适应问卷

采用台湾吴武典教授编制的《学生在校适应状况》分量表《学生在校各个环节的适应行为》来测量学生的学校适应状况。评估内容包括常规适应、师生适应、同伴适应、课业适应和自我适应五个方面。量表由50个题目组成，所有题目均采用四级评分，即分为没有、很少、有时、经常四个级别，得分越高，说明被试的适应水平越不好。研究表明，该量表对大陆中学生群体具有良好的心理测量学特性。

2. 班级环境问卷

采用江光荣编制的《我的班级》问卷。该问卷测量的是中小学各班学生所知觉到的该班集体社会心理环境或班级气氛。该量表是根据 Moos 的理论发展出来的适合中国大陆中小学生特点的问卷。问卷包括 5 个维度,共 38 个题目。其中师生关系维度是指班主任态度的亲切、关心、支持和理解的程度以及学生对教师的信任、喜爱的程度;同学关系维度是指同学之间关心、互助、团结的程度;秩序和纪律维度是指课堂活动的有序性和班级纪律的有效性;竞争维度是指同学之间在学业和其他方面的竞争以及班级中的竞争气氛;学习负担维度是指学生课业量的多少和学生主观感受到的学业压力的大小。所有题目的反应方向为时间的发生频率,被试在一个 5 点 Licket 量尺上作出反应: 0 代表"从不如此",1 代表"偶尔如此",2 代表"有时如此",3 代表"经常如此",4 代表"总是如此"。数据分析时分别对各维度下的所有题目(反向题目先转换成正向分数)得分进行求和,即可得到各维度的分数。本问卷既可以个体为分析单位,也可以班级为分析单位。

3. 统计工具

采用 SPSS16.0 统计软件进行描述比较分析和相关分析。

(三) 研究程序

向被试介绍此次研究,说明其保密性及可靠性,在被试自愿参加的前提下,发放问卷并说明问卷填写的注意事项,要求被试按照内心真实的想法和感受在相应的选项上打"√"。确定被试回答完毕后,回收问卷。

三、研究结果

(一) 农民工子女的总体状况

从表 3-15 的描述统计可以看出,在学校适应方面,常规适应平均值最高,表明被试对学校的各项规章制度的接受还存在一定的问题;师生适应的平均值最低,表明学生与老师之间的适应相对来说比较好;同伴适应和课业适应的平均值差别不大,表明在这方面被试适应得还可以;在自我适应方面,均值得分相对较低,表明被试觉得自己在学校的表现还可以,但不是特别满意。从班级氛围方面来讲,师生关系平均值较高,表明被试与老师的关系处理得不错;同学关系的均值也较高,表明同学之间基本上是友好相处的;秩序和纪律方面得分比较高,说明所在课堂的氛围不是很好;竞争方面,被试所在班级的竞争气氛还是有的,但不是特别强烈;最后,在学习负担上均值较低,说明被试的学习负担不是特别重,还是可以接受的。

表 3-15　被试在学校适应和班级氛围总分及各个分维度上的描述统计

	个数	最小值	最大值	平均数	标准差
常规适应	252	10	40	25.14	4.19
师生适应	252	10	50	21.91	4.94
同伴适应	252	10	36	23.71	4.84
课业适应	252	10	36	23.03	4.58
自我适应	252	10	37	22.53	5.06
学校适应总分	252	69	167	116.02	17.05
师生关系	252	8	40	28.88	8.04
同学关系	252	12	35	25.2	4.59
秩序纪律	252	14	35	25.04	3.41
竞争	252	8	35	22.5	5.73
学习负担	252	8	32	18.62	4.03
班级环境总分	252	72	155	120.02	18.17

（二）不同种类农民工子女的比较分析

1．不同性别的被试的独立样本 t 检验

对不同性别的被试在各个量表上的得分进行独立样本 t 检验。结果发现，不同性别的被试在师生适应、常规适应方面存在显著差异，男生在常规适应方面要优于女生，在师生适应方面没有女生好。在班级氛围方面，各维度差异不明显。（表 3-16）

表 3-16　不同性别的被试各量表得分的独立样本 t 检验

	男（$N=139$）		女（$N=113$）		t 值	自由度	p 值
	平均分	标准差	平均分	标准差			
常规适应	24.66	4.43	25.73	3.82	−2.01	250	0.05*
师生适应	22.59	5.29	21.07	4.36	2.46	250	0.01**
同伴适应	23.41	4.73	24.08	4.96	−1.09	250	0.28
课业适应	22.91	4.69	23.17	4.46	−0.44	250	0.66
自我适应	22.06	5.10	23.10	4.98	−1.64	250	0.10

2．不同就读时间的被试的单因素方差分析

对不同就读时间进行单因素方差分析，结果显示：不同就读时间的被试

在常规适应上存在显著差异[$F(3,248)=3.12, p<0.05$]，就读时间越长的被试，常规适应越差；不同就读时间的被试在自我适应上存在显著差异，就读1年和3年的被试自我适应相对来说较好；不同就读时间的被试在学校适应总分上存在显著差异，就读时间越长，学校适应相对比较差；从班级氛围来看，不同就读时间的被试在秩序和纪律上存在显著差异，就读2年的被试所在班级纪律较差；不同就读时间的被试在竞争上存在显著差异[$F(3,248)=4.28, p<0.01$]；就读2年的被试所在班级竞争较激烈。（表3-17）

表3-17　不同就读时间的被试的单因素方差分析

	1年		2年		3年		4年		F值	p值
	平均分	标准差	平均分	标准差	平均分	标准差	平均分	标准差		
常规适应	23.90	4.22	25.65	4.15	25.79	3.78	29.00	5.66	4.026	0.01**
自我适应	21.56	4.54	23.21	5.29	22.07	4.93	29.00	5.66	3.028	0.03*
学校适应总分	111.93	16.04	118.25	17.59	118.07	15.9	135.00	14.14	3.374	0.02*
秩序和纪律	24.58	3.43	25.71	3.37	24.02	3.17	22.50	2.12	3.905	0.01**
竞争	20.69	4.80	23.90	6.15	21.93	5.12	20.00	2.83	5.806	0.00***

3. 不同学习成绩的单因素方差分析

对学习成绩进行单因素方差分析，结果显示：不同学习成绩的被试在课业适应上存在显著差异[$F(2,249)=3.69, p<0.05$]，成绩上游的被试课业适应最好；不同学习成绩的被试在自我适应上存在显著差异[$F(2,249)=5.30, p<0.01$]，成绩中等的被试自我适应比较好；不同学习成绩的被试在学校适应总分上存在显著差异，成绩中等的被试学校适应最好。（表3-18）

表3-18　学习成绩的单因素方差分析

	上游		中等		下游		F值	p值
	平均分	标准差	平均分	标准差	平均分	标准差		
课业适应	22.44	4.28	22.59	4.39	24.4	4.99	4.00	0.02*
自我适应	22.74	4.93	21.62	4.89	24.5	5.03	7.65	0.00***
学校适应总分	116.49	19.45	113.66	15.75	122.41	17.10	6.14	0.00***

4. 班级环境各维度与学校适应各维度的相关

对班级环境各个维度和学校适应各个维度进行相关分析，结果显示：班级环境中的师生关系和学校适应的师生适应、同伴适应、学校适应总分存在非常显著的负相关;班级环境中的同学关系和学校适应的师生适应存在非常显著的负相关;班级环境中的秩序和纪律与学校适应的常规适应存在非常显著的正相关,与师生适应存在显著的负相关;班级环境中的竞争和学校适应的常规适应存在显著的正相关,和自我适应存在非常显著的正相关;班级环境中的学习负担和学校适应的各个维度均存在非常显著的正相关;班级环境总分和学校适应的总分不存在显著的相关。(表3-19)

表3-19 班级环境各维度与学校适应各维度的相关

		师生关系	同学关系	秩序纪律	竞争	学习负担	班级环境总分
	r	-0.02	0.04	0.17	0.15	0.29	0.15
常规适应	*p*值	0.77	0.48	0.01**	0.02*	0.00***	0.02*
	N	252	252	252	252	252	252
	r	-0.37	-0.19	-0.14	-0.07	0.27	-0.20
师生适应	*p*值	0.00***	0.00***	0.03*	0.25	0.00***	0.00***
	N	252	252	252	252	252	252
	r	-0.24	-0.02	-0.01	0.04	0.31	-0.03
同伴适应	*p*值	0.00***	0.72	0.87	0.48	0.00***	0.66
	N	252	252	252	252	252	252
	r	-0.10	-0.01	0.08	0.16	0.28	0.06
课业适应	*p*值	0.10	0.82	0.22	0.07	0.00***	0.32
	N	252	252	252	252	252	252
	r	-0.12	0.01	0.11	0.16	0.33	0.09
自我适应	*p*值	0.06	0.88	0.08	0.01**	0.00***	0.13
	N	252	252	252	252	252	252
	r	-0.24	-0.05	0.05	0.11	0.42	0.02
学校适应总分	*p*值	0.00***	0.41	0.42	0.09	0.00***	0.81
	N	252	252	252	252	252	252

四、研究讨论

学校是农民工子女学习的主要场所,是他们的第二个家,更好地适应学校对农民工子女尽快适应城市生活、健康成长有着重要的意义。

本研究发现:

(1)在常规适应和师生适应上存在显著的性别差异,具体表现为男生在常规适应方面要优于女生,但在师生适应方面没有女生好。首先这可能是因为男生具有好攻击性、支配性强、喜欢冒险等性格特征,而女生则具有安静、顺从、听话等典型特征,教师自然更喜欢听话的女生,而与爱淘气的男生关系相对较差。其次，在常规方面，可能男生在学校里比较冲动、调皮，比较会触犯学校的各种日常规章制度，久而久之，他们对规章制度更了解，能更好地适应学校生活，而女生则相反，虽然知道有制度存在，但比较遵守学校制度，不会轻易违反，所以没有男生那么容易适应。

(2) 不同就读时间的被试在常规适应、自我适应、学校适应总分上存在显著差异，且就读时间越长的被试，常规适应、学校适应越差。这可能是因为被试在同一所学校上学的时间越长，越觉得自己资格老，觉得老师会更关注进来的新生，对自己的注意力会比较少，所以大多数被试会对学校的各项规章制度不予理会，甚至我行我素，从而被老师、学校惩戒，所以适应差。对于自我适应，刚进去的新生较容易适应，因为他们什么也不懂，可以说人生地不熟，需要通过与周围的同学、老师相处好，得到他人的认可，以便更好地适应学校生活。对于在学校生活了3年的被试，他们在学校生活久了，自然而然自我适应能力较生活、学习了2年的被试强。从班级氛围来看，不同就读时间的被试在秩序和纪律、竞争上存在显著差异，就读2年的被试可能因为跟周围同学相处熟了，话说得多了，玩得也多了，所以在班里容易起哄，吵吵闹闹，导致秩序和纪律不是很好；被试经过1年的学习，都想成绩好，被老师喜欢，被同学崇拜，在第二年班里的竞争就更加激烈了。

(3) 不同学习成绩的被试在课业适应、自我适应和学校适应总分上存在显著差异。当然，显而易见，那些成绩好的学生更容易适应各门功课的学习。其次，由于学习成绩处于上游，所以压力比较大，更怕成绩跌落，因此在自我适应和学校适应上比较差。处于下游的被试，心里可能会想反正自己成绩不好，老师也不关注、不喜欢，同学也不会来找自己讨论学习问题，就有点自暴自弃，导致与同学、老师相处得不是很好，自我适应与学校适应就相对不是很顺利。所以，处于中游的被试相比较而言能更好地适应。

(4) 学校作为专门的育人机构，是学生成长的主要生活空间，当前我国的学生主要是以班级团体的形式接受教育，因此班级环境对他们显得尤为重要。对班级环境和学习适应各个维度的相关分析显示：师生关系分数越高，师生适应分数、同伴适应分数和学校适应总分越低，也就是说师生关系越好，那么这三者的适应越好；同学关系的分数越高，则师生适应的分数越低，这说明同学关系越好，师生适应越好。良好的师生关系是初中生适应学校的重要条件。在学生心目中，教师与学校是紧密相连的，学生对教师的态度很大程度上决定了他们对学校的态度，从而又会影响到学生的学校适应。教师以积极的态度来了解学生、关注学生，学生就会感觉到温暖，有利于学生形成积极的情感态度，积极参与班级、学校活动，与同学相处融洽，增强自身的适应性。

（5）相关分析显示，班级秩序和纪律分数越高，则常规适应的分数越低，师生适应的分数越低，说明班级秩序和纪律越好，师生适应越好，常规适应越好。班级秩序和纪律是班级管理活动的目标之一，不难看出，班级秩序和纪律好，学生对学校的常规就容易适应。竞争的分数越低，常规适应的分数越低，而自我适应的分数越高，说明竞争越激烈，被试的常规适应越好，自我适应越差。有序的具有竞争性的班级环境有利于学生之间形成一种稳定的、和谐的、互相促进的良好同伴关系。太过激烈的竞争，容易使学生心理压力增大，学生难免不适应学习、生活。学习负担分数越高，学校适应的各个维度分数越高，说明学习负担越重，常规适应越差，师生适应越不好，同伴适应、课业适应以及自我适应也不好。一般学习负担轻的学生学习成绩较好，与老师、同学相处得也不错，老师欣赏，同学羡慕，自己也有成就感，因此他们的学校适应也较好。

（6）研究结果最终显示，班级氛围与学校适应的相关不显著，原因可能有以下几个方面：① 外来农民工增多，子女就学难，享受优质教育难。在这样的情况下，农民工子女大多只能在农民工子女学校就学，这些学校低成本运作的性质，决定了师资力量、办学条件、教育质量及教育行为的不规范。教育歧视、师资质量、心理创伤、人身伤害都在困扰着这些学生。② 农民工子女自身的情况所致。农民工子女均来自不同的地区，受到过不同文化环境的影响，形成了诸如吃苦耐劳、学习勤奋等品德方面的优势。由于受到家庭低值期望的影响，自我约束力较薄弱，家长对社会的不满常常使子女产生心理不满而引发行为偏差，农民工子女容易出现违纪甚至违法现象。生活的不稳定使他们中的大多数没有养成良好的生活和学习习惯。③ 农民工子女的家长情况。对于农民工子女来说，由于他们的父母本身文化水平不高，又忙于生计，既没有闲暇时间有意识地系统培养孩子良好的行为规范和生活习惯，又没有多少能力全面塑造孩子良好的思想品质。而这样的父母相对集中形成的"小社会"，其环境对农民工子女的思想教育、人格培养也是有相当缺陷的。综上所述，来自不同地区的农民工子女学生在一个班级生活、学习，要形成一个稳定、良好的班级氛围不是一朝一夕的事，不同的生活习惯、不同的家庭环境容易导致不同的生活圈子，因此学生对学校的适应能力也会各不相同。

五、结论

本研究考察了班级氛围与学校适应各维度之间的相关关系，结果表明：男生的常规适应显著优于女生，而女生的师生适应显著优于男生；不同就读时间的农民工子女在常规适应、自我适应、学校适应、秩序和纪律、竞争方面均表现出了显著差异；不同学习成绩的农民工子女在课业适应、学校适应、自我适应方面差异显著；班级环境各维度与学校适应各维度有着不同程度的交叉相关，其中班级环境中的师生关系和学习负担与学校适应各维度的相关最为密切。

第三节　农民工子女学业情绪与学校适应的关系研究

农民工子女来自不同的地区，受到过不同文化环境的影响，形成了诸如吃苦耐劳、学习勤奋等品德方面的优势。但由于受到家庭低值期望的影响，自我约束力较薄弱，家长对社会的不满常常使子女产生不满而引发行为偏差，容易导致危机甚至违法现象。有的孩子心理已经扭曲、变形，更有甚者，由于受某些不良社会文化环境的影响，已经不同程度地沾染上了陋习、恶习，个别的甚至已经处于违法的边缘。在调查过程中，我们发现，农民工子女在城市学校受教育过程中的某些危机已经显现，专家呼吁对此高度关注。

学业情绪的变化会影响学生的学习，而不同的学生对同样的刺激物产生的情绪变化程度不同，也就会引起学校适应上的变化。综上所述，由于各方面的原因，农民工子女在这方面的表现会尤为显著。另外，初中生在学校中的学校适应状况被视为儿童发展以及心理健康状况的重要指标，学校适应不良在中小学生中具有一定的普遍性。据统计，约有20%～42%的中小学生轻度适应不良，7%～12%的学生严重适应不良（王丽芳，1994）。刚刚进入青少年期的初中生农民工子女心理上的适应和承受能力都相对比较弱。有研究者认为，学校适应不良不仅影响学生的健康发展，还会影响其成年后的社会适应，关系到个体一生的发展。因此，研究农民工子女学业情绪与学校适应的关系对于教育实践具有启发意义。

一、文献综述

（一）相关概念的界定

1．学业情绪

德国心理学家 Reinhard Pekrun 等人于2002年首次将与学业学习、课堂教学和学业成就有关的情绪统称为学业情绪，其范围不仅包括学习、工作或考试的失败情绪，还包括学习过程中所体验的各种情绪。因此，学业情绪即指学生在学业情境中被激发的各种情绪，包括学习过程或考试中所体验到的各种情绪，如完成老师布置的任务时的喜悦，考试失败时的羞愧，等等。

2．学校适应

学校适应是一个广义的多维度概念，许多研究在涉及学校适应时都未对其作明确界定。Birch 认为学校适应不仅指学生的学校表现，而且包括学生对学校的情感或态度及其对学校活动的参与程度。Raymond J. Corsini 认为学校适应是在学校背景下运用技能和能满足自己需要的程度，儿童可被描述为适应良好和适应不良。Ladd将学校适应定义为在学校背景下愉快地参与学校活动并获得学业成功的程度。

学校是青少年除家庭外接触外界环境的另一个重要的社会环境，是青少年身心发展的重要场所。学校适应从广义上讲也应该是一种社会适应，但是，由于所针对的对象是中学时期的个体，其活动场所主要是中学校园，所以与一般的社会适应相比又具有其特殊性。本研究考虑到青少年身心发展的特点和学校这样一个环境，把学校适应定义为：学生行为方式符合学校行为规范，与同学、老师关系良好，愉快地参与学校活动并且乐于接受新的学习任务，获得良好学业成绩，情绪上积极健康。

（二）农民工子女学业情绪与学校适应的国内外研究现状

1. 农民工子女学业情绪的相关研究

综合先前的研究结果，影响学业情绪的因素分为两部分：个体内部因素（成就动机、归因、学业自我概念等）和外部因素（学校因素和家庭因素）。以上这些因素可以单独起作用。但更多的时候，这些因素交织在一起影响学生的学业情绪。

（1）个体因素。成就动机是在人的成就需要基础上产生的，它是激励个体做自己认为重要或有价值的工作并力求获得成功的一种内在驱动力。Atkinson认为，个人的成就动机包括追求成功和避免失败两种倾向。马斯洛指出，热衷于创业而希望自我实现的人很少有自我冲突。据此推断，成就动机与个体情绪体验密切相关。

自我概念是指一个人关于自己的观点和看法。当个体把自己当成认识对象时，就会对自己的外表、能力、特长和社会接受性等产生知觉并形成关于自己的一般概念。研究者们发现，学业自我概念与学业成绩呈正相关，与孤独感呈负相关，并通过孤独感与同伴接受性间接相关，与自我效能呈正相关，与考试焦虑呈负相关。影响学业情绪的其他因素，如家庭的教育方式、学校的课业负担、学业成绩、人际关系以及个体所经历的种种生活事件，都可能会经过个体的认知整合形成个体的自我概念，并通过自我概念而弥散性地影响到个体的学业情绪。因此，我们认为自我概念是学业情绪的核心。

（2）外部因素。根据研究发现，在青少年日常生活的各种环境中，学校是影响其情绪的主要因素，是各种积极情绪和消极情绪的来源。Enns等的研究证实，不同的教养方式会产生不同的信念。王东守的研究家庭环境和学业成绩的关系式显示，成绩优良组与不良组在家庭环境的某些特征方面存在显著差异，表明中学生的学业成绩与家庭环境有一定的关系。因此，对于学业情绪的干预是个综合、系统的工程,不仅应从学生自身入手,还应配合学校和家庭两个因素。

学业情绪是一个新的概念,目前相关研究还很少。俞国良对学习不良青少年与一般青少年学业情绪特点的比较研究发现,学习不良青少年不仅消极学业情绪比一般青少年多,而且积极学业情绪也比一般青少年少,同时发现羞愧情绪可能是对学习不良青少年影响较大的情绪;在性别差异上,男生的积极学业情绪显著多于女生,女生的消极学业情绪显著多于男生。孙士梅研究发现,青少年学业情绪结构由厌恶类情绪、恐惧类情绪、悲伤类情绪、愉快类情绪、焦虑类情绪、惊讶类情绪等六种情绪构成。初中女生恐惧类学业情绪显著多于男生,学业情绪对自我调节学习元认知策略有显著的预测作用,同时学业情绪与成败归因有相互预测的作用。

2. 农民工子女学校适应的相关研究

学校适应的测量指标:

(1) 学业成绩是衡量学校适应的核心指标。这是因为学业成绩是反映一个人学习效果的客观指标,也是各种学习影响因素相互作用的结果表现。

(2) 同伴关系是衡量学生适应的一个重要指标。同伴关系是指同龄人或同辈人由于共同的兴趣、需要、态度等而自发形成的彼此在心理上的相互关系。同伴关系在儿童和青少年的发展和社会适应中具有无法取代的重要作用。良好的同伴关系是发展社会能力的重要背景,是满足社交需要、获得社会支持和安全感的重要源泉。同伴交往经验有利于自我概念和人格的发展。

(3) 社会行为是衡量学校适应的又一个重要指标。社会行为是指个体在人际交往中所表现出来的对人、事、物的一系列态度和行为反应。根据其性质,社会行为可分为两大类: 积极行为和消极行为。积极行为主要指对他人或集体有利的、建设性的行为,如帮助、分享、谦让、关心、安慰和合作等;消极行为是指对他人或者集体具有侵犯性、破坏性的行为,如推打、抢夺、骂人等。学生在学校里学习文化知识,其行为必须符合社会规范。因此,在学校中的社会行为是否规范也是学校适应的一个重要指标。研究证明:亲社会行为与学校适应之间有正向相关性。

3. 农民工子女学业情绪与学校适应的相关研究

从研究现状来看,很少有单独涉及初中生学业情绪与学校适应的研究,相类似的有情绪安全与心理适应的研究,情绪安全对儿童身心发展尤其是心理适应具有重要的影响。Patric T. Davies 和 Ewan M. Forman 分析了各种情绪安全类型的儿童的心理适应问题。情绪不安全型的儿童比安全型儿童体验了更大的家庭和社会适应困难,其中占有型和冷漠型儿童分别体验到最高水平的内向型心理问题和外向型问题。情绪不安全会对个体的心理适应有多方面消极影响和危害，当面对冲突和其他压力源时，情绪不安全型的儿童可能比其他个体反应更强烈，更容易悲伤，并引发长期的适应问题。此外，有些情绪不安全型的个体可能在面对压力时表现出更多的不适应行为，虽然在短时间内调节他们的负性情绪，改变了情绪不安全的状况，但这种方式是不适应的，最终导致各种问题行为(Cummings，Davies，1996；Sandler，Tein，West，1994)。

二、问题提出

(一) 现有不足

国内外丰富的研究资料已为农民工子女学业情绪和学校适应的研究奠定了良好的基础，得出了许多有价值的可参考的结论，但已有研究主要存在以下问题：① 国内外学者大多单独作学业情绪或学校适应专题的研究，关于二者之间具有怎样的相关性并未涉及。另外，由于对学校适应的看法不尽相同，因此所测量的指标也很不相同，研究结果缺乏可比性。② 研究对象单一，多涉及幼儿、大学生，较少涉及初中生这一重要年龄段。③ 缺乏对学校中特殊群体状况的关注，尤其是在农民工子女这一块几乎空缺，而这正是本调查研究的重中之重。④ 缺乏多层次、多视角的思考，研究大多探讨人机互动因素，如教养方式对学生学业情绪或学校适应的影响，而很少从个体内部变量出发研究。

(二) 学业情绪对农民工子女发展的影响

在大城市中，农民工子女的情绪问题主要来自其在城市中所受到的歧视。这些孩了从小跟着父母在多彩的城市中生活，成长于市场经济时代，接受的是现代思想、先进文化，感受到的却是冷遇、嘲笑和歧视。这些反差会使他们彷徨、迷惑，若得不到及时解决，就会造成自卑、自闭甚至仇视社会的心理，导致青少年犯罪。另外，有些农民工子女情绪不稳定，容易受外界和暂时因素的影响，情绪反应很容易被激发而且难于被控制在适当的范围内，不能自觉地、有效地组织消极情绪，因而会表现出敏感、不稳定、缺少弹性和倾向于失控的特点。这些特点会反映在外部行为上，表现为：懒散、放任；上课时注意力不集中，不能主动参与学习；回避老师，不能主动向老师请教；严重的甚至会干扰课堂纪律，缺课、逃学等。

(三) 学校适应对农民工子女发展的影响

20 世纪 90 年代以来，在我国掀起了一股研究学生学校适应的热潮。研究者们围绕学习适应性的概念和功能、小学生学习适应性的发展现状等问题展开了大量的理论和实践研究。学习适应问题也称作“学习适应不良”，是直接影响我国中小学教育质量的老大难问题，对学生整体素质的发展产生巨大的消极影响。一方面，它在相当程度上制约学生的学习进步，导致学生学业不良，影响学业情绪。学习适应不良是导致差生出现的一个非常重要的原因，因此应加强农民工子女学校适应的教育与指导，可以防止学生学习优劣严重分化，从而全面提高教学质量。另一方面，它严重制约学生整体心理素质的健康发展。学校适应的好坏与学生的身心健康有密切关系。近年来，中学生由于受学习紧张、学习压力大等因素的影响，心理健康问题越来越严重。有研究表明：优生的学校适应明显好于差生，身心健康状况也明显好于差生。这说明学校适应性不良已经影响到学生身心健康和学习成绩，这一问题应该引起我们的高度重视。

（四）研究目的

本研究将在借鉴国内外已有的研究经验和成果的基础上，深入系统地探析农民工子女初中生学业情绪、学校适应及两者之间的关系。在众多影响学生学业的因素当中，学校适应以及学业情绪是直接影响到学生还是间接地影响到学生的各方面？学业情绪与学校适应之间又是怎样的关系？本研究在农民工子女学生的学业成绩、学业情绪和学校适应的关系上进行调查和探讨，对它们进行分析，为他们的学校适应、学业情绪方面的教育提供理论依据和实践指导，从而提高他们的学业成绩水平，这对全面提高教育教学质量和学生整体心理素质水平具有重要的理论和现实意义。

（五）研究意义

学校适应良好和较好的学业情绪是学生心理健康的重要保证。希望本研究的开展能够促进农民工子女像同龄人一样健康、和谐发展，满足其家长希望改变子女命运的期望，对维护社会稳定和促进社会良性发展具有重要的意义。对农民工子女初中生的学业情绪和学校适应问题进行研究，调查他们的不良情绪以及适应上的状况，分析其中的各种原因，提出促进他们形成良好学业情绪和学校适应的有效办法，既是心理工作者以及社会工作者履行职责的需要，又是科学工作者实现科学精神的需要。青少年时期出现的各种不良情绪和不良适应，尤其是焦虑、抑郁、恐惧等，如不及时发现，不仅影响学生的学业成绩，而且会逐渐演变成心理疾病和精神疾病。

三、研究方法

（一）研究对象

研究者选取江苏省苏州市第26中学部分初中生作为被试，被试为农民工子女（271名），收集有效问卷250份，其中男生137份，女生113份。所有被试自愿参加且均没有参加过类似测验。

（二）研究工具

1. 青少年学业情绪问卷

俞国良、董妍等2006年编制的《青少年学业情绪问卷》。该问卷共包括72

个项目,4 个分问卷。第一个分问卷《积极高唤醒学业情绪》分为自豪、高兴和希望三个维度,共包括 16 个项目;第二个分问卷《积极低唤醒学业情绪》分为满足、平静和放松三个维度,共包括 14 个项目;第三个分问卷《消极高唤醒学业情绪》分为焦虑、羞愧和生气三个维度,共包括 17 个项目;第四个分问卷《消极低唤醒学业情绪》分为厌倦、无助、沮丧、疲乏心烦四个维度,共包括 25 个项目。该问卷具有良好的信效度,四个分问卷的克伦巴赫 α 系数分别为 0.785, 0.815, 0.833, 0.915;分半系数分别为 0.71, 0.78, 0.79, 0.82。相关显著性水平达到 0.01。

2. 学校适应量表

采用台湾吴武典教授编制的《学生在校适应状况》分量表《学生在校各个环节的适应行为》来测量学生的学校适应状况。评估内容包括常规适应、师生适应、同伴适应、课业适应和自我适应五个方面。量表由 50 个题目组成,所有题目均采用四级评分,即分为没有、很少、有时、经常四个级别,得分越高,说明被试的适应水平越不好。研究表明,该量表对大陆中学生群体具有良好的心理测量学特性。该量表在本研究中的信度为 0.87,效度为 0.86。

3. 统计工具

数据采用 SPSS16.0 统计软件进行描述和比较分析。

(三) 研究程序

向被试介绍此次研究,说明其保密性及可靠性,在被试自愿参加的前提下,发放问卷并说明问卷填写的注意事项,要求被试按照内心真实的想法和感受在相应的选项上打"√"。确定被试回答完毕后,回收问卷。

四、研究结果

(一) 农民工子女的总体状况

被试在所有变量上的描述统计见表 3-20。

表 3-20 被试在学业情绪、学校适应总分及各个分维度上的描述统计

	个数	最小值	最大值	平均数	标准差
积极高唤醒	250	29.00	78.00	59.51	9.37
积极低唤醒	250	20.00	69.00	43.53	8.37
消极高唤醒	250	21.00	81.00	54.28	10.64
消极低唤醒	249	27.00	108.00	61.14	14.79
常规适应	250	10.00	40.00	25.02	4.32
师生适应	249	10.00	36.00	21.73	4.76

续表

	个数	最小值	最大值	平均数	标准差
同伴适应	249	10.00	36.00	23.54	4.89
课业适应	250	10.00	36.00	22.99	4.59
自我适应	250	10.00	37.00	24.90	5.16
学校适应总分	248	64.00	167.00	116.00	17.56

由表3-20可以看出，在学业情绪方面，农民工子女的积极低唤醒得分最低，消极低唤醒得分最高；在学校适应方面，农民工子女的常规适应和自我适应较差，而师生适应状况相对较好。

（二）不同类别农民工子女的差异性比较

对不同性别的被试、独生子女与非独生子女的被试在各个量表上的得分进行独立样本 t 检验。结果发现：不同性别的被试在消极高唤醒方面存在非常显著的差异，女生在焦虑、羞愧、生气这类情绪上表现得比男生更多。在学校适应的常规适应、师生适应方面存在显著差异，表现为男生接受学校规章制度的程度要高于女生，而在师生关系上女生要好于男生（表3-21）；在学业情绪上，独生子女和非独生子女在积极低唤醒和消极低唤醒方面存在显著差异，非独生子女在满足、平静、放松一类的情绪表现上要优于独生子女，但是在厌倦、无助、沮丧、心烦类的情绪上独生子女表现得比非独生子女更为强烈些（表3-22）。

表3-21　不同性别的被试各量表得分的独立样本 t 检验

	男（$N=137$）		女（$N=113$）		t 值	自由度	p 值
	平均分	标准差	平均分	标准差			
消极高唤醒	52.05	10.42	56.97	10.31	−3.73	248	0.00***
常规适应	24.53	4.55	25.63	3.97	−2.02	248	0.04*
师生适应	22.32	4.91	21.02	4.50	2.16	247	0.03*

表3-22　独生子女与非独生子女各量表得分的独立样本 t 检验

	独生（$N=126$）		非独生（$N=124$）		t 值	自由度	p 值
	平均分	标准差	平均分	标准差			
积极低唤醒	42.09	8.33	44.99	8.19	−2.78	248	0.01**
消极低唤醒	62.99	14.60	59.28	14.82	1.99	247	0.05*

对不同年级、不同学业成绩和不同就读时间的被试各个量表得分分别进行单因素方差分析，结果显示：① 不同年级的被试在学业情绪上没有显著差异，而在学校适应总分上存在显著差异［$F(3,244)=4.28$，$p<0.01$］，尤其是在常规适应和师生适应方面存在较显著的差异，在常规适应上相对较好的是初二学生和初三学生，其次是初一学生（表3-23）。② 学业成绩不同的学生在学业情绪方面除了在消极高唤醒上都显现了显著差异［$F(2,247)=5.30$，$p<0.01$］，在积极高唤醒和积极低唤醒上，上游的学生都表现出了优势，而在消极低唤醒上，下游的学生平均分最高，表现得最明显；在自我适应［$F(2,247)=3.69$，$p<0.05$］上差异也很显著，成绩中游的的学生更善于自我适应，然后是上游和下游的学生（表3-24）。③ 被试的就读时间越长，消极低唤醒［$F(3,245)=4.28$，$p<0.01$］就表现得尤为明显，主要是厌倦、无助、沮丧和心烦等一类情绪。在常规适应和自我适应［$F(3,246)=4.28$，$p<0.01$］方面也是如此，时间越长则越感到不适应，但就读时间为3年的被试则比2年的在自我适应上要好一些。在学校适应总分上随就读时间的不同而差异很显著［$F(3,244)=4.28$，$p<0.01$］。从平均分来看，就读时间为1年的学校总体适应最好，其次为就读时间是3年和2年的（表3-25）。

表3-23　年级单因素方差分析

	方差来源	自由度	均方	F值	p值
常规适应	组间	3	78.49	4.37	0.01^{**}
	组内	246	17.95		
师生适应	组间	3	102.27	4.71	0.00^{***}
	组内	245	21.73		
学校适应总分	组间	3	1 584.88	5.42	0.00^{***}
	组内	244	292.49		

表3-24　学业成绩单因素方差分析

	方差来源	自由度	均方	F值	p值
积极高唤醒	组间	2	943.01	11.65	0.00^{***}
	组内	247	80.96		
积极低唤醒	组间	2	980.54	15.64	0.00^{***}
	组内	247	62.69		
消极低唤醒	组间	2	4 031.01	21.44	0.00^{***}
	组内	246	188.04		
自我适应	组间	2	131.47	5.10	0.01^{**}
	组内	247	25.76		

表 3-25　就读时间单因素方差分析

	方差来源	自由度	均方	*F* 值	*p* 值
消极低唤醒	组间	3	1 185.46	5.72	0.00***
	组内	245	207.19		
常规适应	组间	3	94.22	5.31	0.00***
	组内	246	17.76		
自我适应	组间	3	95.92	3.72	0.01***
	组内	246	25.77		
学校适应总分	组间	3	1 445.65	4.91	0.00**
	组内	244	294.20		

（三）农民工子女学业情绪和学校适应的相关分析

对农民工子女在学业情绪各个分维度和学校适应之间的关系进行皮尔逊相关分析，结果发现，积极高唤醒和消极高唤醒、积极低唤醒之间存在极其显著的正相关，即被试自豪、高兴、希望的情绪表现得越多，那么满足、平静、放松情绪相应地越多，焦虑、羞愧、生气一类情绪也越多（表 3-26）。但积极高唤醒和消极低唤醒存在显著的负相关，即被试积极高唤醒的情绪表现得越多，那么厌倦、无助、沮丧、心烦一类的情绪就越少。消极高唤醒和积极低唤醒存在显著的负相关，和消极低唤醒存在非常显著的正相关，即被试消极高唤醒的情绪表现得越多，那么满足、平静、放松类的情绪越少，而消极低唤醒一类的情绪就越多。积极低唤醒和消极低唤醒存在显著的负相关，即被试在积极低唤醒的维度上得分越高，那厌倦一类的情绪就表现得越少。学校适应总分分别和消极高唤醒和消极低唤醒存在很显著的正相关，和积极低唤醒存在显著的负相关，说明消极的学业情绪越多，学校适应就越不好，而满足、平静、放松的情绪越多，学校适应就越好。学校适应和积极高唤醒之间不存在显著相关。

表 3-26　被试学业情绪各个分维度与学校适应的相关分析

	积极高唤醒	消极高唤醒	积极低唤醒	消极低唤醒	学校适应
积极高唤醒	1				
消极高唤醒	0.32**	1			
积极低唤醒	0.54**	−0.18**	1		
消极低唤醒	−0.21**	0.53**	−0.57**	1	
学校适应	0.06	0.49**	−0.27**	0.59**	1

五、讨论

（一）不同类别农民工子女在学业情绪和学校适应上的差异研究

研究结果显示：女生在消极高唤醒维度的得分显著高于男生，说明女生更容易产生焦虑、羞愧、生气等情绪。女生的情绪、情感往往比男生更加细腻，对于细微的事情也更加敏感。农民工子女从农村来到城市，在学业上肯定会遇到许多前所未有的困难。面对这些难题，女生更容易焦虑不安，对自己产生不满，而男生往往表现得比较豁达，没有拘泥于这些方面。但女生的情感丰富，使其在人际交往中占了优势，女生的师生关系要优于男生。

非独生子女的情绪控制要优于独生子女，非独生子女更倾向于表现为满足、平静，而较少出现厌倦、沮丧等消极情绪。非独生子女需要在家庭里与同辈个体相处，与兄弟姐妹分享父母的爱，由于一直在情感关注较低的环境中成长，因此比较容易满足。而独生子女往往得到父母更多的关爱，在面对困难时也会得到父母更多的帮助，挫折教育较为缺乏，在学业情绪上容易产生无助、沮丧的消极情绪。

初一学生较初二、初三高年级的学生更容易产生学校适应不良。初来乍到，环境的变化、课业的加重、同伴的解体自然给他们带来很大的压力，造成适应不良，这种不良现象应该会随着时间的推移有所好转。成绩上游的学生会产生更多的积极情绪，下游学生会产生更多的消极情绪。学习成绩越优异，自身的动力越大，再加上老师的表扬，会形成一个良性循环，学业情绪也呈现积极唤醒的状态。而学习成绩不佳则恰恰相反，自身的动力不足，再加上老师的批评、忽视，会形成一个恶性循环，使学业情绪越来越消极。这提醒学校的教育工作者应多关注成绩下游的学生，积极鼓励他们，避免“破罐子破摔”。

（二）对农民工子女学业情绪和学校适应的关系研究

研究数据显示，被试消极的学业情绪越多，学校适应就越不好，而满足、平静、放松的情绪越多，学校适应就越好，即学业情绪和学校适应之间存在很显著的关联。有了这个结论，自然就要应用到学校教育上来。通过什么样的方式来调动学生积极的学业情绪？又要如何来改善学生在学校各方面的适应状况，改善常规适应、师生适应、自我适应等方面的状况？只有提出一个有效的方案，紧抓学业情绪和学校适应之间的关系，才能有效地提高农民工子女的心理健康水平和学业成绩水平。这对全面提高教育教学质量和学生整体心理素质水平具有重要的理论意义和现实意义。笔者认为可以从以下几方面入手：① 为实现农民工子女从乡村文化到城市文化的适应，应积极吸取乡村文化精华，实现文化融合，重视养成教育。实施融入性教育的有机渗透，将融入性教育的相关内容渗透到课堂教育中去。② 充分发挥家长的示范作用，注重亲子教育，为其构建良好的成长环境。③ 组建学生心理团体，定期开展系列活动，如心理讲座、心理影片欣赏、心理放松等，帮助学生增强承受挫折、战胜困难的能力，提高心理素质，树立正确的人生观，形成健全的人格。农民工子女的教育问题是一个社会系统工程，只有各方力量彼此谅解，通力合作，才有可能真正满足这个城市边缘群体的教育与成长需要，也才有可能达成我们共同的期待。

六、结论

(1) 女生在消极高唤醒维度上得分更高，更容易产生焦虑、羞愧、生气等情绪。

(2) 非独生子女的情绪管理优于独生子女，非独生子女更多地产生满足、平静的情绪，而较少出现厌倦、沮丧等消极情绪。

(3) 初一学生更容易产生学校适应的不良；成绩上游的学生会产生更多的积极情绪，下游的学生产生更多的消极情绪。

(4) 消极的学业情绪越多，学校适应越不好；满足、平静的情绪越多，学校适应越好。

第四节　社会支持与农民工子女生活满意度：学校适应的中介作用

伴随着我国市场经济的发展以及城市化进程的加快，越来越多的农村劳动力涌入城市。近几年，外来农民工流动在数量扩大的同时结构也发生了显著变化，由最初家庭个体成员的单身外出逐步演变为举家迁移。而家庭化流动的直接后果就是在城市中出现了数量庞大的第二代外来农民工——农民工子女。农民工子女跟随父母来到新的环境，原有文化习俗与现居环境的矛盾可能会给他们带来很大的适应冲击，使其在心理健康和城市适应上产生一定的困难和问题。有研究表明：北京市农民工子女的整体心理健康状况不如当地儿童，部分农民工子女城市适应进程缓慢，无法融入正常的城市生活。许多农民工子女由于不能很好地适应环境，出现心理偏差，突出表现为自卑、焦虑、叛逆和反抗等。简易学校中的农民工子女在社交焦虑、孤独、幸福与满足感等方面存在不同程度的问题，农民工子女的抑郁和焦虑水平较高。

以往的研究大多关注家庭移动给农民工子女所带来的消极影响，重对其家庭环境的探讨，轻对其社会支持的研究。众所周知，社会支持对于个体的生活满意度具有强烈的正面影响。由于社会支持可以提供情感、物质、信息等各方面的帮助，增加人们的喜悦感、归属感，提高人们的自信心、自尊心，因此，具有良好社会支持的个体会有比较高的生活满意度，个体也只有在得到各种社会支持时才能获得较高的幸福感。因此,农民工子女的社会支持很可能是其生活满意度的一个重要影响因素。而农民工子女多为6~14岁,属于学龄儿童,学校在其生活中占据着非常重要的地位,是除家庭生活以外最主要的生活环境。学校不仅具有传授知识、发展能力的作用,还能营造出一种特有的气氛,这种气氛通过与学生的互动,影响学生对学校生活的适应。所以,农民工子女的学校适应状况将很有可能影响其对自身生活质量的感知,进而影响其生活满意度。

本研究以农民工子女作为研究对象,考察社会支持对农民工子女生活满意度的影响及预测作用,探讨学习适应在社会支持与生活满意度之间的作用机制,为农民工子女的心理扶持工作提供新的思路。研究预期社会支持、学校适应、生活满意度三者的关系模型如图3-1所示。

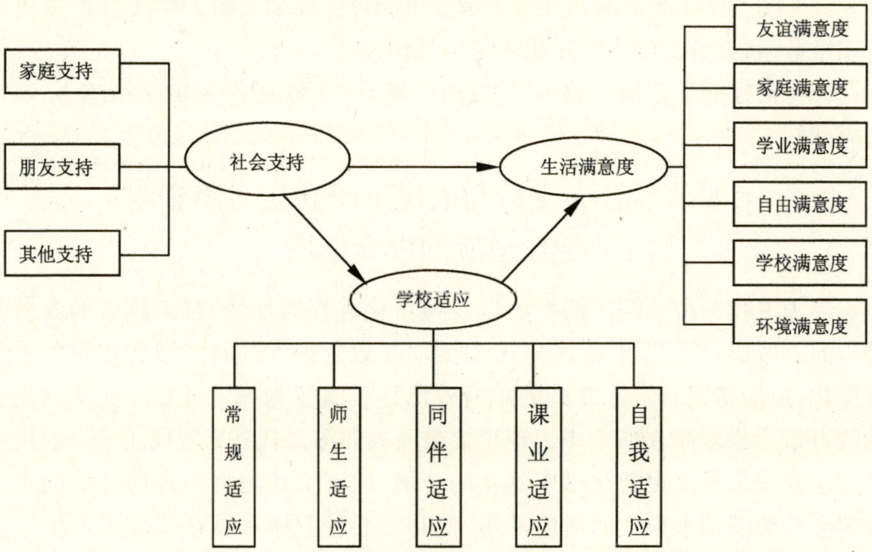

图3-1 研究预期的关系模型

一、研究方法

(一) 研究对象

农民工子女478名,收集有效问卷382份。所有被试自愿参加且均没有参加过类似测验。

(二) 研究工具

1. 人口统计学资料问卷

包括性别、年龄、在目前学校就读时间、家庭月收入、是否独生子女五项内容,根据与研究可能相关的人口统计学变量自行编制。

2. 社会支持量表

采用《领悟社会支持量表》(PSSS)。该量表包括12个自评项目,每个项目采用七级评分法。PSSS由Zimet等编制,是一个强调个体自我理解和自我感受的社会支持量表,包括三个社会支持来源(家庭支持、朋友支持和其他支持),同时以总分反映个体感受到的社会支持的总程度。得分小于32,说明被试的社会支持系统存在严重的问题;得分小于50,说明被试的社会支持系统存在一定的问题,但没有造成很严重的影响。该量表在研究中的信度为0.88,效度为0.89。

3. 学校适应量表

采用台湾吴武典教授编制的《学生在校适应状况》分量表《学生在校各个环节的适应行为》来测量学生的学校适应状况。评估内容包括常规适应、师生适应、同伴适应、课业适应和自我适应五个方面。量表由50个题目组成,所有题目均采用四级评分,得分越高,说明被试的适应水平越不好。平均分高于3,说明被试的学校适应存在严重的问题。余红宁、廉串德等的研究表明,该量表对大陆中学生群体具有良好的心理测量学特性。该量表在本研究中的信度为0.87,效度为0.86。

4. 生活满意度量表

采用张兴贵编制的《主观幸福感量表》。该量表采用七级评分,包括友谊、家庭、学业、自由、学校和环境六个维度,其中友谊、家庭、学业、自由属于对自我满意的测量,学校和环境属于对环境满意的测量。平均分低于3分,表明被试的生活满意度极低;3~5分,说明满意度一般;5分以上,说明满意度水平较高。该量表在研究中的内部一致性信度为0.87,效度为0.90。

5. 统计工具

采用SPSS16.0统计软件进行描述比较分析、相关回归分析,采用AMOS 7.0统计软件进行路径分析。

(三) 研究程序

向被试介绍此研究,说明其保密性及可靠性,在被试自愿参加的前提下,发放问卷并说明问卷填写的注意事项,要求被试按照内心真实的想法和感受在相应的选项上打"√"。确定被试回答完毕后,回收问卷。

二、研究结果

(一) 社会支持、学校适应和生活满意度的相关回归分析

采用Pearson积差相关得出生活满意度、社会支持均与学校适应呈显著负相关,相关系数均为-0.32(学校适应量表得分越高,说明被试的学校适应情况越差),生活满意度与社会支持呈显著正相关,相关系数为0.65。以社会支

持和学校适应总分以及各个子量表得分为自变量,生活满意度得分为因变量,采用多元线性逐步回归(表3-27),只有社会支持总分、家庭支持和学校适应总分三个自变量选入了回归方程,其他自变量均被剔除。其中社会支持对生活满意度的预测最大,三者总的 R^2 为 0.455,说明三者只能解释生活满意度 45.5%的变化。最后,得到回归方程为 $Y=117.58+0.91X_1+1.12X_2-0.17X_3$($X_1$ 表示社会支持总分,X_2 表示家庭支持总分,X_3 表示学校适应总分)。

表 3-27　社会支持、学校适应对生活满意度的预测

	修正的 R^2	修正的 *Beta*	t
社会支持总分	0.42	0.43	6.72**
家庭支持总分	0.02	0.23	3.66**
学校适应总分	0.01	-0.12	-2.94**

(二) 社会支持、学校适应与生活满意度的关系模型构建

1. 学校适应的中介作用

根据温忠麟等人建议的关于中介效应的检验程序,对社会支持(x)影响生活满意度(y),社会支持影响学校适应(m),学校适应影响生活满意度,在SPSS16.0 中用迫选法作回归分析。第一步,建立生活满意度对社会支持的回归方程;第二步,建立学校适应对社会支持的回归方程;第三步,建立生活满意度对社会支持和学校适应的回归方程。其回归方程、显著性结果见表3-28。

表 3-28　学校适应的中介效应依次检验

	标准和回归方程	回归系数检验
第一步	$y=0.649x$	$SE=0.083$ $t=16.61^{***}$
第二步	$m=-0.318x$	$SE=0.073$ $t-6.529^{***}$
第三步	$y=0.608x$	$SE=0.086$ $t=14.933^{***}$
	$-0.128m$	$SE=0.057$ $t=-3.154^{**}$

由回归分析可以看出,生活满意度对社会支持的回归系数(c)显著,学校适应对社会支持的回归系数(a)显著,生活满意度对学校适应的回归系数(b)显著,所以学校适应的中介效应显著,但社会支持和学校适应可以同时预测生活满意度,说明学校适应的完全中介效应不显著。中介效应占总效应的比例为 $0.318\times0.128/0.649=6.27\%$。

2. 社会支持、学校适应与生活满意度的关系模型

假设社会支持、学校适应与生活满意度有三种比较可能的模型,模型 1 为社会支持与学校适应直接对生活满意度产生影响,模型 2 为社会支持通过学

校适应对生活满意度产生影响,模型 3 是社会支持既可以直接影响生活满意度,又可以通过学校适应影响生活满意度。运用 AMOS 7.0 进行统计、分析,具体拟合指数见表 3-29。

表 3-29　模型的拟合指数

	x^2	*df*	x^2/df	*GFI*	*CFI*	*NFI*	*RMSEA*
模型 1	614.268	75	8.190	0.800	0.735	0.711	0.137
模型 2	724.395	75	9.659	0.792	0.680	0.659	0.151
模型 3	572.472	74	7.736	0.808	0.755	0.730	0.133

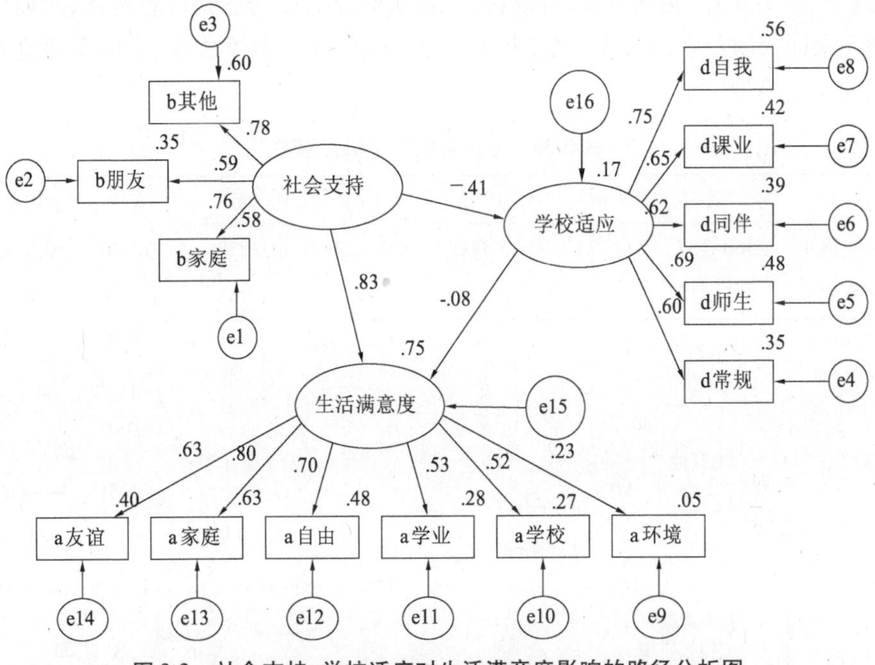

图 3-2　社会支持、学校适应对生活满意度影响的路径分析图

由表 3-29 可以看出,模型 3 的各项拟合指标最优,最能够反映三者的关系,具体模型和路径指数见图 3-2。但三个模型的拟合度都不是很理想,x^2/df 都大于临界值 5,*GFI*、*CFI* 等值也没有达到 0.9,表明还应该考虑其他的影响因素和路径。对模型 3 进行修正,通过修正指数可以得到朋友支持对友谊满意度的 *MI* 值为 55.357,家庭支持对家庭满意度的 *MI* 值为 42.572,说明如果增加这两条路径,可以得到更好的拟合指数,而从实际理论考虑,朋友支持、家庭支持确实会对友谊满意度、家庭满意度产生影响,所以增加朋友支持对友谊满意度、家庭支持对家庭满意度的因果路径,得到模型 4。对模型 4 进行拟合(具体拟合指数见表3-30），卡方值明显减小，各拟合指数也得到了改善，但与理想的拟合指数仍有差距。进一步对模型4进行修正，得到常规适应对师生适应的*MI*值为30.961，友谊满意度对同伴适应的*MI*值为29.002，同伴适应对自我适应的*MI*值为27.753。从实际考虑，常规适应可能会对师生适应产生影响，老师一般会喜欢比较遵守规则的学生；同伴适应也会对自我适应产生影响，农民工子女的同伴关系以及同伴的认知、行为很可能会影响其对自我的认知，所以应该增加这两条可能的路径。而友谊满意度影响同伴适应不符合理论构想，本末倒置，因此不能增加因果路径。通过第二次的模型修正，增加常规适应对师生适应、同伴适应对自我适应的因果路径，得到模型5（具体拟合指数见表3-30）。由表3-30可以看出，各项拟合指数均达到理想指标，所以模型5最能反映三者的关系，确定模型5为社会支持、学校适应、生活满意度关系的最终模型（图3-3）。

表3-30　修正后的模型拟合指数

	x^2	df	x^2/df	*GFI*	*CFI*	*NFI*	*RMSEA*
模型4	360.167	72	5.002	0.870	0.858	0.830	0.102
模型5	257.813	70	3.683	0.915	0.908	0.879	0.084

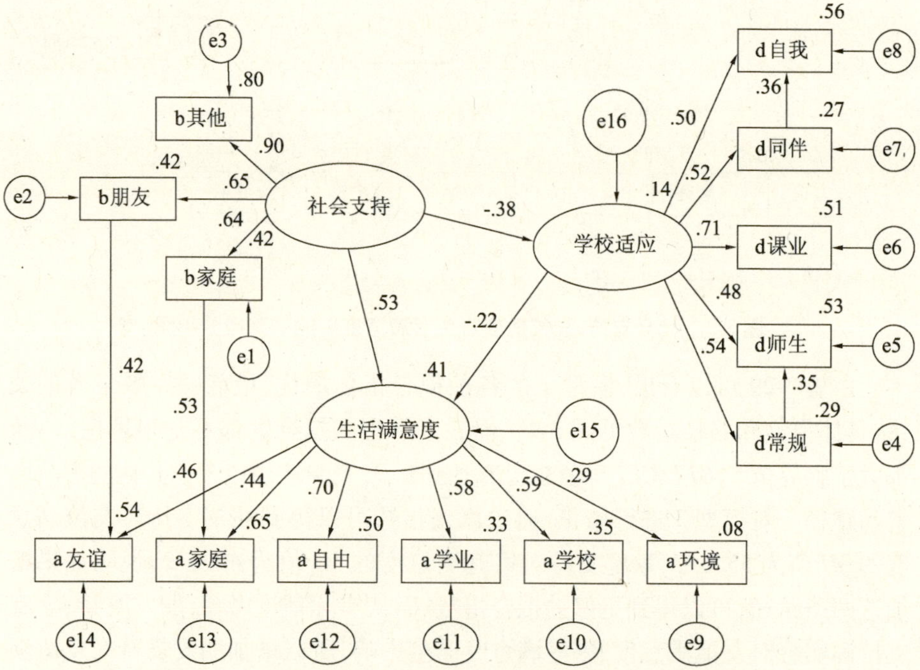

图3-3　社会支持、学校适应与生活满意度的最终路径模型

三、讨论

（一）社会支持是生活满意度的主要影响因素

研究表明：社会支持、学校适应与生活满意度均呈显著相关。在多元逐步回归分析中，社会支持总分、学校适应总分、家庭支持总分选入了回归方程，其中社会支持对生活满意度的正向预测作用最为显著，这一点与前人对普通个体的研究结果一致。这说明对农民工子女而言，社会支持仍是影响生活满意度的主要因素，农民工子女获得的社会支持越多，其积极适应、个人发展的动力也就越多，生活满意度也越高。而在社会支持中，家庭支持的作用尤为突出。原因可能是农民工子女来到新的环境，其原有的重要他人已经基本解体，而新的社会关系还在构建，尚未成熟，但他们迫切地希望有位“引导者”能够带领他们去熟悉、适应这陌生的新环境，这份重任就落在了陪伴他们的父母或其他家庭成员身上，所以农民工子女往往会把大部分的支持都寄托于家庭成员，家庭是他们面对新环境最重要的支持来源。如果父母给予一定的支持和鼓励，他们会更容易产生积极情感，正面、勇敢地去面对适应中的困难，因而对生活的满意度也较高。

（二）学校适应的部分中介效应

中介效应检验及模型构建表明：学校适应在社会支持与生活满意度关系中的中介效应显著，社会支持可以通过影响学校适应来影响生活满意度。农民工子女大多是学龄儿童，学校是他们停留时间最多的场所，是除家庭以外最重要的成长环境。而农民工子女来到新的城市，对城市文化的适应也是从学校适应开始的，因为学校不仅具有传授知识、发展能力的作用，还可以通过与学生的互动营造出一种特有的气氛，学生通过对学校氛围的感知逐步地适应、融入新的城市文化。所以，学校适应良好会促使其对自我生活状况感觉良好，进而产生较高的生活满意度。但学校适应仅起部分中介的作用，其中介效应只占总效应的6.27%。从模型构建中也可以看出，社会支持直接影响生活满意度的路径指数为0.53，社会支持通过学校适应间接影响生活满意度的路径指数为 $0.38 \times 0.22 = 0.084$，所以社会支持的直接影响仍是生活满意度的最主要影响路径。良好的社会支持可以使个体，尤其是急需鼓励的农民工子女，产生积极情绪。社会支持更多地发挥了情感支持的功能，家庭和朋友的支持都给农民工子女带去了温暖，表示了关心与爱意，使农民工子女感到自己是被尊重、被支持、被理解的，从而提高了他们的生活满意度。同时也应该注意到学校适应的微妙作用。社会支持的来源往往是一种潜在的情感力量，农民工子女学校适应良好，就将这种情感支持转变为现实支持，这也是农民工子女对社会支持的主动利用和积极参与。学校适应良好使农民工子女在新的城市环境中找到存在感，也使潜在社会支持的力量真正凸显，使农民工子女对融入城市文化树立了信心，从而提高了他们的生活满意度。

第四章　农民工子女融入城市文化的学校文化模式构建

随着城市化进程的推进，移民子女跟随自己的父辈移居新的生活环境，他们大多“生在乡村，长在城市”，有些甚至“生在城市，长在城市”，他们对于乡土的认同感正逐渐减弱（史柏年，2005）。而与此同时，制度限制、经济地位不理想等因素使其社会身份认同受到影响，他们在寻求归宿的心路历程中面临着文化融入的难题。这些农民工子女多是处于身心快速发展期的青少年，自我意识逐渐被唤醒，独立性逐渐增强，加之多元化信息潮流所带来的影响，他们对于城市、社会的认知正悄然发生着变化，这种变化或是正向发展或是负向延伸。如何帮助他们更好地适应城市生活，跨越城乡亚文化，融入城市文化，如何积极地引导他们和谐、快乐地成长，学校干预就显得尤为重要，而这又可通过学校文化建设从更为广泛、具体的层面进行操作。

第一节　学校文化

一、学校文化的概念界定

学校文化的概念最早由 Waller 提出。学校文化形成的来源之一，是学生群体中的各种习惯传统、价值观念以及受影响而产生的情感心理和表现行为等；来源之二，则是教师群体的各种习惯传统、规范准则、价值观念和心态行为等（何长平，2006）。Peterson 认为：“学校文化由规范、价值和信念、典礼和仪式、象征和事迹等因素组成。这些因素构成了一所学校不同于其他学校的个性，正是这些不成文的因素随着时间的流逝促使教师、管理者、家长和学生一起工作，一起解决问题，共同迎接挑战和面对失败。”Phillips 等（2003）认为，学校文化是能够“体现学校特征的信仰、态度和行为”。关于学校文化的概念，国外学者可谓众说纷纭。

我国学者郑金洲（2000）则将学校文化概括为学校全体成员或部分成员共同具有的思想观念和行为方式。李红霞（2007）指出，学校文化，即学校内的成员所共享的信念、价值观、态度、假设等，这是学校文化的深层次的结构，也是学校文化的精髓。而关于学校的故事、传说、典礼、仪式、人们做事的方式或方法则表征了学校文化的外在的浅层的结构，它是学校文化在日常生活中得以彰显的载体，透过学校文化的表层结构，体悟其深层的意义，才是学校文化的要旨所在。冯炜、赵建军(2009)指出，学校文化是学校在长期教育教学实践中积累、积淀而形成的，师生员工集体认同并共同遵循的价值观念、行为准则、精神追求以及能够体现这些观念的行为方式、制度体系、建筑风格、传统活动等。

综合国内外对学校文化概念的探讨，目前尚无统一定论。但是可以肯定的是，学校文化以社会文化为背景，以物质文化为基础，以制度文化为保证，以体现具有本校特色的学校精神为核心。它是一种以学生文化、教师文化、管理者文化为主体，以教育教学活动、管理实践活动为载体，以校园为主要空间，以办学思想、教育理念、育人观、人才观、价值观、教师的精神气质为主要特征的，包括比较稳定的思想意识、思维方式、价值取向、行为规范和生活态度的群体文化总和，它反映了一个学校的精神面貌，决定了学校的内聚力和发展内涵(王中华,2008)。

二、学校文化的功能

(一) 导向功能

学校文化体现一种办学理念和学校精神，追求一种人生目标和社会理想，诉求一种教育责任和价值取向。这些教育准则和道德规范，起到约束、规范思想和行为的作用，引导学校的办学方向和学生的发展方向，推动学校和人的发展。

(二) 融合功能

世界上没有哪一种文化是孤立存在的，各种文化之间相互联系、相互渗透、相互借鉴。与此同时，各种文化在交流和碰撞的过程中，适应新的生存环境，形成新的地域文化。而学校文化也是如此，其汇聚了人类文化的宝贵财富，取长补短，吐故纳新。正如郑金洲(2000)所说的，学校文化是一种整合性比较强的文化，其保存着学校本身经过历史的积淀、选择、凝聚发展而成的深厚文化底蕴，也随着时代变迁融合着地区文化、城乡文化。

(三) 陶冶功能

一般来说，有什么样的学校文化，就会培养出什么样的人才。学校文化所烘托的氛围，所创造的环境，往往使置身其中的所有人都不可避免地受到影响。成人的品格、素养，仍折射出儿童时代的影子，散发出学生时代的气息。所以，人们在界定素质的时候，认为素质就是当人们把在学校里学过的东西都忘记了以后所剩下的东西。素质的形成，恰恰是学校文化长期熏染的结果。

（四）激励功能

好的学校文化氛围往往具有激励作用，促使教职员工你追我赶，使学生化被动学习为主动学习，化外部动力为内在动力，激励教职员工为实现自身价值和学校发展而勇于牺牲、乐于奉献。

三、学校文化的构成

关于学校文化的构成，目前学术界尚无定论，主要有以下几种比较具有代表性的划分方法。

根据文化之间的关系来分，学校文化可以分为不同的亚文化类型，包括领导文化、教师文化、学生文化等（刘守尧，2005）。

根据学校文化的表现性来分，分为显性文化和隐性文化（谈军，2006）。

根据表现形式来分，分为主流文化、校园文化、班级文化、教师文化和学生文化等五种形式（李学农，1994）。

从内到外、由深到表可将文化分为精神文化、行为文化、制度文化和物质文化，其中精神文化是核心（孙鹤娟，2004）。

从上面的归纳中可见，依据不同，对学校文化构成的划分也各异。我们认为，学校文化是文化的一个子系统，是一种亚文化。因此，也可以从文化本身的构成来划分学校文化，即把学校文化划分为精神文化（理念文化）、行为文化、制度文化和物质文化。这种四层次的划分形式也有利于全面、有条理地把握学校文化的全部内涵，可以避免顾此失彼。我们认为，精神文化（理念文化）是核心，制约其他三者。学校文化的象征是物质文化，载体是行为文化，外衍是制度文化，同时学校文化也是整个建设有序运行的保障（图 4-1）。

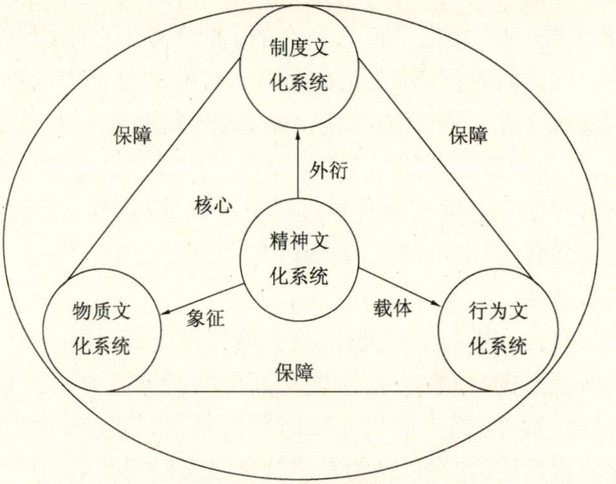

图 4-1 学校文化构成图

第二节　学校文化支持模式

一、学校文化支持模式的构建思路

（一）传统文化和现代文化相结合

中华民族是一个有着千年文化底蕴的民族。在对文化进行定位和操作时，我们一定要体现中华民族特有的民族特色文化，如强调“和”、“孝”的伦理观，强调自我奋斗和奉献的精神。同时，学校文化在传承优秀民族文化的基础上，着眼于现代的经济文化，如突出现代市场经济文化中的竞争意识等，努力璧合传统道德文化和现代经济文化之精华。

（二）显性文化和隐性文化相结合

显性文化是学校文化的外壳，隐性文化是学校文化的内核，二者相辅相成。显性文化指学校建筑、文化设施、环境布置、宣传文化等有形环境。隐性文化包括校风、教风、学风、人际关系、文化生活、集体舆论、心理气氛以及学校群体观点、信念、学校管理理念、价值观念、办学思想和学校精神等无形环境。隐性文化在潜移默化中影响学生的成长与发展。在注重显性文化的同时，要加强隐性文化的建设，做到显隐结合。

（三）主体性与主导性相结合

在学校文化建设中，学生是学校文化的主体，教师是学校文化的主导者，领导是学校文化的倡导者。要把师生员工看做学校生活的主人、学校文化的建设者。只有把主体性与主导性结合起来，突出学生的自主性、创新性，才能调动他们参与学校文化建设的积极性，使他们在参与建设中受到良好熏陶和教育。

（四）具体的感官事物文化与遐想空间的抽象文化相结合

具体的感官事物文化指学校的可视事物，包括学校建筑、学校标志、广场、园地、雕塑、标语、办公设备等显性媒介物所产生的文化。遐想空间的抽象文化指这些感官事物蕴含的深层的抽象文化理念。建设这些感官事物的时候要突出学校深层的文化理念，突出典雅、精致特色。学校建筑应合理、科学、雅观，更可以追求一种文化风格，但切忌不伦不类和文化底蕴浅薄。

（五）传承地区文化精髓与整合区域文化资源相结合

苏州是个古老的城市，是吴文化的发源地。吴文化有着独特的品质与内涵，如务实机敏、兼容并蓄、厚德载物、勇于进取等。学校文化支持模式的构建需要从宏观上采撷区域特色吴文化精华，以经世致用的文化底蕴塑造实学实用之风，以兼容并蓄的宽广胸襟展现多元文化特质。

二、学校文化支持模式的框架

刘易斯认为，人是能孕育文化的动物。人既能创造文化，又为文化所塑造。人不仅是创造文化的主体，同时还是接受文化塑造的客体。而这种塑造首先是在学校文化的环境中进行的。学校文化的性质、内容、方式、氛围，势必对处于学校文化中的人群产生不同程度的影响。个体在学校环境中，有意或无意地融入城市学校所特有的文化，在与新的社会群体（如城市学生、城市教职工等）互动的过程中，学校文化在某种程度上影响着个体的认知、行为与情感。

如何使个体能够顺利地获得心理和社会文化上的适应，其测量指标和预测变量或许能够为我们提供一些参考，比如个体的社会支持网络、生活改变、人格特征、心理健康、心理幸福感、生活满意度等，再如个体的学业成就、人际交往、对群体的态度、行为习惯等。学校文化建设可以此为出发点或目标，通过理念文化建设凸显和合与审美精神，通过学校、班级环境等物质文化建设营造包容、奋发、和美氛围，通过养成教育、心理支持、家校合作等行为文化建设帮助其获得良好的社会文化适应，通过教师学生管理、行政服务等制度建设为其提供保障。综合上述四方面，可以为农民工子女融入城市构建一个学校文化建设的理论模式（图 4-2）。

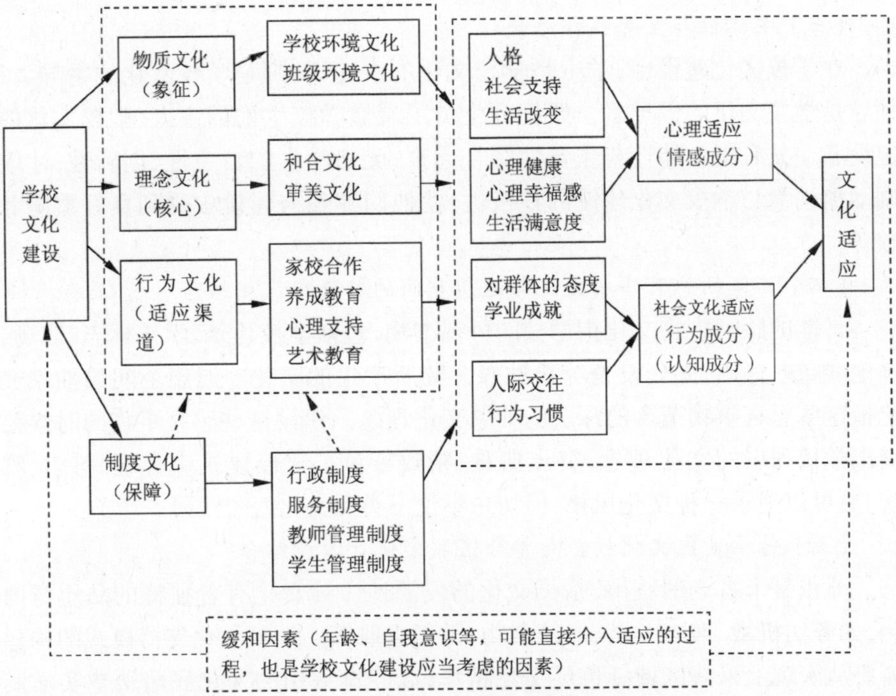

图 4-2　农民工子女融入城市文化的学校文化模式

此外，还有一些缓和因素，也可能直接介入适应的过程。从更为具体的层面来看，农民工子女在适应学校的过程中，本身已经拥有了一系列个人特征，如人口统计学特征、心理特征以及社会特征等。这些也是学校文化建设应当考虑的因素。

第三节　学校理念文化体系的构建

理念文化是一种全校师生员工在长期共同学习、生活环境中所形成的大体趋于一致的、共同的心理需求、价值取向、思维方式和精神面貌。其往往表现为一种氛围，渗透于学校的一切活动中。其一旦形成，就会以强大的影响力规范学校教育的精神气质。理念文化的形成意味着学校的办学思想、教育理念成为了全体师生的普遍自觉，会体现在每个师生的价值取向、期望与态度中，并最终影响每一个师生和员工的教育行为。其意义在于它是一个基于现实并要求超越现实的指向性，这个指向性指导着人的全部的实践活动(李鹏程，1994)。

当城市学校接收或者吸纳来自不同地方的农民工子女学生时，传统的学校文化(比如：求真、求善、求美)同时也面临着城乡亚文化的冲击。正如学者高星原(2009)所指出的，"多元文化" 这一概念虽然强调各种文化的差异性，但是并没有否定不同文化间仍存在着共通性，文化间的差异也不是导致矛盾的直接原因，有些时候甚至可以通过不同文化间的沟通为学校文化的发展打开更大的空间，形成新的学校文化。因此，我们需要营造一种和合的氛围，帮助学生树立正确的文化观念，消除对有不同文化背景的同学的偏见，进而正确认识到不同文化间虽然存在着历史和境遇的不同，但不存在优劣之分。

在这个意义上，"和合" 似乎当仁不让地成为新的主题，尊重原有文化传统、认同文化优势，以相互理解、包容、学习的态度去面对"差异的美丽"和"多元的丰富"(王平强，陶积军，徐文彬，2010)，不失为一种恰当的途径。在和而不同的文化中解决农民工子女生活、教育、心理发展中出现的诸多问题，消除文化矛盾，帮助其获得社会支持，以促进社会适应，同时辅之以审美教育，以和为美，在美育中塑造完整人格。

一、和合文化

"和合"是中国传统文化思想的精粹，"和" 即和谐、和平、和睦，"合" 即结合、融合、合作。"和合"指自然、社会、人际、心灵、文明中诸多元素相互冲突、融合，在冲突、融合的动态过程中各元素和合为新结构方式、新事物、新生命的总和(张立文，1996)。简单来说，也就是在承认差异的前提下，将彼此不同的事物统一于相互依存的合体中，在不同事物和合的过程中，吸取各方长处，以达到最佳组合，由此促进新事物产生，推进其发展，追求“和而不同”，崇尚和谐。

在构建和谐社会的大背景下，教育者提出构建和谐校园这一主题。我们认为，和合文化是学校建设正常运行的基石，也是全校师生努力追求的理想氛围。

（1）和合则兴。在和谐团结的氛围中，师生、生生关系平等融洽，则利于开拓创新、精益求精、奋发向前，实现自我超越。通过对教师进行多元文化、跨文化培训，使其从思想观念上消除可能存在的偏见或歧视，以平和的心态、温暖的情怀包容来自各个地方的学生。如此，有感于权威教师的真诚，农民工子女也将倍感安全与温馨，才能安心学习，努力实现自己的角色和心态上的转变。

（2）动态和合。和合是一个相互作用、吸取所长、克服其短的永无止境的过程。然而，和合的前提是了解，只有彼此开诚布公，才能为进一步取长补短服务。因而，应鼓励农民工子女和城市学生对自己的文化进行描述以获得最初的感知，鼓励学生通过自我阅读或小组合作等自主学习方式去体会、了解、鉴别文化间的差异性与共同性，以唤起内心的触动，鼓励学生走进城郊社区访谈、调查，以接触不同文化，获得第一手资料和直接的情感体验。通过这一系列的方式，开阔眼界的同时，也将为文化和合提供平台，学生才能更好地理解彼此，获得感悟，取长补短，共同进步。

（3）多元和合。首先，就农民工子女所就读的公办学校而言，城乡亚文化差异的普遍存在易使师生、家长产生冲突，所以应强调和合文化，即在尊重差异的前提下，通过包容促发展。其次，就学校教育而言，既要重视农民工子女的学业成就、能力培养等，又要关注其人格发展、道德素质培养与身心健康，多角度、全方位帮助其尽快适应城市生活。再次，就存在于学校中的群体而言，和合还应体现在教职工队伍、教职工与学生、学生与学生、教职工与家长的关系上。

因而，学校文化营造和合氛围必须立足于以下五点：

① 和生，即以共生意识为基础，学校中不同的个体、群体均共生于同一环境，理应与学校同呼吸、共命运，有大局意识，在团结中谋发展；② 和处，即以和而不同的精神共处，以温和、善良、宽容、同情、恭敬的态度和谐共处；③ 和立，即以开放、宽容、同情的胸怀接纳、包容多元文化；④ 和达，即在互助合作中共同发展，实现自己的目标；⑤ 和爱，即以仁爱之心待人，获得人际间的和谐。

此外，学校文化营造和合氛围的措施主要有：① 通过黑板报、手抄报、电台广播、橱窗展览、知识竞赛、专题讲座、主题活动等形式进行宣传、普及；② 通过对教师进行专项培训提升其育人心态和素质；③ 混合编班，将来自不同地区、不同文化背景的学生编在同一个班级，使多元文化在班级中交流与互动；④ 优化学校课程，加强学生对于多元文化的认识与理解。

二、审美文化

审美文化最早由席勒提出，他认为审美文化是实现知情意统一的理想人类文化的基本途径。而美的本质即和谐。

学校文化的审美化，则是从审美启迪出发，运用物质和精神的力量，培育学校环境中的人文精神，激发受教育者对生命的感悟、对美好情感的追求及对心智和灵性的认知，使年轻一代在学校审美文化的熏陶中提升人生的审美境界，由此又促进学校教育在本质上优化，为广大师生身心的平衡和解放创造良好的物质和精神条件（钟以俊，2005）。

在学校文化建设中，审美文化蕴含着心灵美、语言美、行为美、环境美等丰富的内容；它既是外在的、物质的，又是内在的、精神的。审美文化以审美教育的形式广泛渗透于各个方面，以其突出的人文性调节着师生间的人际关系、师生员工与校园环境的关系以及学生的知（认知）、情（审美）、意（道德）。而审美教育在本质上是一种生命教育、情感教育。以和为美，审美和谐，对消解隔阂和对立，促进师生员工之间的人际和谐、人与城市的和谐等皆具有重要意义，能启发学生增强审美意识，引导学生树立科学的审美观，亲近自然，并使之尽快融入社会（刘岚，2008）。因而，审美教育，对于农民工子女来说，是促使其适应城市生活的有效途径。

从微观的角度来看，审美文化渗透于审美教育，而审美教育则是对个体审美心理素质的培养，可以通过具体教育内容激发学生预期的心理活动，培养其相应的审美心理素质：使学生在智育中展开认知活动，获得感性领悟；在德育中激发动机，内化情感体验；在体（劳）育中实践意志品质，感受生命潜能；在美育中获得审美策略，独立创造意象，最终实现审美人格的塑成（彭彦琴，江波，2005）。而学校一旦形成了一种群体审美心理定势，那么整个学校内部群体便能更深刻地显示出人的本质力量与美好本性，学校环境也会变得更适合学生的发展。

因此，学校文化凸显审美氛围，可以从以下几方面思考：首先，从审美文化的载体来看，同时兼有城市文化特色、学校文化特色的校园环境无疑是最大的亮点，潜移默化之中陶冶学生的性情与人格；其次，多种形式的艺术活动也是最鲜活的体验美的途径；再次，从审美文化的内隐角度而言，引领学生探寻生命的真谛及生活的美好，发展积极向上的心理品质，促进和谐、健全人格的形成。

第四节　学校物质文化体系的构建

学校物质文化是由学校师生员工在教育实践中创造的各种物质设施，能给人一种有意义的情感熏陶和启迪（赵中建，2004）。学校的物质文化建设作为学校文化建设的有机组成部分，是理念文化的显性形式。它虽然只是学校文化建设的外在形式和表层结构，但它以独特的风格和文化内涵对学生的精神状态产生一定影响。学校的物质文化设施是学校文化借以展开丰富活动和强化文化活动能量的空间基础和前提。

先进的学校物质文化是人性向善的温床，道德苏醒的摇篮，它对学生的精神状态产生一定影响，同时通过潜意识，以潜移默化的形式影响着学生的情感、意志、态度、价值观念等的形成与发展。学校的物质文化在一定意义上讲也是一种隐性教育因素，苏联教育学家苏霍姆林斯基说："只有创造一个教育的环境，才能收到预期的效果。"物质文化的外化形式有很多，从宏观来看主要为学校的环境文化，而就微观角度而言，则涉及学生稳定存在的班级环境。

构建促进农民工子女融入城市文化的学校物质文化体系，需要注意以下几点：第一，整合区域传统文化（如苏州地区的吴文化），体现审美性，发挥教育功能。物质环境在某种意义上更直观，也更容易传达特色文化，更易于学生体验和感受，这不仅是教育的有利条件，还是陶冶情操的重要力量，更是对学生进行文化适应教育的重要方式，对培养学生养成良好的行为习惯、树立正确的理想信念起着潜移默化的作用。构建学校物质文化，重在突出审美性、坚持教育性。第二，构建物质文化体系要紧紧围绕理念文化建设的主旨，即和合文化、审美文化，把物质文化作为体现学校理念文化的载体，用各种可视的事物向学生传达学校精神，凸显精神文化的内核。第三，物质文化体系的构建需要软件建设与硬件建设相结合。软件建设即营造学校氛围的软物质建设，比如建设富有感染力的校园人文景观、建造具有标志性的校园建筑、设计具有学校特色的标志、合理利用学校自然环境等；硬件建设即学校物质环境和设施的建设。

一、学校环境文化的建设

学校环境文化建设是在贯彻学校文化理念的基础上，体现学校的管理水平、展现学校形象与风采的直观表达。它对内可凝聚人心，对外可彰显特色。因而，学校环境的布置和建设就显得相当关键。

我们认为，构建农民工子女融入城市文化的学校环境文化，首先要考虑具体的感官事物文化与遐想空间的抽象文化的有机结合。具体的感官事物文化指学校的可视事物，包括学校建筑、学校标志、广场、园地、雕塑、标语、办公设备等显性媒介物所产生的文化。具体的感官事物文化突出城市、地域所特有的文化，比如苏州以古典园林式建筑为特色，苏州的学校环境建设就着重突出其典雅的风格，从视觉感官上给人美的享受，形成一个具有特色的和谐氛围。遐想空间的抽象文化指这些感官事物蕴含的深层的抽象文化理念，即在建设过程中融入和合文化、审美文化。

从可操作的层面上看，学校环境文化建设主要包括以下几个方面：

（1）审美精神环境建设，注重个性校园精神的融入。将学校的校风、校训、教风、学风等理念内容、历史传统、理想追求、道德情操、特色文化等合理渗透于校园的每一个角落，在渗透和合、审美文化的同时，在学生、教师心中唤起崇尚美好、追求卓越和热爱生命的情感。

（2）审美物质环境建设，调适学生心理状态。建筑、环境与城市文化相协调，突出园林化、生态化，使建筑与园林绿化布局相宜，人文景观与自然生态交融，突出典雅、宁静、充满生机的气息，在整体上给人以强烈的艺术美感和熏陶，让师生员工感受到积极、文明、和合、求知、奋发的氛围。

（3）审美心理环境建设，营造和合学校氛围。相关研究表明，学校氛围是学校环境特征重要的敏感指标，学校气氛与学生学校适应时间存在显著相关，学校氛围对个体的学业成就有着显著的预测作用，还会影响学生的非学业方面，如自尊、抑郁及其他行为问题等。因而，在学校心理环境的建设过程中，营造平等、互助、友爱、和谐的人际环境，融入更多人性化设计、人文化设施，将在一定程度上为和合的学校氛围提供支持。

（4）对学校建筑、自然植物的命名。这是环境文化建设最为直观、外在的反映，虽寥寥数字，但其所透露的是历史、文化、社会的信息，传递的是教育的初衷和期望。

（5）视觉识别系统的设计。将学校理念、文化特质、服务内容、学校规范等抽象的概念，经由组织化、系统化、统一性的识别设计，转化成容易被公众吸收的视听觉符号，以此作为传达学校形象信息的方式。它是学校文化系统中最形象化、直观化地表达学校特征，最具有传播力与感染力的一个系统，如学校的标志、标准字体、标准色彩、标志组色及办公系统、服饰系统、指示系统、学校环境系统等。

二、班级环境文化的建设

班级是学校的基本构成单位，具有极大的稳定性。因此，班级成了学生在家庭之外最重要的发展环境，具有较高的内聚性。班级内各成员有力求实现的共同目标，班级有特定的规范或规章以指导其成员的行为，各成员总是相互作用、相互影响。在班级生活中，个体的社会化水平得到发展。

在学校文化引领下的班级文化各有特色。首先，它外显地表现为班级物质环境文化，比如班级规章、评比栏、名人名言栏等的布置，黑板报的内容与设计等。其次，它内隐地感知为班级心理环境文化，即班级氛围。置身于班级群体中的个体，受群体心理氛围的影响，会有一个彼此接近、趋同的类化过程，产生归属感和认同感。班级氛围是学生个性形成与发展的土壤，其好坏直接与学生的学习生活好坏息息相关，并影响到整个学校的办学宗旨和校风校貌，对于学生的教育、管理有着潜移默化和润物无声的作用与效果。班级氛围具有凝聚和导向作用，它能把师生团结在一起，将师生行为引导至学校所崇尚的行为目标上来，通过目标的一致性将师生的荣誉感、责任感和自豪感融为一体。

我们认为，在进行班级环境文化设计的时候，应从学生的个体心理需求出发，主要注意以下两点：

(1) 让学生体验尊重和爱。著名心理学家马斯洛认为，人有尊重的需要。学生都是有血有肉、懂感情的活生生的个体，随着自我意识不断增强，希望与老师能够平等交流，渴望得到尊重。因此，班级环境的设计特别需要体现尊重和爱。第一，这种爱是一种引导力，它激励学生向着教师的期望不断努力奋斗；第二，这种爱具有推动力，它会促进老师不断增强工作的责任感，不断提高自身的素质；第三，这种爱是教育的润滑剂，它能营造和谐的教育氛围。

(2) 让学生感受真诚和平等。特别是在当前情况下，学生的很多行为表现都反映着自己的家庭背景和情况变化，班主任老师应充分利用现代化的通讯方式（如网络、电话）或者个别谈话等方式及时地了解学生行为背后的真正原因，保证自己教育方向的正确性，以便取得良好的教育效果。

良好的环境氛围容易唤起学生愉悦、友爱、信任、自豪的情绪体验。这种积极的集体感觉，使学生精力充沛，思维活跃。班级里没有感情上发生剧烈冲突的事件，可以提高学习、劳动、活动的效率。积极的集体感受，使全体学生朝气蓬勃，提高克服困难的勇气，也使全体学生有强烈的归属感，相信自己的班级是真正的优秀的集体，强烈的荣誉感驱使大家积极地为班集体服务，尊重班集体的价值。

良好的环境和心理氛围能促进催人奋进的集体风气的形成，使学校教育目标、各学科教育目的、教师以及班集体每个成员的认识、情感意志和期望值，都同化直至内化在每个学生的精神世界里。热烈的情绪感染，勤奋好学的行为作风，高尚的道德风貌，鲜明的是非标准，等等，与良好心理氛围形成良性循环,将被集体每一个成员所认同。良好的班级环境能起到“榜样影响”,对学生是一种无形的力量,对他们的身心能够施加积极影响,调动学生自我认识、自我评价、自我约束的积极性,引导学生更好地适应学校生活。

第五节　学校行为文化体系的构建

行为文化主要是以师生员工的行为表现、社会实践及校内外其他各种活动为载体,以理念文化为指导,围绕着学校文化建设、办学战略的各个层次和方面所展开的各类与之相关的实践活动等。这不仅仅指代着学校群体的行为方式、行为规范,还表现在学校的教育教学管理活动中。

我们认为,在个体融入城市文化的过程中,行为是其最主要的适应渠道,个体通过言谈举止、与人交往获得经验、同伴群体,以此为方式逐渐地与城市文化相接触,从而经历磨合的过程而最终适应。这些行为方式的习得在学校范围内可以通过养成教育来培养。此外,从另一个角度来看,心理需求的满足会通过行为等外化形式表现出来,反过来,要使个体表现出符合社会规范的行为,探究行为背后的心理根源也是必需的。因此,给予个体心理上的支持,使其拥有更多积极向上的心理能量,从心理上寻求期待已久的归属感、自信心并且得到慰藉,相信个体势必能够主动从行为上融入。但是个体的力量是有限的,需要学校和家庭的共同努力,帮助个体获得心理、行为上的支持,个体才能更好地融入城市文化。

需要注意的是,构建学校行为文化体系有两个前提:第一,和谐的师生关系是行为文化得以传承的基础。正如罗杰斯所言,真正有意义的学习不是建立在教学技巧、学科内容或教具的生动表达上,而是建立在正确的人际关系、态度和素养上。这就对教师提出了更高的要求,教师要把做人的道理、生活的知识传授给学生,更要在注重言传的同时重视身教,在与学生的和谐相处中,用自己的人格魅力来影响、教育学生。第二,师生间良好的文化沟通是行为文化得以传承的基础。文化差异的存在和缺乏沟通,将会让教师对学生的价值观念、行为习惯等缺乏必要的了解和判断,造成文化沟通上的困难,这就更谈不上正确引导了。

一、养成教育

养成教育是通过教育使学生形成良好的习惯,既包括正确行为的指导,又包括良好习惯的训练,既包括行为习惯培养,又包括语言习惯、思维习惯的培养。正如教育家叶圣陶先生所说:“人要是各种好习惯都养成了,我们的教育目的就达到了,如学习上有良好的学习习惯,劳动上有良好的劳动习惯,道德上有良好的道德习惯，生活上有良好的生活习惯……那么这个孩子就是一个好孩子。”

从更为具体的方面来看，对于农民工子女的养成教育，培养良好学习习惯是重中之重。学科教学是其主要渠道，学校可以开展有针对性的补偿教育、文化适应教育，通过对课程的系统学习，使学生养成科学的学习习惯，在提高学业成绩的同时缩小与城市学生的差距。此外，可以开发合适的校本课程或研究性学习课程，在丰富课程文化的同时，让学生参与实践，逐渐养成良好的学习习惯。培养学生良好生活、行为习惯，可以通过喜闻乐见的方式，创设情境，激发情感，进行内在激励。培养良好道德、社交习惯，可以通过学校“和、美”文化的熏陶、良好教师文化和学生文化的建构、学生主题活动的开展等，让学生在与人交流沟通的情境下感知、体验“美”，养成诚实守信、尊重他人、守时惜时的习惯，懂得感恩，关心他人。

使学生养成良好行为习惯、道德习惯，激发学生学习兴趣，是养成教育的主要任务。具体来说，可以从以下几方面进行：

（1）激发正确的行为动机，即养成良好行为习惯的意愿。就是让学生明白养成良好行为习惯的重要性，端正学生认识态度，通过喜闻乐见的方式，创设情境，激发情感，进行内在激励。如苏州第 26 中学把每年 9 月定为常规教育月，组织入校新生系统地学习“三规”等各项规章制度，其他年级重温常规的内容，结合内容自查问题，制定措施，巩固成果。通过丰富多彩的活动，创设情境，宣传规范，让学生理解规范，接受规范，避免抵触情绪，如召开主题班会、举行中学生一日常规知识竞赛等。

（2）建立一整套科学、具体、可操作的行为规范，使学生行有所依。在养成教育的过程中，给学生制定出系列性的养成规范，是使认识转化为实践的有效保证。同时，也要在此基础上有所创新，比如建立“五星班级”和十大个人最佳单项奖的评比考核机制，并配以严格的检查制度。考核的内容包括遵纪守法情况、学习氛围、实践活动、环境卫生、文明礼仪等。

（3）确立严格的检查制度。习惯的养成非一日之功，并不是短时间内能有效果的。人都有惰性，学生在习惯养成过程中行为出现反复也是难免的。在这种情况下，施以必要的外力是十分必要的。因此，建立一套严格的检查制度，长期督促、检查学生遵守规范的情况，是保障学生养成良好习惯的最关键的因素。在日常行为规范的检查中，一定要做到严、细、精、恒、实，“恒”字是提高学生遵守规范自觉性的有力保障。

（4）奖优促差，形成科学的激励机制。充分发挥榜样作用，通过奖励优秀个人和集体，激励后进。让每个学生都受到不同程度的激励，从而促进学生各方面良好习惯的养成，激发学生的集体荣誉感，调动广大学生的积极性。

二、家校合作

使农民工子女在各方面都得到健康发展，更好地融入城市文化，学校是主阵地。学校在教育过程中要充分考虑到农民工子女存在自卑的心理倾向，多采用激励、赏识、表扬等手段，走进他们的心灵，善待他们，帮助他们克服心理上的障碍，挖掘自身的优点，克服存在的问题。但是，这单靠学校的力量是不够的，还需要家庭的支持与配合。

从家校合作的内涵来看，家校合作首先是一种双向活动，需要家庭教育与学校教育的相互配合。家长要对学校教育给予支持，学校要对家庭教育给予指导，其中学校应起主导作用。第二，家校合作活动围绕的中心应该是学生，学生是家庭和学校共同的服务对象。促进学生的全面发展是家校合作活动的最终目的。第三，家校合作是社会参与学校教育的一个重要途径。家校合作的最终目标，首先在于促使家庭教育和学校教育保持一致，形成合力，促进学生在品德、学业及其他各方面的良好发展，促进学生身心健康成长；其次是通过家校之间的合作，提高教师、家长的教育素质和能力，促进学校管理水平的提高，强化教育机构的自我管理，推进教育社会化和社会教育化的进程。家校合作的内涵就是家庭和学校在学生成长过程中，通过信息交流、资源共享，密切合作，相互配合，增进彼此的理解，形成教育的合力（潘振娅，2009）。

事实上，多数农民工子女的父母虽然希望自己的孩子能够适应城市生活，但是由于他们的综合素质普遍不高，在见多识广的孩子面前难以树立威信，不可能给予孩子们足够的帮助。农民工对于家庭教育的不重视，造成了两代人之间沟通异常缺乏，亲情的沟通变得越来越困难。而学校可通过家长学校、家长会向家长传授教育子女的方法和经验，引导家长不仅要关心子女的学习，而且要重视与孩子之间的情感交流。

学校是代表社会主流价值观念的场所，在与家长合作中要注意引导、调节、尊重甚至接纳和主流价值观念不同的文化观念，要尊重家长在教育孩子方面所具有的权利。我们认为，随着社会的发展，在多元文化背景下，学校要尊重异己观念，要建立一个包容多元文化的家校合作体系，避免学校教育和家庭教育之间的冲突，创造有利于孩子成长的健康环境。因此，在具体的家校合作中，学校要注意对学生家庭教育背景的调查和研究，然后结合自身的办学环境与传统，构建适合本校的家校合作模式。

家校合作的形式可以丰富多样，比如，较为传统的有家长会、家长委员会、家长学校、家访等，较为新颖的形式有开通短信平台将学生在校情况、学校信息等传送至家长手机上，基于网络的博客家校合作模式等。

三、心理支持

苏霍姆林斯基曾经说过："我认为教育的理想就在于使所有的儿童都成为幸福的人……"而每个学生身上都蕴藏着克服困难、自我发展的潜力。让学生拥有幸福的能力,关键是增强他们的心理弹性,载体是给予他们充分、有效的心理支持。

首先,完善管理网络。学校需要组建并完善一个上通下达、职责分明的管理网络,由"校长、分管校长、教导处、年级组长、专职心理健康教师、班主任、兼职心理健康教师"组成的心理健康教育工作网,以学校心理成长指导室为前沿,发挥工作网的专业管理功能;制定发展规划,并严格按照计划实施和落实。

第二,营造氛围,普及心理知识。在校园内设立心理健康教育专栏,主要介绍学校心理教育工作的方案以及学校开展的各种心理健康教育活动。各班设立心理委员,及时了解班级学生心理状况。编制宣传材料。针对不同的对象(学生、老师、家长),由心理咨询室主办,各班心理委员协助,不定期编制《心理成长报》。在平时,由各班心理委员组织同学们进行心理小报的编写,组织学生开展心理漫画比赛,把学习、生活中的心理现象用绘画的形式展现出来,并将优秀的作品在校园内展出。

第三,充分发挥学校心理咨询的作用。在城市中小学校设置心理咨询室,委任专业人员对农民工子女提供心理辅导与支持。针对农民工子女学生在校学习与生活中文化适应不良的现状,开设一些专题讲座,帮助学校师生科学合理地调适文化适应不良引起的心理问题,针对部分心理障碍比较严重的学生采取主动积极的心理辅导与心理干预措施。

第四,全方位进行心理健康教育。可以把心理素质教育渗透在各科教学之中。开设心理教育必修课,根据各年级学生的特点,在适应性教育(人际交往的适应,学习环境、学习方式的适应,在新环境中正确定位、客观认识自己的优势等)、青春期教育、情绪调控、考试辅导等方面进行专题指导,主要通过故事、角色扮演、情景小品、辩论等方式进行,让学生在活动中体验、感悟、收获,在课堂上解决自己的问题。

第五,加强与农民工子女的沟通,对他们进行辅导,帮助他们树立自信。在教育过程中树立"只要进步就是成功"的思路,无论学习成绩好坏、家庭环境如何,只要学生努力、进步,就要给予肯定和承认;在各种场合善于发现他们的闪光点,激励他们自尊、自爱与自强。同时,教师要善于倾听学生心声,注重用自己的情感去感染学生,借学生的情引导学生的行,从而帮助他们解除心中的困惑。

第六,开展多形式的心理健康教育活动。组织心理社团活动,开展朋辈互助的现场心理咨询活动，开放心理健康影院。组织学生观看《美丽人生》《快乐的大脚》《当幸福来敲门》《感动中国年度人物颁奖盛典》等，让学生深刻体验到面对困难的坚强与奋斗精神。开展实践活动。寒暑假期间，组织青年志愿者活动。组织学生们走上街头参加“文明交通岗”活动；走访老年公寓、儿童福利院、医院、工厂等地，收获奉献的快乐；走进社区，协助社区清理卫生，推进社区文化建设。组织主题为“亲近经典、珍爱生命”的校园读书节活动，开展“阅读与生命”演讲比赛等，让学生在读书中感悟生命。

第六节　学校制度文化体系的构建

制度文化是行为文化的固化形式，是以理念为指导，在学校这个大环境中，在师生共同的理想追求和价值取向的基础上所形成的一系列规章制度、道德规范、管理方法等。它既是学校理念文化的衍生、表象，又是学校文化建设的保障。它以外在的、显性的形态而存在，对师生的行为产生规范、约束作用。

制度文化主要包括三大方面：一是学校的传统、仪式和一般的规章制度；二是将学校文化的精神、理念贯穿于教育管理过程而形成的管理方法；三是具有学校特色的“德育”，即通俗意义上的道德规范、品德教育。制度文化以其潜移默化的作用将生硬的规章、学校文化的精神软化甚至内化为教师、学生的内隐规则和概念，因其可操作、易接受、可执行等优点而易被师生接受。

但是，在农民工子女进入城市学校学习、生活的特殊背景下，制度文化也应当随之作出调整，引入和合、审美精神，使制度从内容到形式都处于和谐、协调、互动的良性状态之中，弘扬尊重、理解、沟通、信任等人文精神，营造团结、和谐、奉献、进取的氛围，让学校具有浓重的文化气息，积淀深厚的文化底蕴，实现理性管理和非理性管理的结合，从而促进学校健康持续发展。同时注意在执行中把制度的刚性约束和人文关怀有机结合。只有这样，才能更好地促进学校文化理念的渗透和内化，学校才能在文化引领下走上内涵式发展的道路。

具体而言，学校制度文化可以从以下几方面进行调整：从人文关怀的角度看，要强调以人为本，充分尊重人的价值和尊严，以信任人、尊重人、关心人、发挥人的潜能、促进人的可持续发展为着眼点；从目标价值取向看，要强调学校成员的主体价值和自主发展，在此基础上追求学校办学质量和效益的提高；从主体行为模式看，重视文化因素的中介作用，主张顺应学校的文化传统，创设富有审美性的校园文化氛围，强调教师和学生之间相互尊重、关心、爱护。

一、教师管理制度的审美化

就教师评价制度而言,融学生评价、教师自我评价和集体互评于一体。由于学生多为农民工子女,其在刚进入学校时会产生不适应,教师对待这些学生的态度、教师是否主动积极辅导学生、教师是否关爱后进生、师德修养、教学方法、教学质量等均应列入学生评价的指标。同时,教师发展性评估又是另一种形式,通过教师自评和集体互评考核,具体的指标要结合学校实际,主要涉及师德师风、德育工作、教学管理、科研活动等指标。

就教师培训制度而言,培训的内容也应随着学生主体需求不同而不同,更多地学习城乡文化之间的差异,了解农民工子女以前的生活状态,对于老师理解学生有着重要意义,同时也要相应地进行教学教育技能的培训,使教师掌握针对性教育、文化适应教育、补偿教育、休闲教育的要领,使教师能适应对这些新学生的教育。

就教师文化的管理而言,其内涵也应在和合、审美文化引领下创新与发展。如何塑造具有和美理念的教师文化?我们认为应该考虑以下几点。第一,良好的心理素质和深厚的文化修养是教师的必修课。广博的知识,对世界、人生、科学、自然的深刻领悟,流畅、准确、幽默的语言,鲜明的个性和深刻的情感表现力,无疑使教师在创造美的同时给学生美的意境。第二,真诚而平等的爱和具有突破的创造性同样也是教师需要具备的,倡导教师之间、师生之间的合作、学习、反思和创新,使教师不断充实自我、完善自我、超越自我。教师之间能够开放地交流,真诚地批评与鼓励对方,教师就能够更加坦然地面对自己的不足,并通过彼此的互助与合作寻求改进的方案;校长能够时刻为教师提供支持,鼓励教师创新,并为教师的大胆尝试和个人提高创造机会与条件,教师会更加热爱自己的工作,并在工作的过程中获得自身的成长。

教师管理制度的审美化,归根到底是以育人为本的理念为核心。教师以一颗平等、尊重、理解、真诚的心去面对每一个学生,坦然承认他们的独特个性和自身携带的来自不同地区的文化,积极与其互动,那么,学生将会对所处的环境拥有更多的热情和自信,进而对学习产生兴趣,对未来生活产生美好憧憬。在审美化的教师管理制度文化下,师生将会拥有更多的学习资源、发展机会和空间以及良好的心理氛围,学校将成为令人愉快的学习与工作场所,也是生命得以张扬、价值得以彰显的空间。

二、学生管理制度的策略化

学生管理制度是调节和控制与学生相关的各种关系和个人行为的规范,但是这种规范体系不是学生之外的力量简单赋予学生的,它确立的过程是各种相关力量沟通并博弈的过程。学生管理制度不仅包括学校制定的各种条例、规定、章程和实施细则等正式的约束规则,还包括各种无形的但生命力持久的非正式规则,其通常以学校文化的形式存在。

在农民工子女进入城市学校的背景下,在对学生的管理制度作出调整的同时更要注重策略,传统的规章制度、行为规范在某种程度上只是一种外在压力,学校强迫学生去接受,却没有考虑到学生的内在需求。因而,结合农民工子女的特殊性,我们认为,学生管理制度的调整有以下几种策略:

(1) 以育人为本的理念统筹规划。把学生的学校生活看成是每个生命体不可重复的经历,通过适度弱化强硬的规章制度,充分调动学生的积极主动性,以尊重、平等、真诚的态度迎接每一个个体的到来,本质上体现对生命的终极关怀。把学生的生命个体发展放在第一位,培养学生良好的品德修养,给予学生更多的自由发展空间,让各项管理制度成为其融入学校生活的助推器。

(2) 原则性与人本性相结合。制度的制定并不是为了束缚人,而是为了维护个体的利益,其重点在于倡导人的发展,因而,从这个意义上讲,学生管理制度文化建设也需要强调人本性,在尊重原则的大前提下,能够体现学生的主体地位,同时把关注学生的主观幸福感、成长幸福、生活满意度等作为目标,体现人文关怀。

(3) 德育为重,形式新颖。重学生"主体"、重"体验",让学生在亲历中获得真实的认识、切身的体验和内心的感悟,比如开展一些主题活动、团体活动、评比活动等,使德育管理具体化、规范化、可操作化。开展活动的内容必须贴近生活,可以从培养责任感、规范养成开始,注重情感沟通的同时弥补家庭教育的缺失。

(4) 倡合作,赋权责,重自由。充分信任学生、关注学生、服务学生,使其对学校产生归属感和依赖感;从学生自我发展和完善的动力需要出发,给学生提供开放的环境、自由发挥的平台,使学生自主参与到学校的制度文化建设之中。激发学生的主人翁意识,鼓励学生在宽松的氛围中按照自己的意愿开展各种活动、培养兴趣爱好等,培养学生的自我意识、主动参与意识和能力,让学生在真实的体验中获得成功的喜悦、积极向上的动力。

三、学校行政服务制度的人本化

学校行政服务制度的调整应注重人本思想与科学管理手段相结合,民主与规范相一致,以发展学校个体的主体性、促进学校成员全面和谐发展为目的。坚持以人为本的学校管理制度就是依据民主、平等、公正的原则进行学校制度建设,完善教代会、教职工大会、基层教育工会、学生会、共青团和家长委员会等组织,充分发挥这些组织在学校管理中的作用。大力推行校务公开,提高社会、家长、教师和学生参与学校基本制度建设和日常管理的程度,使学校管理制度适应学生发展的需求，促进教师专业化成长。坚持科学管理，比如农民工子女进入城市学校学习、生活，学校的德育管理（尤其是班级管理）、教学管理和家校联系等都会出现新情况、新问题，学校必须预先有设计、准备，并且在今后的工作中进行及时调整，从制度上创设平等共处的环境。

学校行政服务制度的人本化还体现在拥有一个良好的沟通系统方面。行政服务的对象是学校成员，包括教师、学生、后勤人员等群体。他们并不是单纯的物质利益追求者，他们同时还有精神层次的需求，如对学校的归属感、荣誉感和参与感等，而这一切的实现都有赖于有效的组织沟通（陈海燕，2009）。只有这样，学校范围内成员的想法才能得到充分的表达，教师的工作绩效才能得到应有的评价和认可，学生的成长才能更加顺利地得到延续和发展，后勤人员的工作效率才能得到保障和提高。学校文化的理念才可以为师生员工所认可，并与学校制度相融合，从而形成自己的制度文化。

要建立有效的沟通系统，首先，行政机构的架设必须规范，沟通渠道必须通畅，学校相关制度必须明确、完整、成文。新员工上岗培训的内容要有对学校制度的培训，学生入学伊始需要有相关的制度文化教育，让全校师生员工对学校各项制度有一个熟悉过程，并了解自己所扮演的角色、所担负的责任以及所负责活动与他人工作的相关性等。其次，根据需要，调整相应的组织结构，减少沟通层级，形成一个顺畅的自上而下、自下而上、横向以及对外的沟通渠道。此外，应该注重建立完善的反馈机制，形成一种良性的信息环流。通过反馈，一方面可以提高针对性，减少信息提供部门的盲目性；另一方面可以加强信息发送者和接受者之间的心理沟通，让师生意识到管理层乐于倾听他们的意见，他们所做的一切都在被关注，从而增强管理者和师生之间的理解、尊重和感情交流。通过部门间的沟通协调，减少部门间的竞争和内耗，使师生把眼光投放在自我发展和学校目标上。通过与外界沟通，使学校及时了解家长、社区以及社会各界的需要及其对学校评价的变化，以反观学校自身的不足，积极改进，使学校得以更好地发展。

第五章　农民工子女融入城市文化的心理支持研究

农民工子女的城乡流动反映了他们从城市的外来者到完成人口迁移、进入城市体系的过程，这一迁移过程不仅仅是地理空间上的位移，还伴随着在文化习俗、社会心理、行为习惯等方面与城市生活和城市群体相适应的过程。农民工子女融入城市文化的过程与其社会化过程是同步的，同时也是自我同一性实现的关键期，年龄的特殊性使得他们面对的是对新的社会环境和对社会本身的双重适应。同时，城乡地域社会文化环境因素的巨大差异以及户籍制度赋予了该群体在社会化进程中的双重身份：既是“户籍”农民，又是“编外”市民，这就使得农民工子女的社会化过程既不同于城市学生，又不同于农村的同龄群体。因而，农民工子女融入城市是一个系统工程，需要多方合作，从政府、学校、社区、家庭以及个体本身等入手给予支持，使他们从心理上和城市文化接轨。

第一节　心理支持

一、心理支持的概念界定

关于心理支持的定义，目前还没有统一的说法。

有学者提出“人际相互心理支持”的概念，即心理互助，是指交往主体借助语言、行为有意识地对交往对象施加积极、良性的心理影响，促使交往对象实现心理适应、心理健康和心理发展的过程。广义的人际相互心理支持可以出现在各种人际关系之中，如同学之间、师生之间、亲子之间、同事之间、干群之间等（肖汉仕，2007）。

学者王利敏就中小学教师群体提出的心理支持系统的概念，具体是指由包括学校、社区、政府、社会和教师个人在内的全社会联合努力采取的一系列的措施、对策等心理安全保障机制。教师心理支持系统的载体是一系列的机构、措施、对策等，这些措施和对策能够为教师提供心理咨询和保健服务。它的主体是学校、教师自我、社区、政府和社会等。核心是心理安全保障机制。

目的是提高教师的心理素质，增强教师应对心理问题的能力，进而改善教师的心理健康水平和提升教师的生命质量，使教师获得长期的幸福体验，更好地做好教育教学工作（王利敏，2008）。

学者于红以公安民警为研究对象，提出建立一个由政府、社会、家庭、工作环境等方面组成的相互联系、相互作用的有机整体，即心理支持系统，来给民警提供精神、物质等方面的支持，使这种良好的支持产生良好的心理作用（于红，2008）。

学者肖汉仕（2010）再次提出，"心理支持包括优化社会心态环境、建构心理支持系统、完善心理干预网络、开展人际心理互助、实行全民心理教育"。

我们认为，首先从概念上讲，心理支持是主体对客体从心理方面实施积极影响，从而使得客体在心理成长、社会化过程中获得良好发展。心理支持是各方合作、综合作用的结果。这里的客体指农民工子女这一弱势群体。这里的主体由外在主体和内在主体两部分构成，前者包括农民工子女来自的家庭、生活的社区、受教育的学校和所在地政府所提供的支持，后者特指这些个体的内在心理素质的提升，两者内外结合，相互作用，构成一个有机整体。此外，心理支持概念里还隐含以下内容：第一，亲子关系和谐，亲子沟通良好，则来自家庭的心理支持将会促使个体获得最初的安全感和信任感；第二，师生关系、同伴关系等人际关系和谐，则来自学校的心理支持将使个体在积极的组织中获得积极的关系、积极的情绪和积极的应对方式；第三，通过政府舆论引导、政策支持构建良好社会心态环境的同时，注重提升内在心理素质，通过社区心理支持，将心理自助、相互帮助、人际互助、专业心理干预有机结合，兼顾心理问题的预防、矫治与心理发展多层次的需求，共同为农民工子女的心理健康成长提供服务。

二、心理支持的模式构建

帮助农民工子女融入城市文化的心理支持模式需要各方合力联动才能起到应有的效果。心理支持系统网络是一个相互联系、相互沟通的体系，不仅表现为组织内部的关联性，还表现为学校、政府、社区、家庭和个体自身等各种力量之间的联系，简单来说即内外结合形成支持合力，而这两者之间的整合方式则是以互动性为前提的，这种互动是一种联动，也是一种补偿和沟通。由心理支持模式的内在关系图（图 5-1）可以看出，当个体从农村来到城市时，对于自己的过去需要作一个告别，正视现实、积极融入的同时，憧憬美好未来。而个体成长的家庭对于个体来说，莫过于最好的安慰，在举目无亲、没有同伴的新环境中，孩子最为依恋的是家，因而，父母若能为孩子创造良好的学习和生活环境、积极与孩子沟通、理解他们内心的想法，对于孩子而言，将会是莫大的支持。此外，家庭所在的社区，需要承担起沟通家庭与政府的桥梁作用。社区作为基层单位，与居民生活息息相关，也是最为了解民生、切实为百姓做实事的组织之一。其健全的机构、心理辅导场所、提供的信息，将为生活于此的人们提供便利和人文关怀。此外，提供正规教育的学校与社区、家庭形成交互作用，加上政府的宏观政策扶持和舆论引导，将为农民工子女融入城市文化营造良好的氛围和提供保障。

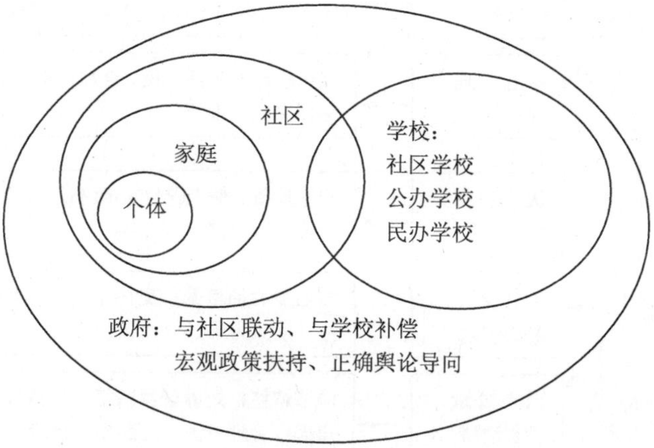

图 5-1　心理支持模式的内在关系图

从农民工子女融入城市文化的心理支持模式的具体内容来看，它主要分为内部支持和外部支持(图 5-2)。外部支持又是从以下几个方面体现：第一，学校心理支持系统的构建，通过学校文化的建设营造心理支持的氛围，促使农民工子女较快地适应城市学校生活，心理健康教育、补偿教育、文化适应性教育等将为农民工子女的融入提供切实保障；第二，政府心理支持系统的构建，包括正确引导舆论、户籍改革、重视完善学校心理健康教育制度、完善心理干预网络等，从宏观上进行调控和引导；第三，社区心理支持系统的构建，包括健全组织机构，提供信息、心理支持，作为一种联动和补偿的形式存在；第四，家庭心理支持系统的构建，主要包括父母积极的生活态度、合力期望和良好的亲子沟通、家庭氛围。内部支持主要从五个方面塑造：通过合理归因、自信训练等让个体认识自我、悦纳自我；通过行为训练让个体学会交往；通过情感教育让个体学会合理宣泄、识别情绪、管理情绪；通过抗挫、意志力训练让个体坚强意志、面对挫折；通过艺术教育、学习策略训练培养个体特长，让个体快乐学习。内外互动，综合作用。

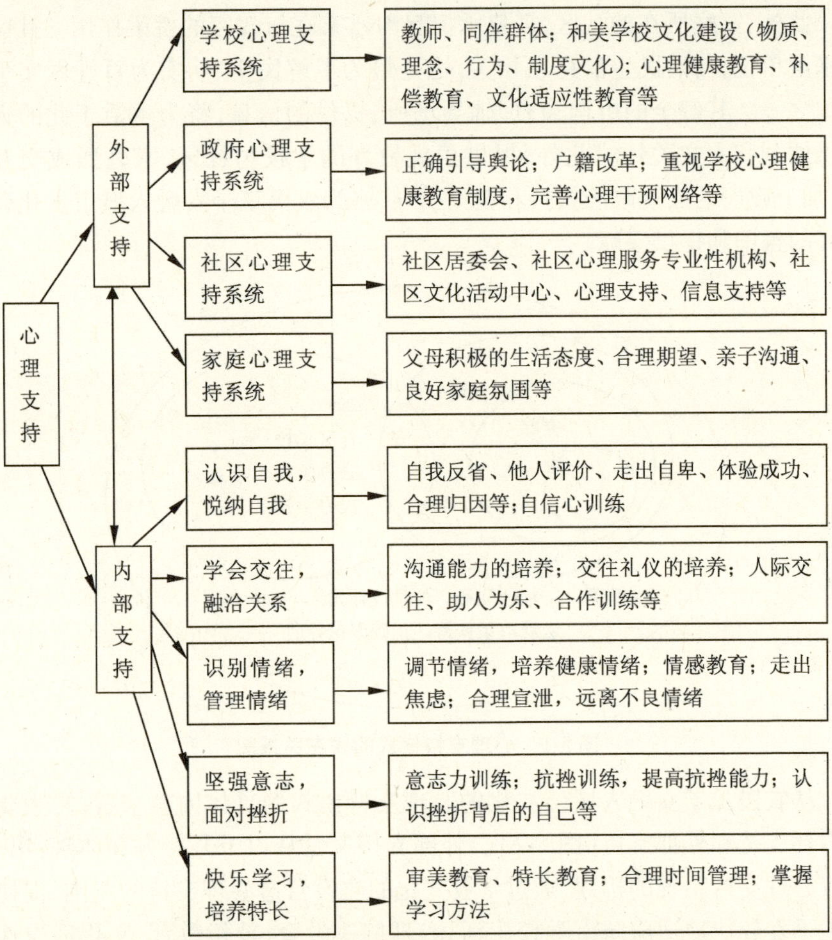

图 5-2　农民工子女融入城市文化的心理支持模式

第二节　外部心理支持系统的构建

一、学校心理支持系统的构建

农民工子女随父母进城后，进入一个全新的学习生活环境，可塑性较强。学校既可以充分利用他们的遗传素质来发展其智力和能力，又可以通过学校教育纠正或加强家庭、邻里及同辈群体等对农民工子女社会化的影响，并促使其心理最终向着社会期望的方向发展。同时，农民工力不从心、全权委托学校的做法，使学校的育人功能在某种程度上得到了扩展，再加上这些学生又多处于义务教育阶段，其大部分时间都在学校度过，与城市最直接的接触频繁地发生在学校范围内。因此，学校自然而然承担起了同化和整合的重要功能，必须营造和美、平等的心理氛围，更好地帮助农民工子女融入城市文化。

（一）从提供心理支持的群体角度分类

从学校提供心理支持的群体来看，学校心理支持系统可分为：

1. 教师支持

除了家里，学校是农民工子女最主要的活动场所。教师和同伴是他们在学校生活中最主要的两个交往对象，同样也是其心理支持的重要来源。老师的一言一行，一个关心的眼神，一句鼓励的话语，都能让农民工子女感受到城市的温暖。而老师对农民工子女的心理支持又可分为主观上的支持和客观上的支持。客观上的心理支持要求老师能正确对待农民工子女的心理和文化适应过程。他们在刚转入一所新的学校时总会在教材、环境、教学方法等方面有一个适应的过程。教师要能对应这个过程给予支持，不能急于求成，更不能因此而对其采用非正常手段逼迫其适应（王静洁，石晶，2009）。同时，要对其在学习上表现出的差异给予支持，进而作出相应调整，比如合理安排教学，充分考虑学生差异性。主观上的心理支持更多地用自己的情感去感染学生，借学生的情引导学生的行，从而帮助他们解除心中的困惑。同时，加强与学生的沟通，善于倾听学生心声，给他们更多关心与呵护，善于发现他们的闪光点，激励他们自尊、自爱与自强。

2. 同伴支持

同伴群体给予农民工子女的影响远远不同于家庭、学校的影响，这是因为：第一，农民工子女在学校的交往对象除了教师外就是身边的同学，制度赋予教师的权威让学生感到望而却步，同学就显得格外亲切，尤其是在刚进入新的班级环境时，同学的欢迎就会使这些农民工子女学生感到自己正在被接纳，从而获得一定的稳定感。第二，农民工子女学生在与同伴互动的过程中，彼此认识，彼此熟悉，会在不知不觉中潜移默化地接受其影响。他们彼此也从对方身上获得大量的生活知识、经验和社会信息，从而在心理上达成一定的理解和共识。第三，农民工子女学生与同伴群体一起参与集体活动的过程中也会满足自己的一些社会性需要，如社交需要、安全需要、自尊需要、求知需要等。他们有自己的价值观、理想和信念，更乐于在同辈中与他人交往，抒发感情，在同辈群体中产生一种归属感与自豪感。第四，同伴互助式心理支持是指在人际交往过程中，同伴间互相给予心理安慰、鼓励、劝导和支持的过程，由同伴提供具有心理辅导功能的帮助。应使心理健康教育深入班级，更加贴近学生的日常生活，增强学生的心理健康意识，预防心理危机事件的发生。因此，可以在课内外多组织开展促进学生间相互交往的活动，在农民工子女学生与本地学生交往的过程中，使他们相互理解，相互接纳。在节假日，特别是寒暑假期间，更要开展交互性的活动，不能让交互时间只限于在学校学习的时间里。

（二）从提供心理支持的方式角度分类

从学校提供心理支持的方式来看，学校心理支持系统可分为：

1．和美学校文化的建设

当城市学校接收或者吸纳来自不同地方的农民工子女学生时，传统的学校文化（比如：求真、求善、求美）同时也面临着城乡亚文化的冲击，和合似乎当仁不让地成为新的主题，在和而不同中解决农民工子女生活、教育、心理发展中出现的诸多问题，消弭矛盾，获得社会支持，促进适应，同时辅之以审美教育，以和为美，审美和谐，在美育中塑造完整人格，获得心理适应，也不失为上上之策。因此，在和美理念文化的引领下，通过学校、班级环境等物质文化建设营造包容、奋发、和美氛围；通过养成教育、心理支持、家校合作等行为文化建设帮助其获得良好的社会文化适应；通过教师学生管理、行政服务等制度建设为其提供保障。综合上述三方面帮助农民工子女更好地融入城市文化。

2．关注农民工子女学生的身心健康

关注农民工子女学生的心理健康也是不可忽视的一个支持面。针对农民工子女学生可能出现的一些心理问题，学校应该有一定的预见性，给予及时的帮助和支持。通过学校的心理咨询室、心理热线或者网上咨询服务等为农民工子女学生提供一定的心理辅导，帮助他们摆脱刚进入新学校、新社区产生的不平等感、对立感，摆脱被歧视感、不合群感、自卑感（唐咏，2008）。同时，还可以通过多种多样的德育活动，诸如“家长开放日”、“亲子活动”、“同一片蓝天下，我们携手共进”等，消除农民工子女心理障碍，促进其健康心理的形成。

3．注重学习上的补偿教育

农民工子女学生往往因各种原因而学业成绩不良或者学习跟不上同班同学的进度，因而深感自卑。补偿教育在一定程度上能够帮助其尽快适应城市教育要求、尽快提高学业成绩。国外研究表明，补偿教育减少了处于不利地位的学生在学业上失败的次数，初步改善了其认知能力。进入中学后，他们的学习成绩进步更大。其次，参加补偿教育的学生行为的好转会强化学校对他们的肯定态度，这样就激发了这些学生的学习兴趣，改善了他们的学习态度，因而提高了他们的学习成绩。

因此，教师作为学习的主导者应对这些学生的学习更关心，并注意与他们的交流方式，主动与他们建立亲密的师生关系，赢得他们的信任和喜爱，从而使他们有继续学习的勇气和毅力。其次，针对学生在学习过程中出现的疑问和薄弱环节，以多样化的方式寓教于乐，让其产生学习的兴趣并维持学习的动力。再次，不要吝啬鼓励和赞美，让他们乐在其中，提高学习效率，更好更快地获得新知，跟上进度。

4. 注重文化适应性教育

农民工子女在学校处于“文化不利”状态，因为“学校的学习和生活是按照与他们原来的文化背景不同的新文化规则来组织的”（项贤明，1998）。尽管这种“文化不利”状态对于城市农民工子女而言是不平等的，但是他们必须努力地去适应城市文化。这种“文化不利”状态对于农民工子女而言也是一种障碍，即使他们想适应城市学校的学习和生活，也在客观上受到限制，如同伴群体的排斥和孤立等。

因此，为了使农民工子女适应新的学校的学习和生活，学校就应该营造出一种宽容、尊重、平等、关爱、互助的气氛，并大力在学生中开展宽容教育、友爱教育。同时，学校很有必要针对农民工子女的情况开展文化适应教育。例如，可以通过开展礼仪教育、班队活动、参观访问、讲座等形式的活动来进行文化适应教育。如果学校能够开发出有关城市文化的校本课程，则对农民工子女文化价值体系、思维模式和生活方式的更新，无疑会起到促进作用（邱兴，杨志俊，2006）。

二、政府心理支持系统的构建

现代文明社会的良性运行、协调发展是靠政府行为来实现的。因此，政府应该是农民工子女心理融入城市文化的最主要的支持因素。

政府要实施制度保障，关心这一群体切身利益，营造良性物质环境。同时，农民工子女的一些观念、想法、行为习惯等深受父母的影响。因此，政府要切实关心农民工的利益，关心他们的文化生活，主动帮助他们尽快适应城市的生活方式，使他们感到自己是城市的主人，从而对城市产生归属感和认同感。政府对于农民工子女的心理支持主要表现为在政策上给予保障，在舆论上给予宣传。

（一）充分发挥媒体作用，正确引导舆论

政府应充分发挥媒体作用，正确引导舆论，取消对外来务工人员及其子女带有歧视性质的称谓和文化偏见，改用“城市新市民”等称谓。中国社会科学院王春光研究员提出的“城市新生代”的称谓则更体现了人文关怀，这些称谓给人以阳光般的温暖，消除市民对农民工的误解与偏见。

长期以来，媒体对农民工进城带来的负面效应报道得多，对他们为城市所作出的贡献宣传得少。为此，舆论宣传中要增加尊重、重视流动人口的内容，引导市民以平等的态度对待农民工。因为农民工子女和他们的父母生活在一起，如果他们不断耳濡目染的是城市对父母的歧视和不公平，其幼小的心灵感受到的是被歧视感和被剥夺感，这会引发他们对城市的敌对态度，这种处于萌

芽状态的意识直接出自他们的实际感受，这比任何宣传教育都能更有力地影响着他们的大脑。因此，营造宽容和谐的社会环境有利于农民工及其子女融入到城市群体和城市生活。

（二）深化户籍改革，实现身份转变

现存的户籍制度是影响农民工子女融入到城市中去的根本制度，原因是农民工虽然在城市工作、居住和生活，但他们难以获得所在城市的户口，不仅他们本人，他们的子女也因此难以享受城市市民的待遇，从而造成了不同身份的人在事实上的不平等，并衍生出形形色色的心理问题。

因此，要进一步深化户籍制度的改革，放宽城市户口准入制度，消除户籍隔离墙，加快整个社会从身份制到公民制的转变，破除城乡分割的二元社会形态，使农民工子女享有完全平等的受教育权利，解除农民工子女融入城市的制度障碍，改变漂泊、模糊的社会角色定位，使他们能有在法定意义上和城市居民靠拢和趋同，加快融入城市。

（三）重视学校心理健康教育，完善心理干预网络

农民工子女大多时间生活在学校，其心理求助的第一场所也自然而然在学校之内，因而政府应重视学校心理咨询和心理健康教育，应承担起学校心理健康教育制度的研究制定、颁布实施并保障执行的职能，应明确教育行政部门的主体性。在加强学校心理健康教育的工作中，教育行政部门作为学校的上级主管单位，其职责包括设置专门部门或者机构以及安排工作人员负责学校心理健康教育工作的指导和实施，拟定学校心理健康教育制度文本，统一安排、部署行政辖区学校遵照执行，检查学校心理健康教育实施情况，进行学校心理健康教育研究等。

政府同时也应在制度变革的基础上完善全社会性质的心理干预网络，优化社会心理环境。农民工子女早晚要离开学校的保护走向复杂的社会，现实生活中的劣性刺激难以完全避免，心理素质的提高不可能一蹴而就，在自助的同时也需要科学、及时、专业的帮助。根据心理问题的普遍状况、严重程度以及所需要服务的人数、专业化程度，心理干预网络的层次可分为：自我帮助、人际心理互助、单位心理辅导员、社会心理咨询师、临床心理医生、精神病医生（肖汉仕，2010）。

三、社区心理支持系统的构建

随着城市化进程的不断加快，社会结构的加速转型，社区逐渐成为城市基层社会的运行主体，成为社会的基本细胞，承担着越来越多的社会服务职能。农民工子女都生活在特定的社区之中，社区建设与其成长息息相关，社区能够在物质和精神方面提供帮助和服务，为其构筑一个全方位的良好环境，是实现

其生活社会化的必要途径(窦泽秀,2003)。

社区可以通过开展各种面向农民工子女的活动、建立关爱其身心健康的各类组织,整合社会资源,以社区为载体努力为辖区内的农民工子女服务,聚合爱心来培育和关爱下一代。同时,我们也可以借助社区优势,充分了解农民工子女心理发展的家庭环境、家庭结构以及同辈群体等因素,有机整合影响农民工子女社会化的诸多因素,从而在一定程度上弥补学校教育的缺陷。

(一) 完善社区心理支持的组织机构建设

组织机构的完善将为其职能的充分发挥奠定基础,因而,社区心理支持工作的开展势必要依赖健全的机构,在各自明确定位、角色的前提下各司其职,才能保证支持性服务的有序运行。结合社会支持理论以及苏州某社区支持工作的实践,社区心理支持的组织机构应该包括以下几部分:

1. 社区居委会

社区服务是由服务主体、服务客体、服务实施以及服务形式组成的整体,是服务主体运用一定的服务形式和设施为服务客体提供服务的操作过程。社区服务工作的运作必须依赖社区这个承载主体。社区实际上是给居民以及社区内各类组织提供一个积极参与公共社会生活的场所。来自不同地方的农民工能够通过社区居委会这个组织媒介参与到大家共同的活动中,彼此交流,和谐共处。作为社区自治主体的社区居委会在动员社区内资源的同时,还可以联系社区外资源。农民工子女的心理支持问题是一个极具复杂性、专业性要求高的问题,需要各类社区外的相关资源,如心理咨询机构、专业心理研究机构、社区工作者群体等,以及社区内资源共同构建完善的社区心理支持体系。因此,社区居委会在农民工子女的心理支持中扮演了关键的角色。

2. 社区心理服务专业性机构

农民工子女在融入城市的过程中难免会出现一些行为和心理上的不适感,从而间接或直接导致一些心理问题的产生,心理问题的预防、矫治、恢复等一系列过程都需要专业性群体的支持。

社区心理服务的专业性机构主要包括:

社区心理咨询机构。其专业的心理咨询服务在为个体成长提供发展性建议的同时,也指向存在心理问题的个体,因此,其咨询的范围相对较为宽泛。同时,也可以借助社区资源优势与医学院、大学心理健康中心、医院等组织加强合作,构建专业心理疏导与深入治疗相结合的心理支持体系。

社区农民工子女家庭教育指导中心。邀请专家定期为家长举办各种讲座,使家长更新教育理念的同时树立正确的育人观,传授家庭教育基本知识,指导家长掌握科学的教子方法,交流和推广家庭教育成功经验,提高家长家教能力，优化家庭教育环境，增强家庭、学校、社会共同参与素质教育的意识。同时，有针对性地举办父母效能训练活动、亲子活动，调动家长中一切可以利用的资源，营造良好的合作氛围。

3. 社区文化活动中心

社区文化是增强社区本地居民与农民工亲和力、凝聚力的黏合剂。加强对社区文化建设的宣传，有利于增强社区成员的社区意识，提高农民工的归属感。而社区文化活动中心则是建设和宣传社区文化的载体，通过配备人员专门负责社区文化建设，创造良好活动场所和物质条件，设立社区图书阅览室、文化教室、流动未成年人管理站等支持农民工子女身心发展的文化设施，在充分利用和整合社区文化资源的基础上，结合社区所处的地域环境、历史文化等开展多种形式的文化交流活动，提高社区成员的参与意识。通过"以小带大"和以家庭为主题的活动，让农民工及其子女共享社区文化成果，进一步增强城市文化的融入感。

（二）创新社区心理支持的工作方式

1. 心理支持

心理支持是指对农民工子女表示爱、关怀与专业心理辅导等，使其情绪获得安慰与鼓励。从广义来看，主要包括对青少年情绪、心理问题的关注、关怀与关爱，由社区志愿者、邻里、居委会干部来提供。从狭义来看，主要是指专业层面的心理与精神治疗。大量有关支持的研究都指出精神与心理支持比其他支持内容对个人的影响力更大。同时，心理支持比其他方式的支持更能发挥功效，从而缓冲压力的冲击。

从具体操作层面来看，一方面，社区志愿者、邻里等志愿人员在社区的呼吁下，积极参与到关爱农民工子女的活动中，他们通过义务提供家庭教育指导、与存在困惑的农民工子女交流等实际行动来关爱农民工子女的身心发展。另一方面，社区在心理咨询室的基础上，与专业心理服务组织合作，如苏州的"苏老师工作室"等，构建专业的心理疏导与治疗体系。这种志愿服务与专业服务相结合、普及性与专向性结合的支持方式为农民工子女的心理发展提供了有力保障。

2. 信息支持

农民工子女多处于青少年时期，而该阶段是人生成长的关键阶段。随着生理与心理方面的迅速变化，加上来到新的城市，农民工子女必然面临一系列困惑，而这些困惑如果不能得到合理疏导，将给其身心健康带来巨大的威胁。家长是农民工子女的第一导师，不过受社会变迁等社会因素的影响，家庭结构与功能逐步弱化，家长已经难以承担疏导解惑的重任。社区给予农民工及其子女的信息支持发挥越来越重要的作用。这些信息涉及在农民工子女成长中出现的性问题、心理不适(抑郁、焦虑、逆反等)、青春期困惑、早恋、溺网、暴力倾向等的解决措施,亦涉及家长的教育观念、教育方式的改变等方面。这些专业信息支持将会弥补家长支持的缺陷,保证农民工子女心理问题的及时解决。

信息支持主要表现在两个方面:一是直接信息支持,主要包括对农民工子女各类困惑的辅导以及对家长教育方式的指导。二是间接信息支持,主要体现在教育信息和心理咨询信息等资源的链接层面。社区通过这些信息的链接及时帮助农民工及其子女,起到一定的支持效果。

四、家庭心理支持系统的构建

访谈实录

教师访谈

问1:在与学生的交流中,你认为最困扰学生的是什么问题?

老师:是沟通问题。学生遇到挫折和问题的时候,首选的是和同学还有朋友进行交流,不会和家长,因为大部分学生的家长都很忙,见面的时间很少,很多还去外地打工,把学生托付给亲戚照顾。只有少部分学生会和老师交流,因此我让学生写周记,不规定周记的内容和形式,以此来了解他们。

问2:你认为学生最烦恼的问题是什么?

老师:学生的学习压力大,而且睡眠不足。来上学的部分学生是农民工子女,他们有很强的求知欲,而且有上进心,努力想要摆脱农民工的身份;另外一部分则是被父母逼着来学习。

问3:现在你最想为学生做的一件事是什么?

老师:就是想和家长沟通一下学生的教育问题,因为有很多家长平时经常吵架或者喜欢打击学生,我觉得这对学生的成长有很大的影响。

问4:外来务工子女学生和本地学生有何不同之处?

老师:本地学生和外来务工子女学生还是有差距的,可能和民风有一定的关系。家访的时候发现,苏州的家庭不管困难与否,家总是有一个家的样子,家长对教育还是比较重视的;外地的学生很多就住在菜场、车库,几家人一起睡,其他地方堆满货物,学习环境不好,家长也没空管孩子,父母说管不了孩子,放到学校来就是要让老师管的,还说自己不识字。家长教育观念两极分化,要么是想通过学习改变命运,要么就是混日子。学生主动找老师沟通的较少。

家长访谈

问1:您平时工作忙吗?有多少时间陪孩子?

家长1:基本没时间,做的是建筑行业。

家长2:生意太忙了,一天最多一小时陪伴子女。

家长3:只有吃饭时间在一起,有的时候甚至不能一起吃饭。

问2:您在跟孩子沟通时,一般会聊哪些话题? 您觉得你们之间的沟通怎么样? 孩子愿意跟你说心事吗?

家长1:聊一些学校里发生的事,沟通普遍是比较缺乏的。

家长2:孩子现在的年龄阶段比较特殊,与家长已经形成代沟,不大愿意诉说自己的心事,比较喜欢和同辈进行交流。

家长3:说的都是一些琐事,希望孩子能够好好学习。我们自己没有文化,就希望孩子能够读书上大学,所以平时沟通的话题多是跟学习有关的,其他的,孩子自己也不太跟我们说。

学生访谈

问:你觉得你的父母平时关心你的学习情况或者每天的心情吗?

学生1:父母不关心兴趣爱好,学校发成绩单就看,不发就不关心,最关心生活方面。成绩偏科父母也不会怎么样。父母比较忙,没时间管,不请家教。

学生2:爸爸关心得不是很多,比较忙,一般关心成绩、在学校有没有闯祸。

学生3:关心,经常督促学习。不太与父母沟通学校的情况,忙于作业。

学生4:考不好会惩罚我,不是很关心我的学习心情,会互相沟通学校的情况。

学生5:我心情不好的时候,父母一般都没有察觉,只关心学习。

家庭是农民工子女最直接、最便利、最可靠的资源。但是,从上述访谈记录中,我们发现,现实的生活实际往往不容乐观,很多农民工或是自身受教育程度限制,或是因为工作繁忙,或是因为生活压力,往往无暇顾及自己孩子的内心,在勉强提供物质保障的同时却甚少与孩子谈心,总是希望孩子能够好好学习,做个有文化的人。殊不知,因为文化差异而带来的内心恐惧、不适,让这些孩子在新的城市无所适从。父母的关怀和本能的爱,将会给农民工子女提供一定的心理支持。我们认为,家庭心理支持主要包括以下几个方面:

(一)积极生活,营造和谐氛围

我们常说:家庭是孩子的第一所学校,父母是孩子的第一任老师,家庭教育是教育的起点。可见家庭教育在孩子的成长、发展中至关重要,父母的品质将影响孩子的一生。为了孩子的身心健康,为了他们能够更好地适应这个纷繁复杂的社会,父母有足够的理由去努力营造一个美满幸福、互敬互爱的家庭。

一个家庭，无论富裕还是贫穷，只要父母积极进取、善良正直、开朗乐观，这个家庭就会是孩子宁静的港湾与快乐的源泉。而且，从家庭层面来看，农民工在孩子心理健康问题中的作用非常突出，因为对于流动的家庭而言，父母对孩子的影响、孩子对父母的依恋比正常情况下更显突出。孩子对父母的行为更为敏感，在不稳定、不安全的心理状态下，家庭中任何一个不利的因素都会使孩子感到紧张，所以，营造一个温暖、有安全感的亲子氛围对这些孩子的心理健康发展尤为重要。因此，农民工提高自身素质，更新家庭教育观念，掌握科学教子方法，营造有利于孩子健康成长的家庭环境，就可以化解孩子内心的冲突与不安，提高孩子对环境的适应能力。所以我们说农民工子女的家庭教育首先应注重对家长的要求，无论处境多么艰难，家长的责任心都不能丢，一定要充分认识到家庭教育的重要性和必要性，积极学习家庭教育的方式和方法。

（二）关注孩子，注重情感交流

农民工子女是少年儿童中的一个特殊的群体，他们敏感、脆弱，对城市陌生的环境感到新奇与不安，再加上他们受到不公正的对待，极易给他们带来心灵上的伤害。家庭是心灵的港湾，如果家长能够给予孩子更多的关注，挤出更多的时间与孩子交流，与孩子分享成败得失，用自己的经验激励孩子成长，那么他们将会勇敢地去面对城市适应与学校适应中遇到的障碍与困难。仅仅给孩子以物质上的支持是远远不够的，在孩子的心灵受到伤害时，家长的宽慰与鼓励是孩子战胜困难最有力的支持与帮助。父母多关注孩子，就能在孩子出现问题时及时进行化解，能够起到防微杜渐的作用。积极与孩子交流、沟通，首先是给孩子一个倾诉的机会，了解孩子遇到的问题，把握孩子的思想动态；其次可以和孩子共同探讨应对挫折的办法，避免孩子孤立无援心态的产生。这样做更能激发孩子适应新环境的主动性与积极性，促进他们与城市、社会的融合。

（三）合理期望，满足需求

在实际生活中，一些农民工父母有补偿心理，把自己不能或未能实现的一些愿望无条件地全部加在孩子身上。有的父母望子成龙心切，急功近利，对孩子提出高标准、严要求，期望过于宏伟，管教过于苛刻，给孩子造成很大的心理压力。也有的父母恰好相反，觉得自己不读书也能靠自己的双手赚钱养家，对孩子学习疏于管教，放任自流，因而给孩子提供了反面教材。我们认为，父母可以与学校老师进行沟通，在老师的帮助下，针对孩子目前受教育的实际情况，设定一级一级相对合理的目标，让孩子在顺利达到一个阶段目标之后再向另一个更高阶段目标迈进，并且适时给予恰当鼓励，让其对学习产生兴趣，进而适应城市学校。

第三节　内部心理支持系统的构建

一、认识自我，悦纳自我

个体在进入新的群体或环境时会因为周围人的眼光、评价而对自己的角色产生困惑，尤其是多处于青少年期的农民工子女，生理和心理的急剧变化，各种能力（想象力、逻辑思维能力等）的加速发展，会使他们产生困惑，甚至导致心理问题。他们会从关心自己的形象到关心自己的心理活动，再到对自己的社会身份产生疑惑，深陷自我的一系列问题中而找不到答案。

案例

王某，现就读于初一某班，朴实，听话，懂事，独生子女，随务工父母来苏州生活一年。

班主任介绍：王某整天都低着头走路，很少与周围同学沟通，上课发言声音很小，也很胆怯、害羞，平时读书很努力，但是成绩一直没有提高，可能跟先前基础薄弱有关系。

同学介绍：王某比较孤僻，喜欢独来独往，不太和我们在一起玩，至多跟和她一样来自外地的同学在一起说说话，但也并不经常接触。我们班男生有时会开她玩笑，因为她说话带有很重的地方口音，大家会模仿。

家长介绍：这个孩子在老家时爱说爱笑的，学习成绩也挺好，可是来到城市学校读书之后，整个人就变得不爱说话了，成绩也明显下滑了，经常说要回老家，不想在这里待的傻话。

王某主诉：我现在真的很努力地在与同学们相处，但是不知为什么我总觉得我和他们不一样，我说话的时候他们经常会笑，还会偷偷地模仿，那我就不说话，一心一意读书。虽然我来自农村，条件没有他们城里的孩子好，可是我能够在读书方面比他们强，就能证明我是很优秀的，但是我已经很努力地读书了，成绩却没有提高，还经常会思想不集中，做什么事情都没劲，觉得自己真的太差了，什么都不如人家。

精神状况：近一个多月来，总是低着头，不说话，闷闷不乐，情绪低落，容易莫名地哭泣，对平时感兴趣的事情也不想做。

社会功能：与同学包括要好的同学交流变少，尽量躲避男生，进教室都是低着头，不敢抬头看其他同学；上课时容易分心，一旦老师提问就非常容易紧张，生怕叫到自己要站起来回答问题，开口说话又要被同学嘲笑。

症状产生的原因:第一,生理因素。王某正处于青春期和自我同一性形成时期,这一时期存在挫折感与成就感交替的状况,青少年往往觉得自己已经成人,拥有成人的思维方式和做事能力,从而觉得自己无所不能。一旦所做的事情成功,极容易产生成就感;一旦失败,就产生挫折感,对以后生活抱有消极态度,对自身能力产生怀疑。第二,社会因素。因说话方言口音重被同学取笑而带来自卑感和心理创伤。第三,心理因素。可能因缺乏民主的早期生活经历和内隐、忍耐的行为模式而习得了负面思维模式,因进入新环境不适应、方言口音重而遭到同学取笑,激活了与失败、失落、悲观或自卑有关的认知图式,派生出负性自动想法,出现对自我的消极认知、对自己过去经验的消极解释、对未来的消极预期,进而导致情绪低落、兴趣减退、活动减少。

从个案中我们可以发现,很多农民工子女在进入城市学校之后,因为主客观因素而受到同学的冷嘲热讽,因为学习成绩跟不上而受到老师的忽视,在与城市学生相互比较和别人的评价中产生自卑心理,错误的自我心理定势、不和谐的人际关系和沉浸状态使得其难以从内心深处接纳自我。

要使学生走出自卑,要做到以下几点:首先,教育学生要学会换一个角度看自己,正确认识与了解自我。既有的身份是已定的,不可变更,但是对于新的环境抱有积极的态度和乐观的心态,努力开始新的尝试,未必不是明智之举。

其次,让学生接受和悦纳自我,肯定"我就是我",学会自我激励,自我欣赏。可以通过一系列有针对性的团体心理辅导,让学生在团队活动中体验内心的快乐。比如,让团队成员相互分享过去的成功经验,创造机会让学生体验到成功;成员之间相互发掘能力并给予鼓励,让学生能够从他人评价中获得鼓励;通过学习合理归因使学生正确认识自我,提高自我效能感等。

再次,通过自信心训练,让学生认识到"我能行"。引导学生认识自信心对个人成长的重要性,结合训练让学生掌握增强自信心的基本方法。让学生总结、叙述同桌的优点,通过他人对自我优点的评价,使学生充分认识自己的长处,从而增强个体的自尊心和自信心。同时,借助相互评价的机会,增进同伴间的友谊和感情。

从自我出发,提高融入城市生活的主动性和积极性。作为融入城市的主体,农民工子女积极主动地适应和认同城市社会文化是其融入城市的动力。布劳认为:"流动的人不能简单地抛弃旧有的角色属性和角色关系,但他们如果不接受新的角色属性,也不建立新的角色属性,那么他们就不能适应他们的新位置。"所以,农民工子女要增强融入城市的自信心和自觉性,在学校、家庭、社区的帮助下，主动进行自身调整，努力刻苦学习科学文化知识，取得老师和同学的认可和尊重；学习城市文化，积极参加学校和城市社区举办的各项活动。而作为旁观者的教师和家长，也要多关心、多支持、多鼓励他们，给他们一种信念，教会他们在遇到困难时不要放弃，要永远对自己抱有信心，这样才能调动学生内在的积极力量。

二、学会交往，融洽关系

城乡之间的差距加剧了农民工子女心理的不健康程度，用孤僻和冷漠来掩饰内心的自卑是他们的一种自然选择。在随着父母从家乡迁移到陌生的城市的过程中，他们告别了家乡的伙伴，远离曾经的友谊，来到陌生的地方，在内心产生了孤独感和莫名的焦虑感。再加上对社会、他人和自我的认识与实际情况有偏差，导致他们不能接纳现实、不能接纳他人。同时，他们个人的需要、态度、价值观等不够稳定，出现了矛盾，加上缺乏丰富的社会阅历，行为反应方式单一，因此容易在顺应环境与对抗环境之间进退失据，人际关系出现危机，这样会使人感到备受挫折和磨难，导致消沉和自我封闭。

案例

李某，女，出生于安徽农村，现就读于初二某班，跟随务工父母来苏州生活两年。父亲是一名建筑工人，母亲待业在家，亲子间缺乏沟通。

班主任介绍：李某乖巧懂事，比同龄人更加成熟一点，但平时少言寡语，不爱和同学打交道，见了老师只是偶尔打招呼，平时学习很刻苦，成绩处于中游。

同学介绍：李某喜欢独来独往，不太爱和大家说话，老师上课叫她起来回答问题，她声音很小，成绩挺好的，有的时候看起来挺孤单的，楚楚可怜。

家长介绍：孩子以前在老家的时候好像也不像这样，能帮家里做事情，也会带弟弟，和隔壁邻居家小孩玩得挺好。来到城里跟我们一起生活后，总是没什么精神，跟我们也说得不多，回家之后喜欢一个人待在屋里。

王某主诉：来到新的初中后，由于地域的变迁，与以前玩得好的同学逐渐都断了联系。自己来到新环境，起初不仅环境陌生，而且语言方面有时候交流起来也有障碍，自己适应了好长一段时间。后来，终于感觉好了许多。但是，不知道为什么，总是觉得同学们笑自己，妈妈给我买了新衣服也不敢穿，怕别人说不好看。很多时候，都怕别人背后谈论自己，经常一个人总是觉得孤独。现在看来，自己就是个卑微的人，估计其他同学都打从心底瞧不起我们外来的，所以也不想跟老师和同学交往，不敢上课举手发言，不敢参加课内外的各项活动，不敢和老师或同学进行争论，捍卫自己的权利，甚至害怕在公共场所大声说话、自由行动。

精神状况:着装整洁,对于咨询者的提问能准确回答。情绪压抑,语速比较缓和,易哭泣,感觉很疲惫。意识清醒,思维正常,情绪焦虑,易紧张,有一定自制力,但易激动,言行一致,人格较稳定。

社会功能:与同学包括要好的同学交流变少,人际关系紧张;上课时容易分心;尚能坚持正常的学习。

症状产生的原因:第一,生理因素。李某正处于青春期和自我同一性形成时期。第二,心理因素。因进入新环境而不适应,激活了与失败、失落、悲观或自卑有关的认知图式,派生出负性自动想法,出现对自我的消极认知、对自己过去经验的消极解释、对未来的消极预期,进而导致情绪低落、兴趣减退、活动减少。同时,对学校老师和同学心存戒备,既想和同学玩,又害怕被拒绝和嘲笑而不敢主动开口;既希望受到别人关注,又害怕自己成为别人注意的中心。他们很在意别人的评价和肯定,对自己没信心,这是造成其人际交往问题的原因之一。他们经常会担心自己表现得不够从容、完美,有被别人笑话之虑,而不敢与人交往。过多的心理负担又会衍生更多的焦虑等身心反应,最后形成一个恶性循环,即回避社交,心理不成熟,缺乏社交技能,导致学生进一步回避社交行为。

从以上案例可以看出,农民工子女即使在城市已经生活、学习一段时间,经历了最初的磨合期,但是在其内心深处,隐忍的自尊心往往容易受挫,一系列外力不可知的因素也使得他们内心相当压抑而出于保护自己出现回避性行为。我们认为,适应城市的过程往往是通过人际交往实现,得到别人的尊重,在群体中寻求归属感也是个体的基本需要。如何打破语言和身份的隔阂顺利融入群体,学会交往势在必行。由于农民工子女多处于小学或中学阶段,其交往范围相对较小,主要是学校和家庭,交往的对象主要是父母、其他家庭成员以及老师和同学,所以,可以充分利用学校资源,通过团体活动等形式进行人际交往训练。主要可以从以下几方面展开:

第一,沟通能力的培养。人际交往中的主要问题就是沟通问题,每个人的内心深处都有被别人理解和尊重的渴望。沟通在人们之间架起了一座桥梁,由此才可能建立起各种各样的关系,满足被别人尊重、建立归属感的需要。沟通从心开始。学会理解别人的情感,恰当表达自己的情感,对别人表示支持,是沟通的三个主要方面。学会这些可以让孩子之间进行更好的沟通、更顺利的交往。

第二,交往礼仪的培养。让学生懂得尊重、真诚、同情、关心在交往中的作用;让学生学会与老师、家人、同学交往的基本礼仪;使学生初步知道如何与陌生人交往,如打招呼、问路、买东西、请求帮助等;让学生掌握一些非言语交往的技巧,如利用眼神、体态、手势等非言语手段进行交往;让学生学会排除交往中的障碍,克服交往中的不良心理,如误会、猜疑、羞怯、嫉妒等。

第三,团体凝聚力的训练。使具有不同背景的学生体会到集体的温暖以及脱离集体产生的孤独感,认识到集体对每个成员的重要性,并通过集体的力量探讨改善人际关系的方法。

第四,人际交往的自信心培养。学习自我肯定技巧,同时也学会拒绝别人,使学生认识到拒绝别人有时也是良好心态的表现。

第五,人际交往的求助与助人训练。让学生通过助人与受助的体验,增加对他人的信任与接纳;使学生调整交往心态,学会自助和互助,学会用心发现别人的优点和长处,并及时表达出来,能够真诚欣赏和赞美别人。

第六,人际交往的合作训练。通过团体工作,使学生了解合作的过程和重要性,学习互相配合,使学生懂得在生活中每个人都有自己的位置,要了解自己,要找准自己的位置,这样才能避免使人际关系紧张。

三、识别情绪,管理情绪

农民工子女中有些人情绪不稳定,容易受外界和暂时因素的影响。他们的情绪很容易被激发而且难以被控制在适当的范围内。他们不能自觉、有效地阻止消极情绪干扰正常的学习和生活。总之,表现出敏感、不稳定、缺少弹性和倾向于失控的特点。

案例

蒋某,男,出生于陕西农村,现就读于初三某班,跟随务工父母来苏州生活5年。父亲摆摊做点小生意,母亲是一个保姆。蒋某父母在其小时候就外出打工,吃过没文化的苦,因而对蒋某家教严格,对他期望高、要求严,有过打骂,亲子间缺乏沟通。

班主任介绍:蒋某是个腼腆倔强的男生,平时也不见他有什么朋友,个性内向,较为敏感。成绩挺好,就是最近一段时间,可能临近中考比较紧张吧,感觉他心情不太好,老是闷闷不乐的。

同学介绍:蒋某不太爱和大家说话,但是对大家态度都挺好,有点孤僻。

家长介绍:孩子成绩不错,就是不知道为什么最近老是发脾气,家里人不能提关于考试的事情。他见了我们就躲着,也时常跟我们顶嘴。

蒋某主诉:我最近很烦,觉得自己抬不起头,很丢脸。自从这学期我爸开始摆小摊卖小吃,同学们有一次看到我爸在学校门口叫我,就时常在我面前开玩笑。后来不知道为什么他们也知道我妈的工作,有几个爱说笑的居然说以后可以请我妈去他们家里干活。我当时听了心里真不是滋味，所以现在回到家就不想见爸妈，也不想跟他们说话。再加上马上要临近中考了，爸妈老是说要好好复习、好好考试，争取上一个好高中，然后上大学，我越听越烦。本来没什么的，只是最近一段时间发生了太多事，导致我之前模考的时候想入非非，没有状态，所以模考考得不行，现在想起马上临近的中考，很担心，也很焦虑。

精神状况：着装整洁，对于咨询者的提问能准确回答。情绪压抑，语速比较慢。意识清醒，思维正常，情绪焦虑，易紧张，有一定自制力，但易激动，言行一致，人格较稳定。

社会功能：与同学包括要好的同学交流变少，人际关系紧张；上课时容易分心；尚能坚持正常的学习。

症状产生的原因：第一，生理因素。蒋某正处于青春期和自我同一性形成时期，生理发育的剧变容易引起情感上的动荡，这种动荡主要表现为情绪的大起大落、此消彼长的两极状态，甚至有时表现出来，有时内隐而难寻踪迹。加上这一时期成就感与挫折感交替，看似不起眼的小事也能引起个体内心情绪起伏。第二，社会因素。同学无意中的玩笑引起其内心的自卑情绪。临近中考产生了焦虑情绪。第三，心理因素。因严厉、缺乏民主的早期生活经历和内隐、忍耐的行为模式而习得了负面思维模式；同学们的玩笑、模考的失败，激活了与失败、失落、悲观或自卑有关的认知图式，派生出负性自动想法，出现对自我的消极认知、对自己过去经验的消极解释、对未来的消极预期，进而导致情绪低落、兴趣减退、活动减少。

从以上的案例我们可以看出，对于正处于青春期的农民工子女来说，他们的内心其实很脆弱。他们的情绪问题不仅是青春期本身所带来的问题，外界的有意或无意的言语对于敏感的他们而言，很有可能被解读成歧视、嘲笑而触及他们的底线，使他们产生孤独感、自我封闭、自卑感、抑郁、焦虑等不良情绪。

不良情绪对农民工子女的生活、学习等各方面有着不可低估的消极影响。首先，会影响学习。心理学研究证明，积极情绪是推动学习的动力，不良情绪则影响才智的发挥。情绪能够影响认知活动时的信息选择和加工，促进或阻碍记忆或问题的解决等，从而对学习起到调节作用。情绪良好，乐观开朗，大脑容易处于激活和兴奋状态，个体就能够创造性地学习。消极情绪可能导致思维迟钝、狭隘。其次，会影响人际交往。带着不良情绪看事物如同戴着有色眼镜看世界，必然会产生偏见和错觉，形成认知偏差。加之不当的情绪表达或者不能正确体察他人的情绪容易使学生陷入人际关系的僵局。再次，会影响身心健康。长期处于消极情绪中，个体的心理负担会加重，易引起身体机能的紊乱。因此，学会调节情绪至关重要。学校具体可以从以下几方面着手：

第一，认识情绪。可以通过情绪表演帮助学生认识什么是情绪，什么是健康情绪，引导学生认识自己的情绪变化。

第二，调节情绪。首先，从觉察情绪开始，可以建议学生制作“情绪阴雨表”，尝试将每天的情绪记录下来，一段时间后让学生总结自己的情绪并在班级里展开讨论。其次，要使学生了解不良情绪产生的原因。再次，在消极情绪出现后，教会学生掌握一些必要的方法，尽快进行自我调控，转换情绪。比如，可以让学生尝试渐进性肌肉放松训练、活动转移法、音乐调节法等。

第三，情感教育和培养。情感教育是利用情绪和情感的感染性功能、弥散性功能、激励性功能和动力性功能，促进学生对学校道德教育的认同。教师可以把身边的真实事件或者媒体上的信息作为材料，讲述给学生听，让学生体验事件中的情感。同时，情感教育能够对一个人的品质和人格起到调整和纠偏作用。

第四，合理宣泄，应对不良情绪。学生中普遍存在的不良情绪主要有焦虑和抑郁。在学生知道不良情绪产生的原因之后，教授学生有效的应对方法至关重要。比如，客观评价自己和他人、目标合理化、扩大人际交往、合理宣泄等。

四、坚强意志，面对挫折

生活并不总是一帆风顺，农民工子女在融入城市的过程中多少会因不适而产生挫败感，同时，由于缺乏生活磨炼和挫折教育，意志比较薄弱，难以适应外部环境。他们对社会环境与学校环境之间的反差、个性与现实的差距等方面缺乏适应能力和心理调节能力。他们孤独倔强，郁郁寡欢，情绪极不稳定。

案例

朱某，男，现就读于初一某班，跟随务工父母来苏生活三年。

班主任介绍：朱某刚来的时候挺顽皮的，爱说爱笑，与别的本地的孩子也没什么两样，适应得很快，性格也比较活泼，表现得很积极。可是最近一段时间整个人无精打采的，脸上也没什么笑容，变得内向起来了。

同学介绍：朱某虽然上课时常会做些小动作，也不注意个人卫生，但是人很好，喜欢帮助别人，可是常常好心做坏事。刚开始的时候大家相处得挺愉快，经过这些事情之后，有几个同学就不爱理他了，而他自己也渐渐跟我们疏远了。

家长介绍：孩子在家里挺懂事的，经常帮着我们照顾弟弟妹妹。刚来城里的时候对城里的一切都感到很新鲜，一直吵着要去玩。刚进学校的时候还经常回家跟我们说同学的事情，现在回到家几乎不提学校、同学，回来就闷头做作业，一做就做到很晚，问他会不会做，他说会的，可是成绩却不提高。

朱某主诉：从开学到现在，我觉得很不自在，以前在老家的时候，听老师上课时做做小动作也没事，只要安静，不说话，不影响大家，老师都不会说你，现在挺怕老师的，觉得老师好凶。而且上课的时候要是提问到我，让我在黑板上把题目做出来，我总是很紧张，然后本来会做的题目也做不出来，老师就很无奈。我觉得坐在下面的同学们都瞧不起我，而且他们会笑我字写得不好看，衣服穿得不好看。我也想融进这个集体，但是他们都离我远远的。只要一有同学说需要帮忙什么的，我起初都会冲过去应答的，可是本来很小的一件事，却被我搞砸了，从此以后大家都觉得我做事太马虎，都不愿意理我，所以现在我都不敢出声了，也不敢随便帮同学做事，怕帮倒忙。唉，我真觉得自己没用。

精神状况：着装整洁，对于咨询者的提问能准确回答。情绪压抑，语速比较慢。意识清醒，思维正常，情绪低落，无精打采，有一定自制力但易激动，言行一致，人格较稳定。

社会功能：与同学包括要好的同学交流变少；上课时容易分心；尚能坚持正常学习。

症状产生的原因：第一，生理因素。朱某正处于青春期和自我同一性形成时期。生理发育的剧变容易引起情感上的动荡，这种动荡主要表现为情绪的大起大落、此消彼长的两极状态，甚至有时表现出来而有时内隐，难寻踪迹。加上这一时期成就感与挫折感交替，看似不起眼的小事也能引起个体内心情绪起伏。第二，社会因素。好心做坏事，同学与其关系疏远，导致其觉得自己没用。老师上课提问时，由于紧张以及过度在乎他人的评价而回答不出问题，从而产生负性思维。第三，心理因素。好心做坏事，回答问题的失败，激活了与失落、悲观或自卑有关的认知图式，使其派生出负性自动想法，出现对自我的消极认知、对自己过去经验的消极解释、对未来的消极预期，进而导致情绪低落、兴趣减退、活动减少。

从上述案例可以看出，本来性格活泼的小朱向往着大城市的繁华和憧憬，对于新的同学、新的环境适应得比较快，积极主动地寻求他人的支持和互动，可是一系列的小失误、小挫折让其体验到了失败、失落，小小的心灵因而蒙上了一层阴暗的纱帐。然而，如果继续下去，不采取措施有效应对，则会由此产生负面情绪，进而影响其身心健康。因此，引导农民工子女正确认识挫折，及时调整心态，对维护其身心健康具有重要意义。

首先，教会农民工子女澄清情绪和控制情绪，正确认识自己的情绪反应和态度，先平静心情，再考虑事情。

其次，教会农民工子女认识挫折，探索挫折背后的原因。

再次，抗挫训练。帮助学生在受挫后尽快从挫折情境中走出来。常用的挫折心境调节方法有：自我安慰法、转移法、宣泄法、补偿法、自我暗示法、寻求社会支持法等。

第四，意志力训练。良好的意志力主要表现在自觉性、自制力、果断性和坚持性四个方面。要让学生懂得磨砺坚强意志的必要性和重要性，理解坚强意志是成功战胜困难、克服弱点不可缺少的心理品质。培养学生运用所学知识，联系个人生活实际，分析自己意志品质的能力。认识坚强意志的作用，增强培养、锻炼坚强意志的自觉性和积极性。

此外，作为教育者、旁观者，教师应该转换视角，关注问题背后的意义，通过问题发现这些农民工子女身上的内在力量，帮助他们挖掘不良表现背后的功能，帮助其发展出应对挑战和挫折的能力和技术，使他们能够在面对压力时学会缓冲，作出调整，促进学生建构抗逆力，提升心理能量（Henderson，Milstein，2003）。而这一切的前提是，教育者需要有一颗向善的心，去保护这些脆弱的心灵，让其感受到来自权威的关怀与集体的温暖，相信这对其成长的信心获得亦有很大帮助。

五、快乐学习，培养特长

对于相当一部分的学生而言，学习好，尤其是学习成绩优秀，是其获得自信的重要渠道之一。而农民工子女由于学习基础相对较差而在城市学校中学习成绩不理想，因而丧失自信，怀疑自己的能力。

案例

杨某，男，现就读于初二某班，跟随务工父母来苏生活两年。

班主任介绍：杨某其他什么都好，就是上课容易开小差，不专心听讲，作业不好好做，考试成绩不理想。与同学交流、沟通得不错，适应性挺强的。只是可能因为成绩不理想，加上家长对他要求也挺严，似乎情绪上比较低落。

同学介绍：杨某与我们相处得挺好，很会讲笑话。有的时候他会让我们教他做作业，可是奇怪，本来就很简单的知识点，老师上课也讲得很清楚，他就是不会。

家长介绍：我们就是觉得自己没文化，所以希望他能好好学习，考个好学校，长大能有出息。在老家学习还可以的。可能刚过来时间不长，对于城里的教学进度跟不上，觉得难吧！成绩老是提不上去，看了我们比他还急，请了家教给他补课，可是他的成绩也没什么起色！

杨某主诉:我现在对学习一点兴趣都没有,觉得一点也学不进去。上课的时候,老师讲知识点,我知道那是重点,可是就是不想听,课后也不想做作业,想做的时候又发现题目很难,我做不来。一到考试前,我就很紧张,想生病躲过去。这种状态让我很难过,想起爸妈为了我辛苦工作,给我穿好的、吃好的,可我就是不争气,越想心里越难过,我真的觉得自己没用。其实我很想读书,很想好好写作业,只是一想到考不好老师会生气,爸妈会叹气,我就没有心思再做下去。以前只要有所进步,老师就会表扬自己,而且学的东西也不深奥,现在觉得什么都难,看到老师就怕。有的时候课堂上的问题我也会,一举手就怕回答错误,所以索性上课就不举手,埋着头,也不看黑板,然后老师就觉得我不懂还不好好学,还上课开小差。我觉得我现在对我自己一点信心都没有。老师,您觉得我会进步么?我有这个能力学好么?

精神状况:着装整洁,对于咨询者的提问能准确回答。情绪低落,语速适中。意识清醒,思维正常,有一定自制力但易激动,言行一致,人格较稳定。

社会功能:与同学包括要好的同学交流变少;上课时容易分心;尚能坚持正常的学习。

症状产生的原因:第一,生理因素。杨某正处于青春期和自我同一性形成时期,生理发育的剧变容易引起情感上的动荡,这种动荡主要表现为情绪的大起大落、此消彼长的两极状态,甚至有时表现出来而有时内隐,难寻踪迹。加之这一时期成就感与挫折感交替,看似不起眼的小事也能引起个体内心情绪起伏。第二,社会因素。学习成绩得不到改善,从而产生负性思维。第三,心理因素。学业上的失败,激活了与失落、悲观或自卑有关的认知图式,使其派生出负性自动想法,出现对自我的消极认知、对自己过去经验的消极解释、对未来的消极预期,进而导致情绪低落、兴趣减退、活动减少。

从以上的案例我们可以看出,农民工子女进入城市学校学习、生活,可能对于老师的教学方式、知识的衔接、学校环境的变化等因素还没有完全适应,学习成绩难以得到提高,从而直接影响了其自信心、自尊心。因此,如何使他们在弥补原有差距的基础上能够乐于学习,似乎值得探讨。

我们认为,提高他们的自我效能感是前提,激发其学习原动力是关键,合理使用策略是重中之重。

首先,教师要传递给学生这样的信念:一要永远对自己抱有信心,永不放弃,尤其是在遇到挫折与困难时,不要轻易放弃,丧失信心;二要相信每个人的能力都是可发展的。

其次,要培养他们良好的生活习惯和学习习惯,增强其独立性和责任心,使其逐渐学会对自己的事情负责,多鼓励其努力学习。

再次,要帮助学生制订计划,并且要求其严格执行,让学习变得有条有理。帮助其掌握时间管理法则,让学习变得轻松。此外,还要帮助学生掌握学习方法,使学习的效率提高。让其认识到只有科学用脑,才能让学习事半功倍,使学生保证充足的睡眠,劳逸结合,合理膳食,适当进行体育锻炼,合理安排学习时间,使学习变得丰富多彩。

此外,学校可以通过开展艺术教育、审美教育、特长教育,通过具体教育内容引发学生预期心理活动,使其养成相应的审美心理素质:在智育中展开认知活动,使学生获得感性认识;在德育中激发动机,内化其情感体验;在体(劳)育中实践意志品质,使学生感受生命潜能;在美育中使学生获得审美策略,独立创造意象,最终实现审美人格的塑造。

第六章　农民工子女融入城市文化的习惯养成研究

农民工子女在进入城市社会后，为了顺利地融入城市学校生活和社会生活，都面临着改变其原有的以乡村文化为背景的文化价值体系、思维模式和生活方式，并代之以城市文化为背景的文化价值体系、思维模式和生活方式的问题。行为习惯养成首先可以为农民工子女适应城市文化提供必要的条件，也能够使农民工子女理解和接受城市主流文化的核心价值观。在农民工子女身上，的确存在一些不良的行为习惯，他们只有改变这些不良习惯，才能适应城市社会和学校的要求，更好地适应城市文化。同时，培养良好的习惯也能使农民工子女与城市原住民找到交流的共通点，帮助他们克服交往中的自卑心理，使他们大胆地与城市同伴群体交往，体会到城市的主体感。

第一节　习惯养成的概念界定及心理学意义

一、习惯养成的概念界定

在《辞海》中，对“习惯”的解释是：① 经过不断实践而逐渐适应；② 在一定条件下完成某项活动的需要或自动化的行为模式。习惯养成即通过培养而使青少年形成良好的行为习惯。它既包括正确行为的指导，又包括良好习惯的训练；既包括行为习惯培养，又包括语言习惯、思维习惯的培养。

心理学认为，习惯是个性心理倾向的一种表征，是一种比较固定地、机械地去完成自动化动作的倾向。美国行为学派的心理学家哈尔和我国台湾的行为医学教授柯永河将刺激与反应之间的稳定关系称为习惯。行为治疗学者乌尔比对习惯作了进一步界定，认为习惯包含三个主要因素：其一是确定的刺激或刺激情境，其二是某种或特定的反应，其三是刺激和反应之间的稳定的或经常性的关系，即指若经有机体某一清楚的刺激，则该有机体经常对于该刺激会作出很相似的反应。一些学习理论者如毕尔克达尔指出，习惯是个体学来的行为模式，它的出现几乎是自动化的，不受意志的控制，是无数次的重复运用所导致的。由此可见，习惯可以通过有意识练习形成，也可以通过无意识的多次重复形成或只经历一次就形成。习惯一经养成，很难改变，若遭到破坏，会产生不愉快或不安的感觉；一旦个体做出习惯性行为，就会消除某种焦虑或紧张，体验到轻松和愉快的感觉。

二、习惯养成的重要性

习惯养成问题，历来是中外学者关注的焦点。我国古代伟大的教育家孔子提出："少成若天性，习惯如自然。"可见习惯养成对个体成长发展的重要性。明末清初思想家王夫之认为："人之皆可为善者，性也，其有必不可使为善者，习也。习之于人大矣。"这句话进一步阐述了教育旨在培养良好的习性的道理。古希腊哲学家亚里士多德也曾指出"道德成于习惯"。17世纪英国教育家洛克甚至认为，"一切教育都归结为养成儿童的良好习惯，往往自己的幸福都归于自己的习惯"。良好的行为习惯也是高尚人格的坚实基础。在长期的教育实践中，养成良好的习惯将为一个人的一辈子发展提供充足的动能。有句格言说得好：播种行为，收获习惯；播种习惯，收获性格；播种性格，收获成功。随着五四新文化运动的兴起，新式教育应运而生。陶行知、杨贤江等教育家都关注到养成教育的重要性，纷纷著文论述之。历经几十年的实践发展，最终教育家叶圣陶一言道破教育的真谛："教育就是养成习惯。"越来越多的教育者认识到培养良好习惯的重要性，因此行为习惯养成也逐渐成为新课改的一个重要理念："面向全体学生，关注每一个学生的成长，尊重他们的个性差异，使每个学生都获得社会性发展，为学生终身学习与发展奠定必要的知识和能力基础，让学生学会求知、学会做事、学会生存、学会做人。"养成习惯的最终目的就是要培养学生学习、做事、做人、生存的能力。

在教育活动中引入习惯养成，解读习惯，利用习惯，培养良好习惯，戒除不良习惯，应该是学校教育工作者的一项重要的责任和任务。学校工作者应该从心理和教育的不同角度来观照习惯，以求发现新的问题、新的思路并提出可能的对策。

1. 习惯养成的引入拓宽了教育的目的层面

我国教育法确定"教育必须为社会主义现代化建设服务，必须与生产劳动相结合，培养德、智、体等方面全面发展的社会主义事业的建设者和接班人"。但长期以来，我们的教育一直局限于知识的传授、能力的培养、方法的训练等层面，而忽视或轻视了习惯养成。一个学生如果在学前教育、基础教育阶段没有养成良好的习惯，会给以后阶段的教育带来很大的障碍，增加额外的困难和教育的成本（时间成本、人力成本、资源成本等）。另外，有些学生出了校门后，就丧失了自我发展的意识和能力，在学校中已形成的习惯由于没有得到有效、及时的强化刺激，而趋向弱化直至消失。于是，许多人工作几年后就被迫重新回到学校来充电，寻找逝去的学习习惯。这显然与我们培养社会主义事业建设者和接班人的教育目的相背离。因此，我们的教育目的就应该明确提出，要培养学生良好的、稳定的学习习惯、行为习惯等，以维持自我的可持续发展，求得在终身学习化社会里顺利地生存。

2. 习惯养成是促进自我实现的有效法宝

习惯养成会提高刺激与反应之间的速度，形成自动化的反应，使大脑对输入信息加工的速度和准确率大大提高。我们从微观角度上看，教育的效率也必须包含受教育者自我实现和成才的效率，即在有限的学习时间内，用较少的投入获得更多的知识和能力。以教化为手段，以养成为目的，通过习惯的力量来延续教育的成果，应该是促进全面发展与自我实现的有效途径。因此，在教育过程中，我们要不断强化和刺激已经形成的良好习惯，并且不断拓展良好习惯领域，减少不良习惯领域，尽可能地使良好的学习习惯、行为习惯都自动化。

3. 良好的行为习惯降低了学校管理的成本

根据一般经济学原理，为了获得管理这一特有稀缺性资源，组织必然要付出相应的成本，这就是管理成本。在教育管理过程中，对学生的行为管理是一项很重要的管理内容。如果学生一旦养成并能自觉不断地强化各种良好的行为习惯，学校就可以减少很多资源消耗，从而达到学生自我管理与学校宏观管理的统一，从而大大降低管理的成本。

先前在农村时，由于工作繁忙、自身文化水平低等原因，农民工往往对子女的行为习惯疏于培养。农民工子女跟随父母来到城市，原有农村的行为习惯与城市行为习惯又截然不同，更加造成了其行为习惯的不适与冲突，也形成了阻碍其顺利融入城市生活的一道天然屏障。因此，重视农民工子女的行为习惯养成，培养农民工子女良好的行为习惯，塑造其优秀的思想品质，是当前农民工子女教育的重中之重。

第二节　习惯养成的心理学理论基础

一、班杜拉的社会学习理论

社会学习理论是由美国心理学家阿尔伯特·班杜拉于 1977 年提出的。它着眼于观察学习和自我调节在引发人的行为中的作用，重视人的行为和环境的相互作用。主要内容为：

(1) 强调观察学习在人的行为获得中的作用。人的多数行为是通过观察别人的行为和行为的结果而学得的。依靠观察学习可以迅速掌握大量的行为模式。

（2）重视榜样的作用。人的行为可以通过观察学习过程获得。但是获得什么样的行为以及行为的表现如何，则有赖于榜样的作用。榜样是否具有魅力、是否拥有奖赏、榜样行为的复杂程度、榜样行为的结果以及榜样与观察者的人际关系都将影响观察者的行为表现。

（3）强调自我调节的作用。人的行为不仅受外界行为结果的影响，而且更重要的是受自我引发的行为结果的影响，即自我调节的影响。自我调节主要是通过设立目标、自我评价，从而引发动机功能来调节行为的。

（4）主张建立较高的自信心。一个人对自己应付各种情境能力的自信程度，在人的能动作用中起着重要作用。它将决定一个人是否愿意面临困难的情境、应付困难的能力高低以及个人面临困难情境的持久性。如果一个人对自己的能力有较高的预期，在面临困难时往往会勇往直前，愿意付出较大的努力，坚持较久的时间；如果一个人对自己的能力缺乏自信，往往会产生焦虑、不安和逃避行为。因此，改变人的回避行为，建立其较高的自信心是十分必要的。

二、行为主义学习理论

行为主义学习理论是美国心理学家约翰·华生在20世纪初创立的，在桑代克、斯金纳等的影响下，行为主义学习理论在美国占据主导地位长达半个世纪之久。斯金纳更是将行为主义学习理论推向了高峰，他提出了操作性条件作用原理，并对强化原理进行了系统的研究，使强化理论得到了完善的发展。

华生认为人类的行为都是后天习得的，环境决定了一个人的行为模式，无论是正常的行为还是病态的行为都是经过学习而获得的，也可以通过学习而更改、增加或消除，他认为查明了环境刺激与行为反应之间的规律性关系，就能根据刺激预知反应，或根据反应推断刺激，达到预测并控制动物和人的行为的目的。他认为，行为就是有机体用以适应环境刺激的各种躯体反应的组合，有的表现在外表，有的隐藏在内部。在他眼里，人和动物没什么差异，都遵循同样的规律。斯金纳认为，心理学所关心的是可以观察到的外表的行为，而不是行为的内部机制。他认为必须在自然科学的范围内研究行为，其任务就是要确定实验者控制的刺激与继之而来的有机体反应之间的函数关系。行为主义的主要观点是心理学不应该研究意识，只应该研究行为，把行为与意识完全对立起来。在研究方法上，行为主义主张采用客观的实验方法，而不使用内省法。行为主义者认为，学习联结了刺激与反应。他们的基本假设是：行为是学习者对环境刺激所作出的反应。他们把环境看成是刺激，把随之产生的有机体行为看做是反应，认为所有行为都是习得的。

三、人本主义学习理论

人本主义主要代表人物罗杰斯认为：学习的实质是学习者获得知识、发展智力、学会交往、实现潜能的过程；自我发展是教育的最高目标和价值所在。他指出：教育的目标应该是促进变化和学习，培养能够适应变化和知道如何学习的人；涉及学习者整个人（包括情感与理智）的自我发起的学习，是最持久、最深刻的；教师只需提供学习活动的范围，学生自己选择学习方向，参与发现自己的学习资源，阐述自己的问题，决定自己的行动路线，自己承担选择的后果，这样就能在最大程度上从事意义学习。

在教学方法上，人本主义者主张意义学习。第一，人天生有好奇心，有求知、发现和探索的欲望，甚至不惜痛苦或冒险（如探险者）；第二，当学习内容和学习目的之间的联系被学习者发现时，学习效果最好；第三，对学习者自我结构改变较大的学习，会对学习者构成一种精神威胁，如高考前的复习；第四，学习者认真参与学习过程可以促进学习；第五，学习者整个身心灌注其中的自发学习（即认知和情感均卷入其中的学习），学习效果最为持久和深入。

在师生关系上，人本主义者非常重视教师的态度和师生相互作用的心理气氛。在教学中，师生关系应该是主体与主体的关系，而不是主体与客体的关系。人本主义教育中的师生关系是平等的、朋友式的，其表现为：真诚、认可、移情。教师应充分相信学生能够发挥自己的潜能，以真诚的态度对待学生，自身表现应表里如一，尊重学生的个人经验，重视他们的感情和意见，深入理解学生的内心世界，设身处地为学生着想。教师只有这样处理教学中的师生关系，才可能免除学生种种精神上的威胁和挫折，才可能使学生自我实现的学习动机得以自然地表现。

四、陶行知的知行合一理论

陶行知生活教育理论强调教育与生活的结合，学校与社会的联系，教与学、理论与实践的合一，其基本内容可概括为：生活即教育，社会即学校，教学做合一。

陶行知先生曾指出，“从定义上说：生活教育是给生活以教育，用生活来教育，为生活的向前向上的需要而教育。从生活与教育的关系上说：是生活决定教育。从效力上说：教育要通过生活才能发出力量而成为真正的教育。”“生活即教育”强调从实际生活出发，在实际生活中接受教育，这在实施素质教育，反对传统教育以书本为中心、脱离社会生活、脱离民众方面有十分重大的意义。

“社会即学校”是从“生活即教育”派生出来的。“整个的社会是生活的场所，亦即教育之场所。因此，我们又可以说：社会即学校。”对此，陶行知作了个生动的比喻：“学校即社会，就好像把一只活泼的小鸟从天空里捉来关在笼里一样。它要以一个小的学校去把社会所有的一切东西都吸收进来，所以容易弄假。社会即学校则不然，它是要把笼中的小鸟放到天空中，使它能任意翱翔，是要把学校的一切伸张到大自然里去。”

陶行知反对教师“教死书，死教书，教书死”、学生“死读书，读死书，读书死”这种陈腐的教学方法，他针对只注意教师的教以及理论脱离实际的弊端提出了“教学做合一”思想，要求在教育过程中，“先生的责任不在教，而在教学，教学生学”，更要把教、学与做紧密地联系在一起，并将教与学落脚到“做”上。

五、叶圣陶的习惯养成思想

我国著名教育家叶圣陶先生十分重视少年儿童良好习惯的培养。他认为教育就是养成良好的习惯，他还专门写过《习惯成自然》和《两种习惯养成不得》等文章。纵览叶老文集，对习惯教育的阐述可以概括为以下几方面：

（一）教育的全部目的就是要养成学生的良好习惯

在著名教育家叶圣陶先生的论著中，涉及“习惯”的表述，据我们的不完全统计，有百余处之多。他甚至认为教育的全部目的就是要养成学生的良好习惯。他说：“教育是什么？往简单方面说，只需一句话，就是要养成良好习惯。德育方面，要养成待人接物和对待工作的良好习惯；智育方面，要养成寻求知识和熟习技能的良好习惯；体育方面，要养成保护健康和促进健康的良好习惯。咱们社会主义社会的教育，就是要使学生养成社会主义社会里生活的一切良好习惯。”

叶圣陶先生在《习惯成自然》一文中写道：“习惯养成得越多，那个人的能力越强。我们做人做事，需要种种的能力，所以最要紧的是养成种种的习惯。”他这里所说的当然是指一切好习惯，那么，怎样的习惯才算好？“能使才性充分发展的是好习惯，能把事情做得妥善的是好习惯，能使公众得到福利的是好习惯。”他多次提醒青少年学生，有两种习惯是万万不能养成的：“一种是不养成什么习惯的习惯，又一种是妨害他人的习惯。”在这两种坏习惯中，“妨害他人的习惯”一看就懂，不言自明；而所谓“不养成什么习惯的习惯”，指的是在自己的学习、工作和生活等方面，“今天东，明天西，今天这样，明天那样，那就什么习惯也养不成。而这今天东，明天西，今天这样，明天那样，倒反成为一种习惯，牢牢地在身上生根了。”这种“不养成什么习惯的习惯”，是与其他种种好习惯相冲突的；养成了这种坏习惯，其他种种好习惯就很少有养成的希望了。

（二）习惯是从实践里养成的

马克思主义哲学思想认为，人的正确思想是从社会实践中来的。叶圣陶先生在论述习惯教育思想时非常重视实践，而且他关于广大青少年学生要努力养成种种良好习惯，下决心改掉不良习惯的所有论述，都源于“今后做社会的合格成员，做国家的合格公民”这样一个基本出发点。为此，他要求必须首先在政治思想和道德品质方面养成种种良好的习惯，而且养成这些良好习惯都应该从身边的小事做起。他说：“习惯是从实践里养成的，知道一点做一点，知道几点做几点，积累起来，各方面都养成习惯，而且全是好习惯……一定要把知识跟实践结合起来，实践越多就知道得越真切，知道得越真切就越能起指导实践的作用。不断学，不断练，才能成为好习惯，才能真正学到本领。”比如对进出屋子如何开门关门这件人人都会碰到的寻常事，他就分别在 1945 年 11 月、1955 年 4 月和 1956 年 8 月写的三篇文章中都提到过。他说：“要是砰的一声推开，又砰的一声关上，那就在短时间内发出两回讨厌的声音，给屋内屋外的人两回刺激。人家在那儿做事用心思，听见砰的一声多少受些妨碍，就是不在那里做什么，也会感到怪不舒服的。所以咱们要教小学生从小要养成习惯，轻轻地开门，轻轻地关门，能不发一点儿声音最好。”从现象上看来，学生是否养成了这么个好习惯好像没有多大关系，但是，“推开来想，在开门关门这件事上能够不妨碍别人，不就是在其他事情上也能够不妨碍别人的基础吗？把轻轻开门轻轻关门的心放到一切事情上，同样地养成习惯，不就什么举动都不至于妨碍别人了吗？”叶圣陶就是这样从看似寻常的小事中发掘出了深刻的内涵，让人沉思，发人深省。

（三）强调养成善于自学的好习惯

在叶圣陶先生要求学生养成的种种好习惯中，格外强调养成善于自学的好习惯。因为思想的修养、知识的学习、能力的提高是永无止境的，每个人都应该活到老，做到老，学到老。在学校里学习有老师指导，但人的一生在学校里度过的时间只占一小部分，走上社会工作岗位之后，主要应靠自学。通过自学而掌握的东西点点滴滴在心头，往往更有利于指导自己的工作和生活。叶圣陶指出：“同学们一定要努力学会自学的本领，养成自学的习惯。只知道捧着课本死记硬背是没有用处的，至多只能应付考试。学会了自学的本领，养成了自学的习惯，将来离开了学校，才能在工作和生活中不断地自我充实，自我修养，成为有益于人民的人，有益于社会的人。”叶圣陶和夏丏尊两位教育家早在 1934 年合作出版的小说《文心》中就曾写到，自学不怕起点低，只怕不努力，任何人只要立志自学，都可以通过长期努力从而学到许多真实有用的知识和本领。如果没有养成自学的好习惯，即使是大学毕业也不行，因为“大学分院分科分系，一个人进了大学，学到的知识只是很小的一个角落，深度和广度都还不够：从消极方面说，还不足以充分适应工作和生活的需要；从积极方面说，还不能有所创造，有所前进。所以大学毕业之后还要自学，在工作和生活中自学，根据工作和生活的需要自学”。

第三节　农民工子女习惯养成现状

一、农民工子女的不良习惯

农民工子女均来自不同的地区，受到过不同文化环境的影响，形成了诸如吃苦耐劳、学习勤奋等品德方面的优势。同时，由于受到家庭低值期望的影响，自我约束能力较弱，家长对社会的不满常常使子女产生心理不满而引发行为偏差，使农民工子女容易出现违纪甚至违法现象。有的孩子因受歧视，其心理已经扭曲、变形，更有甚者由于受某些不良文化环境的影响，已经不同程度地沾染上了陋习、恶习，个别的甚至已经处于违法的边缘。

外来农民工子女的不良行为习惯主要有：

(1) 个人卫生习惯差，不爱整洁。特别是低年级学生，不刷牙，不梳头；脸和脖子常洗不干净；不经常剪指甲，不经常换洗衣服，不经常洗澡；衣服上经常缺一两个扣子；书包脏。作业本又脏又乱，常常不按要求改错，在作业本上乱涂乱画；课本、作业本不平整，书本的角常是卷起来的；书包里乱七八糟。

(2) 学习习惯差，精神生活枯燥。上课注意力不集中，经常开小差，上课写作业马虎、拖拉，自我控制能力较差。由于生存条件等与城市学生相比大多处于劣势，外来农民工子女往往存在很强的自卑心理，性格大多内向，不喜欢与同学和老师沟通。

(3) 不懂礼貌，不讲文明。说脏话、粗话的现象普遍存在。容易激动，时不时就动手打架。有的人不尊敬老师，甚至出现学生抓老师头发、打老师的现象。不懂得交际的基本礼仪，不能礼貌待人。

(4) 不遵守纪律和社会公德。上课说话，小动作多。外出不遵守公共秩序，坐公交车不排队、抢座位等。随地吐痰，乱扔纸屑和废弃物。有时候垃圾桶明明就在脚下，还是习惯性地把废物随手扔在一边。骑车出入校门口不下车。坐公交车不买票。还有的儿童到超市白吃东西。

(5) 生活习惯不好，是非判断能力差，法纪意识淡薄。不少农民工子女在午饭和课余时间打游戏机；有的学生吸烟；有的小学高年级学生谈恋爱，出入校门成双入对；部分学生在学校教室或在街头小店会干些小偷小摸的勾当，偷拿同学的文具、小店的商品等；更有甚者，骗钱、偷盗，走上违法犯罪的道路。

二、影响农民工子女习惯养成的因素

通过问卷、访谈等调查分析，我们认为形成这些不良习惯的根源如下：

（一）父母的影响

对于农民工子女来说，他们的父母本身文化水平不高，又忙于生计，既没

有闲暇时间有意识地系统培养孩子良好的行为习惯，也没有多少能力全面塑造孩子良好的思想品质。而由这样的父母相对集中形成的“小社会”，其环境对农民工子女的思想教育、人格培养也是有消极影响的。在这种情况下的家庭教育，不仅无法正确地引导农民工子女，还像一颗“毒瘤”，侵蚀着农民工子女的心理，也增加了农民工子女产生心理问题的可能性。以下就是大多数农民工的真实写照：

1. 生活拮据，待遇低下，无心无力管理孩子

大量农民工携带亲戚、同乡来到城市，怀揣着做“城里人”的梦想，遭受着“城里人”的歧视，从事着最苦最累的工作。他们超时工作，生活条件恶劣，还被恶意拖欠工薪，以高强度的劳动换取微薄的生活费用。为了生计，他们把孩子留在出租屋，整日整夜在外辛苦劳作。一份调查资料显示，居然有2%的孩子一个月内见不到打工的父母。城市生活无情的现实把他们做“城里人”的梦想撞击得粉碎。在经济利益的驱动下，尽管农民工们对流入地的GDP增长作出了巨大贡献，但是他们的收入却与之显著不成正比。这样的社会境遇确实不利于对孩子的管教。

2. 心理健康颇成问题，严重影响下一代成长

城市原住民对农民工的人格歧视，对农民工的心理造成了戕害，直接阻碍了城市精神文明建设的进程，影响了城市社会的和谐发展。劳累的工作，恶劣的生活条件，微薄的工资，市民的歧视，渐渐地使农民工的心理健康受到了损害。心理咨询师周晓燕认为：外来务工人员是一股影响极大的社会力量，其心理健康问题不容忽视。他们远离故土和亲人，工作负担繁重，生活圈子狭窄，家庭压力极大，很容易滋生孤独感和自卑感。在这样的心境下的家庭教育，就使得孩子产生心理问题的可能性增大。

3. 精神生活极度匮乏，不利于守法公民的培养

城市的繁华与富足几乎与农民工绝缘，大量农民工的精神生活几乎是一片空白。“由于业余时间少，城市中文化消费的成本又比较高，多数农民工大多只能以打扑克、看街景等打发闲暇时光，被隔绝在城市文化生活之外。”农民工在心理和生理上的匮乏与饥渴，使其行为和守法意志发生了一定的动摇，在某种程度上导致了犯罪行为。如心理郁闷导致行为暴躁、性格乖张，甚至小有口角便起杀心，被侵权后有一种报复社会的行为动机，可能产生抢劫、盗窃等犯罪行为；心理失衡，缺乏感情慰藉，导致婚外情或者婚外性行为等。这是农民工犯罪的主要诱因之一，这些对他们孩子的教育具有相当大的杀伤力。

重视教育、望子成龙其实也是绝大部分家长的真实心理。但是农民工忙于生计，文化素质又低，家庭教育环境极差，就造成了一大批家庭教育缺失及

不当的学生的出现。通过对苏州市第26中学农民工子女的家长情况调查发现,农民工对于子女的教育大致可以分为六种类型:

(1)拜托型,占36%。主要表现为把孩子的教育问题全部托付给学校。他们经常说的一句话就是"我没有文化,孩子全交给你们学校了"。

(2)推托型,占25%。主要表现为把教育孩子的责任全部推卸给学校。而他们的理由就是:我工作忙,我打工赚钱,没有空闲教育孩子。

(3)责问型,占10%。这一类家长经常要责问老师:"我孩子进来时各方面都很好,怎么成了差生,你们老师是怎么教的?"

(4)埋怨型,占9%。这类家长经常对着老师,甚至当着孩子的面说"我孩子是因没办法才读你们学校的",把家庭教育的责任推得一干二净。

(5)且过型,占18%。家长因缺乏正确的家庭教育的方法,与孩子之间没有沟通,认为孩子读不进书,做家长的没有什么办法,到时让孩子混张毕业证书就是了。

(6)放任型,占5%。尽管这一类人不多,但是危害性很大。潜意识里,他们是这样认为的:我生活无着落,孩子是国家的。孩子白天到不到学校里去,夜里回不回家,他们全不管。

大样本的调查发现,农民工子女家庭教育面临的主要问题有以下几个方面:

(1)父母的综合素质水平不足以指导、教育孩子。父母是孩子的启蒙老师,父母的言行将直接影响孩子。但有的家长热衷于赌博、嗜酒,甚至游手好闲,这些都不利于孩子的健康成长。有的父母性格暴躁,教育子女没有耐心,动不动就大打出手;有的父母文化水平低下,子女认为不值得听取他们的意见;有的父母知识面狭窄,难以教育"见多识广"的子女;有的家长工作不稳定,经常为了生活到处奔波,实在没有精力顾及孩子。

(2)两代人之间存在着代沟,相互之间沟通困难。父母整天忙于工作,对于新事物的接受较慢、较少;而初中生接受新事物快,思想新潮,因此,两代人之间的沟通存在着许多障碍。做父母的对孩子的情况知之甚少,甚至认为只要有钱给他们用就行了,但不知道其实他们最需要的就是心灵的沟通。存在这种思想怎能教育好孩子?又怎能谈得上因势利导呢?

(3)父母没有尽到监护人的职责,疏于管教和关心孩子。许多家长都是忙于生计,托孩子的爷爷或奶奶看管孩子,而老人则一味溺爱,对孩子缺乏严格的管理。有的家长虽在家,但疏于管理、教育孩子,甚至放纵其行为;父母离异的家庭或是由其他原因造成的单亲家庭,对孩子的关心不够。从后进生的家庭背景资料来看,父母疏于管教和缺乏关心是孩子成为后进生的重要原因。

面对这些家长，孩子显得很冷漠，不愿与父母沟通；或是显得很不耐烦，总是嫌他们管得太多；或是根本没有父母管，从来都没有机会和父母说上一句贴心话。

（二）环境的影响

出来打工的农民工及其子女在老家生活条件比较差，在温饱还成问题的情况下，讲文明、讲养成良好习惯，显然是一句空话。如今，他们来到城市，但受经济条件的限制，他们买不起房子，只能租房居住，甚至无法租很宽敞、环境很好的房子住，大多是一家四五口人挤在少则十几平方米，多则二十平方米的小屋里。这些地方不仅条件恶劣，而且文化氛围也不适合青少年的成长。住所周围铺面繁多，日夜不停的噪音使得他们无法静心学习，有时甚至无法入睡；网吧、舞厅等娱乐场所多，色情图片、图书在小地摊随处可见，对他们干扰和诱惑很大；周围居住人员复杂，使他们缺乏安全感；家中房屋空间小，没有好的休息和学习的环境……在这样的生活环境下，农民工子女很难养成良好的生活、学习习惯。

（三）教育的影响

农民工子女以前老家的办学条件差，师资力量薄弱，那里的大部分教师自身素质不高，用方言或带有方言口音的不标准普通话上课的教师普遍存在，教师也不会对学生进行行为规范的教育，因而这些学校出来的孩子到城市之后普通话自然就说不好，还会说些脏话、粗话。

三、农民工子女在习惯养成方面存在的困境

外来农民工子女渴望成为与城市原住民一样的城里人，并愿意为此付出努力。但是，他们必须适应城市学校的教学方法、学习方式，也必须适应班级环境、学校环境以及班级和学校中的人际关系。如果在其中任何一个环节出现适应困难，都可能会加大城市农民工子女与城市原住民子女之间在学业上的差距，并对其心理产生负面影响。但农民工子女受家庭环境、父母教育等的局限，在习惯养成上与原住民子女之间存在一定的差距，呈现出与原住民子女不同的特点：

（1）受传统偏见的影响，农民工子女与原住民子女之间有隔阂。由于自身条件不足，农民工子女在心理上存在一定的孤独感、自卑感和压抑感。他们渴望得到同学、老师的尊重和关爱，但又不知道该如何与他们相处，怕被他们笑话，心理的防备很难卸下。

（2）农民工家庭大部分都是租赁别人房屋，家庭居住条件较差，群租现象较为突出。这样的生活环境很难给农民工子女提供良好的成长环境。

（3）许多农民工辛苦劳动，奔波在外，且家境贫寒，身心透支，对子女的家庭教育弱化，甚至缺失，大多数孩子卫生习惯和道德水准较低。来自农村的孩子大部分基础较差，又到了新的环境，他们迫切需要父母的辅导，但这是农民工父母一般不能提供的。大部分农民工文化水平偏低，所掌握的知识不能满足现代城市的要求，没有辅导孩子学习的能力，这样也会使孩子产生学习障碍。

(4) 有些农民工子女暂住地离学校比较远，上学很不方便，存在一定的安全隐患；为数不少的家庭缺少现代化的通讯工具，家校联系有一定难度。家长在与学校的沟通方面意识很淡薄，认为把孩子交给学校就不需要再去费心，有些家长甚至从来没有参加过学校组织的家长见面会。

(5) 许多农民工家庭经济拮据，无力承担子女就学的起码费用，甚至子女的餐费也无法保证或标准极低，不利于学生身心的健康成长。经济方面的拮据一方面会影响农民工子女的发育成长，有些孩子营养跟不上；另一方面进一步拉开了农民工子女与城市子女的距离，使农民工子女产生了更多的自卑感。

(6) 农民工子女放学回家没有人管，要自己做饭、带弟妹，都有一定的独立生活能力且忠厚、质朴。但由于父母与子女之间交流太少，本来就孤独的农民工子女没有人可以诉说心事，精神垃圾堆积过多，压抑太久，容易造成心理不健康。而且，农民工家长疏于对子女良好行为习惯的养成教育，使农民工子女礼仪习惯较差。

第四节　促进农民工子女良好习惯养成的对策

一、学校：构建科学合理的习惯教育体系

学校是进行习惯培养的重要场所，但目前习惯养成教育的状况并不乐观，进一步改变和优化学校习惯教育的现状，是一个重要的问题。

(一) 激情明理——形成良好习惯养成的意愿

所谓激情明理，就是让农民工子女明白养成良好行为习惯的道理，端正其认识态度，使其产生习惯养成的内在动机，以其喜见乐闻的方式创设情境、激发情感，进行内在激励。其目的是使农民工子女认清习惯养成教育的必要性及重要性，使其自觉遵守规范，形成自身主动并乐于去培养良好生活、学习习惯的意愿。如苏州市第26中学每年把9月定为常规教育月，组织入校新生系统地学习“三规”等各项规章制度，其他年级重温常规的内容，结合内容自查问题，制定措施，巩固成果。这一做法的目的是让同学们心中有规范，然后通过丰富多彩的活动，创设情境宣传规范，让学生理解规范，接受规范，避免抵触情绪，如召开主题班会、中学生一日常规知识竞赛等。举办活动要有针对性，讲

究实际效果。同时,还要注重家长的教育,让农民工子女意识到规范的同时,培养家长对习惯养成重要性的认识,只有学校教育与家庭教育"双管齐下",才能使农民工子女的习惯养成真正得到落实。

(二) 行有所依——建立科学、具体、可操作的行为规范

建立可操作的行为规范是使认识转化为实践的有效保证。如果没有合理的、可以彻底执行的制度,没有行为规范的合法界限,那么任何高明的语言都只是停留在认识的阶段。制度越严格、越明确,就越能形成内部的动力定型,才能将认识转化为真正可执行的实践。对此,苏州市第 26 中学围绕行为养成的系列内容,结合本校的实际,依据《中学生日常行为规范》《中学生一日常规》和《中学生守则》,制定了一系列非常具体的要求,如《班级四项常规检查考核细则》《违纪学生处罚决定》《校园卫生管理制度》《自行车管理规定》等,制度全面,涵盖了中学生生活、学习的各个方面。无论走到哪,无论什么时候,都有规范约束大家的行为,学生行为都有所依。同时,制度规范非常具体、详细,可操作性强,既便于执行,又便于检查,避免了"大而空"和不切实际。

为了进一步深化养成教育,在原有的基础上,苏州市第 26 中学又提出了建立评选"五星班级"和十个个人最佳单项奖的评比考核机制,制定了详细的"五星班级"和十个最佳单项奖的评比细则和配套检查方案。

链接

苏州市第 28 中学"五星班级"和十个单项奖评比细则

一、考核内容

(一)"五星班级"

1. 遵纪守法好

(1) 上课不迟到,不无故旷课、夜不归宿;

(2) 不携带管制刀具,不打架斗殴、辱骂他人;

(3) 不强行向他人索要财物,不偷窃、故意毁坏财物;

(4) 不吸烟,不酗酒,不赌博;

(5) 不进法律、法规规定未成年人不适宜进入的营业性娱乐场所。

2. 学习氛围好

(1) 教室布置整洁、美观,生动活泼;

(2) 黑板报、学习园地充分反映学习生活并及时更新;

(3) 独立思考,独立完成作业;

(4) 学习目标明确,有积极向上的学习气氛;

(5) 学习上互帮互助、团结协作。

3. 实践活动好

(1) 热情参加学校组织的劳动礼仪服务周活动,劳动习惯好;

(2) 认真参加学校组织的各项德育活动及社会实践活动,取得一定效果;

(3) 主动参加社区服务活动,为孤寡老人等服务好;

(4) 积极参加军训等入学教育活动,严明纪律,形成良好的班集体;

(5) 认真组织外出参观、访问及春(秋)游活动,常规管理好,安全无事故。

4. 环境卫生好

(1) 班级地面清洁,窗明几净,垃圾及时清理;

(2) 桌椅、物品摆放整齐有序;

(3) 卫生包干区及时打扫并保持干净;

(4) 保持校园整洁,不随地吐痰,不乱扔果壳、纸屑、食品包装袋等影响环境卫生的物品;

(5) 常洗头洗澡、修剪指甲,养成个人良好卫生习惯。

5. 文明礼仪好

(1) 进出校门须佩戴胸卡,下车推行;

(2) 衣着整洁大方,言行举止文明;

(3) 对老师尊敬,对同学友爱;

(4) 节约用水、用电,爱护学校公物;

(5) 课间不追逐打闹。

(二) 十个单项奖

最佳守纪奖、最佳学习奖、最佳互助奖、最佳文艺奖、最佳体育奖、最佳实践奖、最佳劳动奖、最佳个人卫生奖、最佳礼仪奖、最佳节俭奖。

二、评奖方式

(一)"五星班级"

德育处将制作相关表格,将考核内容量化,落实到人,分门别类进行考核,学期末进行综合考评。

(二) 单项奖

学期末由各班根据民主结合集中原则评出,每个奖项1~2人,原则上不与三好生重复。

三、考核成员

德育处、教务处、总务处、团委、学生会等部门的相关人员组成核心小组,全校教师参与。

（三）检查督促——建立严格的检查制度

习惯的养成非一日之功，并不是短时间能奏效的。正确的动机并不都能产生正确的结果，知规范也不一定就能守规范，偶尔能守也不能叫养成习惯。人都有惰性，学生在习惯养成过程中出现反复也是难免的，在这种情况下，施以有效的外力是十分必要的。因此，建立一套严格的检查制度，长期督促、检查学生遵守规范的情况，是保障学生良好习惯形成的关键因素。

苏州市第26中学结合实际，建立了一整套具有自己特色的检查制度，形成了“德育处→班主任→学生干部→学生”金字塔式的管理结构，层层检查，逐级落实，并及时公布检查结果。德育处每天提前半小时上岗巡查学生的行为规范的执行情况。值勤老师早、中、晚上岗执勤，课间在校园巡视，检查学生的违纪现象及课间操的质量。德育处负责检查楼道、教室、卫生区、花圃、草皮的卫生情况，以及课间纪律、自行车摆放等情况，检查时严格按照学校制定的《班级量化考核细则》打分，决不迁就，并及时公布检查结果。做到处处有人查，定时有人查，时时有抽查，检查有密度、有力度，让学生不能有侥幸与松懈心理，久而久之，规范的行为才能变成学生的自觉行动。

（四）奖优促差——形成科学的激励机制

激励是培养良好习惯过程中非常重要的一环，只有采取适当、明确的激励措施，使学生感到自己对习惯养成的投入得到了应有的回报，才能巩固其习惯养成的内在动机，激发更大的习惯养成动力。在养成教育中，要发挥榜样的作用，通过奖励优秀个人和集体，激励后进。

苏州市第26中学实行量化管理，学生日常的行为表现与对学生的评价、班集体评价、班主任评价挂钩，这极大地调动了学生和老师的积极性，养成教育得到广大师生的大力支持。学校通过校园广播、橱窗展览等宣传工具介绍习惯养成中涌现的先进人物，评选班级之星，如善礼之星、善学之星、善思之星、善勤之星、善助之星，每学年评选十个最佳单项奖，如最佳文明礼仪奖、最佳勤俭节约奖、最佳助人为乐奖、最佳认真学习奖、最佳社会活动奖等，激发学生的集体荣誉感，调动广大学生的积极性，也使落后者有了压力，将压力转变为动力，积极投身于习惯养成的建设工作当中。

二、家庭：农民工子女教育应从习惯培养开始

我国是一个具有重视家庭教育传统的国家，“孟母三迁”、“岳母刺字”等传说和故事感染了一代又一代中国人。但由于农民工家庭环境的特殊性，其家庭教育也出现了前所未有的新特征，家庭教育的对象、环境、内涵正悄悄地发生着变化。再加上在现今我国独生子女居多的背景下，家庭教育面临许多新挑战、新问题，在孩子习惯培养上也面临许多新挑战、新问题。

(一) 扭转重智育、轻德育的培养倾向

2005年上海社会科学院青少年研究所的调查发现：父母主观上将“道德教育”排在第一位(52.8%)，第二是“生活习惯培养”(18.3%)，第三才是“智力开发和学习教育”(15.1%)；但在现实中，家庭教育任务排序却是“智力开发和学习成绩教育”(46.4%)、“道德品质教育和如何做人”(41.6%)和“生活习惯教育”(5.9%)，这一主客观上的差异正体现了父母“知”、“行”的分离与冲突。同时调查还显示，越是年轻的父母在家庭中给予孩子的道德教育越少。事实上，家庭教育的首要责任就是将孩子培养成为一个独立、健康的个体，一切的智育能力、特长发展都应建立在“良好、健康的人”的基础上，否则我们的社会将会出现更多的诸如清华学生泼硫酸残害动物等高学历人才犯罪事件(或不道德事件)。

而对于农民工子女家庭来讲，由于在城市中的生活不尽如人意，他们深深地感到了自己文化水平不高而带来的窘迫感，因此对子女的期望更高。他们期盼着子女能够取得好的成绩，将来考取好的大学，有一份舒心的工作，然后在城市中扎根，而不是像自己一样属于“漂流一族”。这些期盼和理想使他们更加注重孩子的成绩，甚至只注重孩子的成绩。有的家长在访谈中说道：“我可以为了他的学习给他提供一切资源，只要他能考好。成绩好是最重要的，其他的都放在后面。”因此，在农民工子女的家庭里，习惯养成教育更是微不足道。

在家庭习惯培养方面，家长要树立全面发展的观念。除了重视孩子学习习惯培养之外，还必须重视孩子生活习惯、思维习惯的培养。为了提高孩子生活自理能力，家长需要创造一切机会让他们锻炼，家长可以让孩子一起参与家务劳动，在家务劳动中培养孩子的劳动意识；为了让孩子养成良好的消费习惯，家长要教育孩子形成正确的消费观，理性地对待孩子提出的消费要求，避免使孩子养成相互攀比的不良习气，家长要把自己工作劳累、赚钱辛苦的一面展示给孩子，让孩子了解金钱的来之不易，学会节约，养成良好的消费习惯。在孩子思维习惯培养方面，家长要肯定孩子的独立思维，孩子对问题发表不同看法的时候要及时给予肯定和鼓励。农民工家庭还要注意培养孩子的积极意识，给子女树立自信心，不要一味地给子女灌输家长在城市中被不平等对待、遭受挫折的观念，要让子女在面对挫折的同时懂得积极应对，对生活持有一颗感恩的心。

(二) 营造良好的家庭习惯教育氛围

1. 家长要做好孩子的榜样

从心理学角度来讲，人的习惯的养成很大程度上是通过模仿。而在孩子成长过程中，模仿得最多的就是父母。父母稍有闪失，就会给孩子带来不良影响。父母的榜样作用对成长过程中的孩子起着强烈的刺激作用，父母的好习惯和坏习惯都将直接影响到孩子。因此，在日常生活中，家长要注意改掉自己身上的不良习惯，避免把这些不良习惯传染给孩子。

在学习习惯培养上，除了给孩子营造良好的学习环境外，家长要注重对孩子学习过程的关注。当孩子得到好成绩时，别忘了及时给予肯定；当孩子成绩不理想时，别忘了及时给予安慰和鼓励。在生活习惯培养上，我们要孩子养成合理的消费习惯，家长的消费就不能大手大脚，铺张浪费；要孩子有良好的生活自理能力，家长在生活上也不能随随便便，邋里邋遢。

2. 要营造和谐的家庭教育氛围

首先，家庭教育要努力形成合力。孩子进入青春叛逆期，需要父母双方的共同引导。在共同教育孩子的时候，父亲和母亲都要具备正确的教育理念。如果父母没有形成统一认识，今天爸爸说一套，明天妈妈说一套，爸爸对孩子的要求是这样的，妈妈对孩子的要求又是那样的，孩子在这样的家庭只会无所适从。另外，父母也要与学校形成统一的教育理念。我们在对苏州市第 26 中学的老师进行访谈时，老师们提到，对农民工子女的教育中最棘手的一点就是家长的不配合，往往老师在提出一个教育方案时，学生在学校是接受的，而回到家时家长就会唱反调，认为老师的安排是不合理的，教导孩子不需要听从老师的安排。这样，学生在学校接受的教育将会完全被抵消掉，还会给孩子带来模糊感和不安全感。

其次，家庭教育应该有合理的分工。这种分工应当是一种教育项目的分工。例如，比较细心的家长主要负责孩子的生活并及时发现孩子学习上的问题。而比较严谨的家长则主要负责监督孩子制定学习目标、执行学习计划等。这种团结合作的家庭氛围一定会有助于孩子的学习。

再次，家长要尊重孩子的人格。家长要以诚恳的态度、恰当的方式指出孩子存在的不足，晓之以理，使孩子清楚错在哪里，明白怎样去做。孩子看到家长态度诚恳，尊重自己的人格，就会认真听取家长的教诲，不会产生逆反心理，会真心反思，自觉改正不足，养成良好的习惯。而专制型的培养方式不仅不会使孩子认识到自己的错误，反而会使孩子为了与父母作对而变本加厉地进行不恰当的活动或不好的行为，最终越错越离谱。

此外，隔代教育现在是个普遍现象，既有有利的方面，又有不利的方面。祖父、祖母等往往对孩子很包容，一般不会采取极端的教育方式，有利于孩子对自我意识的培养。但很多隔代教育过多的纵容使得孩子过于自我，对于中学生良好习惯的培养非常不利。所以，在以父母共同教育为主导的前提下，祖父母等根据自身优势给予孩子教育更多的帮助，对于孩子父母亲正确的教育方式，要给予支持。

三、子女：增强主动意识，做习惯的主人

人在童年时代，很多行为习惯以模仿为主，更多地接受来自家庭和学校的要求。随着年龄的逐渐增长，进入青春期，人的自我意识开始慢慢形成、完善，知识阅历变得丰富，独立思考能力提高，使得习惯的主动培养成为可能。学生自身也应该努力挖掘自身潜力，培养好习惯，为人生奠基。

（一）反思自我的不足

荀子在《劝学》中说："君子博学而日参省乎己，则知明而行无过矣。"这句话明确表示了反思的重要性。随着心智逐渐成熟，学生在习惯培养上应该经常反思。针对自己在生活、学习、思维上的习惯养成情况，要进行经常性的反思，反思自己哪些习惯已经养成，哪些习惯还不是很好。针对不好的习惯，再按照轻重缓急进行分类，最重要的习惯、最需要改变的习惯先养成，这样可以提高习惯养成的针对性和实效性。

（二）树立高远的目标

缺乏目标的引领就没有前进的方向和动力，同时也缺乏习惯养成的动力。众所周知，好习惯是为人生服务的，那么中学生就必须有一个明确的人生目标，用这个目标来激励自己，同时用好习惯的养成来促进目标的达成。

（三）培养坚定的意志

在调查和访谈中发现，很多学生具有养成好习惯的意识，却苦于不能坚持。心理学上有"二十一天"法则，即21天可以初步形成一个新的好习惯，但是要想把这个习惯内化为自身的行为准则需要更长的时间，一般来说需要半年到一年。目前市面上有很多关于好习惯培养的书籍，里面罗列了人生成功需要的种种好习惯。很多学生读罢感触很多，决心很大，很多习惯的操作方式看起来很简单，但是不少同学觉得执行起来效果不明显，关键就是没有坚持。举个例子来说，预习的习惯，每个学生都知道它的重要性，但是实际操作过程中却鲜有学生能够持久坚持。而在高考辅导专家王极盛教授的对于高考状元的调查中发现，几乎所有成绩优秀的学生都有预习这个好习惯，并且能够持久坚持。由此可见，好习惯的培养与执行者的意志是分不开的，那么这就需要学生自身具有坚定的意志，能够时刻自我反省、自我提醒，并及时肯定自我，不断强化好习惯的形成。

第五节　农民工子女习惯养成教育展望

一、政府加大教育投入,实现教育公平

海纳百川的城市,应该有开阔的胸襟来容纳农民工子女,使他们和本地学生一样享受优质的教育资源,促进教育的和谐发展。陶行知先生早在20世纪30年代就指出:“教育机会均等,即是教育为公,文化为公。我们要求贫富的机会均等,男女的机会均等,老幼的机会均等,各民族各阶层的机会均等。”城市农民工为城市的不断发展增添了新鲜血液,立下了不可磨灭的功劳,政府不能忘记他们的付出,应增加对教育的投入,创设机会让他们的子女享受到与本地学生同等的教育,让他们能够和当地学生一样在优美的环境中学习、生活、健康成长。

二、家庭、学校、社会形成合力,强化对农民工子女的习惯养成教育

培养农民工子女良好的日常行为习惯,学校依旧是主阵地。学校应该高度重视学生习惯的养成,多开展有关习惯养成教育的讲座、班会活动等。在教育过程中,还应充分考虑到农民工子女远离故乡,在心理上存在自卑的心理倾向,多采用激励、赏识、表扬的手段,走进他们的心灵,善待他们,帮助他们克服心理上的障碍,挖掘自身的优点,克服存在的问题。教师还要针对农民工子女各自不同的特点,加强对他们学习习惯养成方面的具体方法指导,组织他们进行习惯养成方面的经验交流,加强对农民工子女习惯养成方面的有效督促。

但农民工子女的教育,单靠学校的力量是不够的,还需要家庭和社会诸方面的配合。农民工虽然也希望自己的子女能够得到好的教育和发展,但由于他们综合素质不高、工作时间太长,往往疏于对子女的教育,甚至放纵其不良行为。对此,学校应该与家长多多沟通,建立“家校合作”制度,从家长的口中探听农民工子女在家庭中的行为习惯表现,同时加强对家长的教育,使家长意识到习惯养成的重要性,从而有意识地培养、规范子女在家庭生活中的行为习惯。只有这样,才能使农民工子女在学校好不容易建立的行为习惯不被家庭的放任教育而抵消,而是得到了强化,使农民工子女的习惯养成更加稳固。

同时,社会应该多提供一些农民工子女的活动、学习场所,如少年宫、图书馆、少年儿童活动中心等可以对农民工子女采取优惠政策,给他们提供一个更好的学习环境。农民工为城市建设和经济的发展作出了不少贡献,是城市财富的创造者,城市应当回报他们,尤其是他们的下一代。不是有一句话说“不被城市善待和接纳的孩子,长大后同样不会善待自己所在的城市”?如果真是这样,城市要实现真正和谐,则任重而道远。

三、倡导合作交流，培养健全人格

农民工子女在以农民工子女为主的公办初中求学，应该说还是有得天独厚的优势。如果农民工子女能够在行为、学习上得到城市原住民子女的积极影响，较快地融入新的学习生活环境，那么他们的学业成就感、生活满意度就比较容易提高。因此当务之急是要充分调动本地孩子的积极性，让他们尽“地主之谊”。这不仅让本地孩子很有成就感，还会带动农民工子女对新环境与新文化的适应。

丰富多彩的活动更是黏合剂。建议学校可以以形式多样的活动为载体进行教育，如：

（1）在重大节日、纪念日举办形式多样的纪念活动，寓教于活动之中，紧紧抓住学雷锋日、三八节、教师节、国庆节、母亲节、重阳节、感恩节等的不同含义，引导学生积极向上，树立正确的人生观、价值观。

（2）组建学生心理社团，定期开展系列活动，如心理讲座、心理影片欣赏、心理测试、心理放松等，帮助学生增强承受挫折、战胜困难的能力，提高心理素质，树立正确的人生观，形成健全的人格。

（3）以综合实践活动为抓手，关注“人与人”、“人与自然”、“人与社会”，使学生融入到真实的生活情境中去，把若干德育目标化解为研究性学习专题，在做中学，在学中做，努力提高自身的修养与素质。我们可以定期召开家长会，及时与家长沟通，了解学生在家的情况，逐步规范学生的日常行为。同时还要与社会各个部门建立联系，及时反映学生在社会上的各种表现。根据具体情况认真分析，做到学校、家庭、社会的同步性。

第七章 艺术教育促进农民工子女融入城市文化的研究

艺术教育是社会和学校教育的一个重要组成部分，是培养全面人才的重要手段，对学生进行艺术教育是必需的。目前，我国的艺术教育已呈现出前所未有的良好势头，各级学校对艺术教育在当代学校教育中的重要性有了越来越明确的认识。尤其在农民工子女融入城市文化方面，艺术教育是功不可没的。对于艺术教育的定义，很多时候还停留在“艺术教育就是音乐、美术等课程的教学”这些约定俗成的层面。在此，为了更利于我国学校艺术教育理论和实践的健康发展，我们引用一个较为全面和科学的定义，即“艺术教育是指在艺术性的教养氛围里，教育者采用艺术性的教育教学方法，向受教育者施加以艺术为内容的教育影响，使受教育者具备基本的艺术审美素养，从而为受教育者的全面发展发挥出自身特有功能的教育”。也可以这么理解，艺术教育是美育的核心部分，即通过艺术美对学生进行的教育。因此，艺术教育是受教育者在教育者的指导下，通过对艺术的理解、欣赏和创造，促进其个性全面、和谐发展的活动。接下来，我们将针对艺术教育对农民工子女融入城市文化的意义和艺术教育对农民工子女的心理扶持的模式建构等方面作一些探讨。

第一节 艺术教育对农民工子女融入城市文化的价值

农民工子女作为学校教育面对的一个相对特殊的群体，其后天的成长环境相对来说是较为特殊的，其所面对的社会环境、家庭环境、学校环境等也都是需要积极关注的。从总体情况看来，艺术教育对农民工子女的认知、情绪、意志和对城市文化的融入都有显著的教育意义。

一、完善认知，启发思维，培养创造力

艺术教育是一种创新意识的教育，能够促进中学生创新能力的发展。农民工子女群体所面对的当今时代正是一个尊重知识、尊重创作的多元发展时代。知识就是力量。知识的传承与发展主要通过教育，而教育的根本使命在于对创新能力的培养与塑造。艺术创作就是将自己的生活体验借助于语言、声音、色彩、线条等表现出来。这个过程将充分激发学生们的想象力和联想力。如练习弹钢琴,不但可以开发大脑,还可以培养学生解决问题的条理性及逻辑思维能力,对日后的学习、工作都有积极的影响。与此同时,艺术教育还培养了学生的感知能力。人离开了感知就一无所获。实践证明,艺术教育是让学生准确地感知艺术作品,深切感受艺术家情趣的过程。如在音乐教学中,学生不仅要在感知的过程中进行思维和想象,而且在这一过程中培养了对事物的感知习惯。同样,美术教学让学生品评作品,学生就必须把色彩知识用于感知中,并结合主观色彩来评价,方能由表及里、由现象到本质地去感知作品。科学运用逻辑思维的方式认识世界,艺术则是运用形象思维的方式认识世界,两者应该也完全可以达成互补。伟大的发明家爱因斯坦说:“我们的科学成就很多是从音乐启发而来的。”他又说:“想象比知识更重要。”爱因斯坦在科学研究中遇到困难时,常常停下来拉拉小提琴或弹弹钢琴,而且往往在演奏过程中突然找到答案。所以,应通过艺术教育进行“右脑革命”。艺术的形象思维可以促进科学的逻辑思维,活跃科学思维中形象组合的联络,能帮助科学家建立理论模型和形象类比,保持自由、和谐的创造性思维情绪。形象思维与逻辑思维的有机结合,更有助于形成高质量、高素质的健全思维。

尤其对于农民工子女来讲,离开原本熟悉却稍显单一的教育环境,对各方面教育都节奏相对加快、竞争也分外激烈的新的学习环境难免有些距离感,而艺术教育作为学生开阔思维,重新认识世界,保持较为和谐的创造性思维的一个重要环节,其所起到的作用是不可忽视的。正如车尔尼雪夫斯基所说,艺术是“生活的教科书”。艺术作品中包含了大量的认识信息。这种认识信息极大地补充了人们认识世界的知识。在谈到巴尔扎克的艺术杰作《人间喜剧》时,恩格斯说过,巴尔扎克在这部作品里“汇集了法国社会的全部历史,我从这里,甚至在经济细节方面(诸如革命以后动产和不动产的重新分配)所学到的东西,也要比从当时所有职业的史学家、经济学家和统计学家那里学到的全部东西还要多”。从艺术设计的角度来看,艺术活动的学习和参与要求学生有一种强烈的专业责任感和从直觉、本能出发而形成的关于艺术对象的思考和反应,还要求有观察力、判断力、表现力、想象力等相应的一些能力的综合运用意识。通过想象和联想,人类才有创新,社会才会发展。因此,加强对农民工子女的艺术教育工作,并将它贯穿在整个教学与自学的全过程中,对加强对邻近学科的学习、研究,丰富、完善知识结构,启发思维和培养创造力,可谓意义深远。

二、艺术移情,促进身心健康发展

学生个体的身心健康状况对其健康成长和素质的提高具有重要的影响作

用，这已经得到心理学界的一致公认。而在人的素质结构中，居于核心地位和起关键作用的是人的心理素质，良好的心理素质为个体形成优良品德、获得知识、形成技能、发展智力、增强体质、塑造美感等提供了必要的心理前提。换言之，如果个体存在心理健康问题，将会制约其各方面素质的提高，甚至是他的健康成长。与城市孩子相比，农民工子女的整体心理健康状况不佳，学习焦虑水平高，孤独倾向突出，自责倾向严重，恐惧心理明显，这种心理健康状况无疑会直接制约着他们的健康成长和自身素质的提高。农民工子女由原来的生活地来到城市，很难迅速适应全新的生活环境。他们的生活方式发生了显著改变，不得不面临再社会化的问题。换言之，他们原来的社会化正常进程被迫中断。他们离开了原来的学校和班级，离开了原来的同龄朋友，离开了熟悉的社区环境。在城市，他们势必要经历一个适应和熟悉的过程。这一过程，本身已使年幼的他们容易产生一些焦虑、孤独等心理健康问题。在此过程中，他们还可能面临着其他一系列的负面影响，如城市居民对他们的歧视和排斥、父母不理想的职业和困窘的家庭生活条件、不和谐的家庭关系、频繁搬家等各种外界客观因素的影响，这些又使得他们身心承受着一些不可避免的压力，从而导致进城就业的农民工子女与城市儿童相比，整体心理健康状况令人担忧。

艺术教育通过采取有针对性的具体措施，一方面可以及时化解农民工子女当中存在的一些心理健康问题，另一方面能够促进他们心理的健康发展，以提高农民工子女的心理健康水平，也将会有助于他们充分发挥自己的潜力，提高自身的素质，树立正确的人生观和价值观，健康成长成为有益于社会的人才。

联合国世界卫生组织曾对"健康"下过这样的定义：健康不仅仅是没有疾病，而且是身体上、心理上和社会上的完好状态。也就是说人的健康包括身体健康、精神健康和社会适应功能良好三个方面。很多研究已证实，艺术在调节人的情感、消除人的内心焦虑方面具有特殊的作用。它是人们情感表达和情绪疏导的良好媒介。音乐、绘画、舞蹈、体育、游戏能将潜伏在人内心深处的消极情绪安全地释放出来，从而改善身心功能。可见，艺术教育和身心健康是很有关联的。在艺术活动中，农民工子女可以摆脱日常生活的烦恼和不安全感而达到身体和心灵的彻底解放。

而通过艺术教育的移情作用，农民工子女在应对一些适应性问题时，无论是在自我意识方面还是在社交方面都能够得到相应的帮助，更加促进了他们身心的健康发展。艺术教育的移情价值主要表现在对受教育者的情感陶冶上。艺术教育之所以能陶冶受教育者的情感，是由于艺术作品中凝聚着艺术家的情感，而受教育者在欣赏、创作艺术作品时，必然会有深沉的情感活动与之相伴随，从而净化了他们感情中的不健康成分，使他们逐渐形成高尚、美好的情操。在艺术教育过程中，艺术作品对人的心理还存在着特殊的、潜移默化的影响，能使人不自觉地接受创作者寄托在作品中的情怀。当我们站在郑板桥的《竹石图》前面，欣赏那枝枝傲雪、节节干霄的竹子时，能不为作者狂放不羁、傲世不屈的情怀所感动吗？不知不觉中，我们的情感受到了陶冶。蔡元培在《美育与人生》一文中说，"人人都有感情，而并非都有伟大而高尚的行为，这是由于感情推动力的薄弱。要转弱为强，转薄为厚，有待于陶养。陶养的工具，为美的对象；陶养的作用，叫做美育"。他还明确指出，"美育者，应用美学之理论于教育，以陶养感情为目的者也"。在这里，虽然美育包括了多种内容，但其主要内容仍然是艺术教育。

同时，这样的艺术教育的移情还有助于促进农民工子女的自我意识的良好发展，包括对自身思维、情感、意志以及对所处环境的准确感知和认同等心理活动的意识，对其个体人格的发展和完善也起到了十分重要的作用。它也能够引导农民工子女改造自身主观因素，使其能不断自我监督、自我完善。至于社交方面，对于农民工子女教育来说也是需要十分关注的方面。毕竟现代社会是信息交流频繁的开放式社会，作为社会人，我们总是生活在一定的社会环境中，无论做什么事情都会和一定的人打交道。所以，作为现代人，我们必须具备一定的社交能力才能立足于世。而社交能力的一个重要体现就是与人沟通的能力。而人与人之间的交流方式是多样的，既可以通过文学等语言形式，又可以通过非语言进行交流。著名音乐家李斯特说："音乐可以称作是人类的万能语言，人类的感情用这种语言能够向任何心灵说话和被一切人理解。"除音乐外，还可以通过雕塑及舞蹈、绘画等艺术形式进行思想情感上的交流。苏联伟大的教育家苏霍姆林斯基说："在影响青年人心灵的手段中，音乐占据着重要的地位。音乐是思维有力的源泉。没有音乐教育，就不可能有合乎要求的智力发展。"对学生加强非语言内容的教育，有助于其思维的全面发展，也有助于人与人之间的沟通和了解。面对竞争日益激烈的社会，健康健全的心理品质，对农民工子女的现在和未来都显得尤为重要。

三、顽强意志，培养抗挫心理

艺术教育能培养学生的抗挫心理。心理挫折是就个人而言的某些重要的需要未能得到满足时的一种消极情绪状态，是由一种外因引起的主观感受。通过艺术教育能培养学生顽强的意志品质。例如，有着书法和绘画等兴趣爱好的学生一般能够养成一种顽强的意志力，具有持之以恒、坚持不懈的学习品质。对于农民工子女来讲，心理挫折具有双重意义。一方面，学生如果能够理性地面对自己所面临的一些不甚如意的挫折境地，通过自己的主观能动性，不懈地努力奋斗，将会拥有一种积极的生活态度，且顽强了其意志，也增强了其抗挫心理；但另一方面，学生如果未能正确对待挫折，则容易产生情绪低落、内心痛苦等一些消极的情绪反应，甚至产生心理疾病，影响其正常面对生活的态度。可见，意志力的培养、抗挫心理的增强是教育多么重要的一环。而艺术教育在其中完全可以起到一个恰如其分的作用。

作为进行挫折教育的可行途径，首先要学生认识到艺术天地有广阔的空间和层次感，既可能使人乐此不疲，又极有可能使人疲惫至极，既可能使人灵魂震颤，又有可能“艺无止境”，让人望尘莫及。大多数农民工子女初入新的学习环境会感觉不适应，但多数仍然能够面对现实，在新的起跑线上继续努力。但也有部分学生因愿望与现实不符，产生不满情绪，因为不能完全适应学校的学习和生活而发生各种心理问题，产生一种沮丧感。所以，在艺术教育的过程中，培养农民工子女客观的自我认知能力、积极的自我态度和自我控制能力，使他们以积极的态度对待工作、学习和生活，有乐观的主导心境，才能够有效地解决问题，使他们在学习和生活中尽可能地发挥自己的潜能。在审美主体进行审美活动时，通过情感的体验，达到对审美对象的理解，从而揭示生活中某些情景的意义，启发审美主体对自身存在价值和生命意义的思考，使其产生对健全人格的渴望，从而有一种超脱的精神和豁达的人生态度，并调动审美主体的生命热情，使其产生对生命的自由、更高的人生理想和人生价值的追求。

农民工子女基本上都有较强的自尊心和自信心，其自我体验也比较积极、健康。但是相对而言，他们的自信心要稍弱于自尊心，他们更为敏感，自尊心也更强，也更容易受到伤害。在艺术教育中，一件好的艺术作品可以使人得到抚慰，也可以振奋人、激昂人、感动人，从而陶冶人的情操，培养人的良好品格，增强人的自信心和自尊心，提高人的应对挫折的能力。比如徐悲鸿的《奔马图》，欣赏者会为马的勃勃生机而振奋和感动，从而汲取一种积极向上的精神动力。一曲《义勇军进行曲》，激发了千千万万中国人的爱国情怀和奋勇前进的动力。一般而言，具有较高艺术素质的人，能较好地把握生命的价值和生存的意义，易于形成科学的思维方式和健康的生活习惯，能较自如地应对和承受来自外界的各种困难。在一个艺术教育的良好环境之中，学生之间可以相互表达和交流，从而丰富自我表达的内涵和满足自我表达的需要，通过自尊、自律、自励、合作等良好心理品质的培育，促进抗挫折能力的提升。无论遇到怎样的挫折，都不应该放弃自己的努力。因而，在校园文化活动中适当而又充分的艺术教育是十分重要的，只有通过这样的良性循环，学生才能够在艺术教育中逐步学会正视现实，适应环境，具有克服困难的毅力和勇气以及在压力和挫折面前不屈不挠的顽强精神，也才有可能期待一个更加美好的未来。

四、以美引善,提升人格魅力

鲁迅先生曾经指出:“美术可以辅翼道德。”恩格斯在听完《贝多芬第五交响曲》之后说:“这里有完全痛苦的绝望,有悲歌似的忧伤和温暖的申诉,又有坚强有力而又充满青春气息的对自由的欢乐,这是真正的交响乐!”通过聆听,仿佛身临其境,在这欣赏的过程中,不仅有强烈的感情冲动,而且包括了认识和理解伦理判断与理性的丰富内涵。这种对艺术作品的欣赏可以净化人的心灵。所以,让农民工子女接受音乐的熏陶,在音乐中进行哲理性的思考,使人性走向真诚和善良,使道德更高尚、意志更坚强,对学生的精神世界将起到净化的作用。

阳光文化基金会创办者杨澜曾说过,艺术教育是我们帮助农民工子女成长所应该承担的一种责任。艺术教育不是使一个中产阶级家庭的孩子能够多一点课外修养,会弹弹钢琴,会画画,可以有一种在社会上生存和社交的本领,而应该是美的教育,是孩子心灵成长和人格成长的一个非常重要的途径。我们都知道,农民工子女跟其他孩子们都一样,是十分渴望得到大家的关注的。一个孩子,当他在家里得不到关注的时候,他就可能泡在网吧里,甚至和一些不良少年为伍;他得不到老师的关注的时候就可能和同学打一架,甚至放弃自己的学业。孩子需要人们的关注,尤其是农民工子女更需要,而他们在美的教育当中就会觉得艺术教育为其带来了一种心灵的感动和震撼,其实学生们真的很需要和渴望艺术教育所带来的一些感悟。当一个农民工子女懂得什么是美的时候,他就会比较自觉地离丑远一点;如果他知道自己内心的情感怎么从艺术的领悟中得到共鸣和喜悦,他可能就会离怨恨和拳头远一点。所以,艺术教育应该可以成为一种有意识地以美引善,提升农民工子女人格魅力和完美个性的活动。

与现行的一般道德教育相比,艺术教育在培养人的个性、人格和道德情操方面有着不可替代的优越性。它是审美主体的主动接受而非被动灌输,它通过审美形象自身强大的感染力,切入审美者的内心深处,因而更具持久性和影响力。艺术教育就是这样通过其自身特有的规律——音阶、旋律、力度、节奏、线条、色彩等给人以情感上的、意识上的体悟。通过审美主体超越性的审美体验,和风细雨般潜移默化地影响着审美主体的心理感受和思想道德情操,使其获得精神和人格的升华,完成完美个性和人格的塑造。作为艺术审美的最主要特征之一的“非功利性”在艺术教育中的确功不可没。艺术审美总是和实用功利有距离,它拒绝褊狭的心胸,“贩卖矿物的商人只看到矿物的商业价值,而看不到矿物的美和特性”。所以,艺术教育可以在某种程度上将农民工子女从实用功利、直接生存需要的束缚中暂时解放出来,使其能够在艺术教育活动中倾注热情、理解生命。这也是是否能够让农民工子女在教育中得到自由发展的关键性因素。而处于审美活动中的学生们，也就有可能在潜移默化中成为不为物欲所役，同时又保持开阔胸襟的人。此外，艺术教育活动对学生们的实践活动产生了一种超越，对人与自然对立关系有着一种象征性的解脱，使学生们能够理性地面对人与社会以及人与自然的关系。同时，作为艺术教育的审美活动也是全面的，按照美的规律进行。

五、愉悦审美，推动生活环境和谐化

艺术的情感传达和交流功能使其成为推动人际关系趋向和谐的有力手段。艺术教育能够增强受教育者的群体意识和趋同倾向，并教会受教育者掌握和运用艺术这种最广泛和最普遍的交流手段。在艺术教育中，学生们通过接触艺术作品，可从中学会判断艺术作品的优劣，并作出理智的选择，而这些选择，反过来一定会影响艺术乃至整个社会文化和文明的发展。对于农民工子女来说，来到一个新的学习和生活环境，应学会审美才能更会生活，懂得审美的规律才能够理性地进行批判和创作。对学生进行艺术教育，使他们掌握一定的审美知识，提高鉴赏能力，对健康向上的校园文化建设、社会良好风尚的培养、民族审美文化心理的培养将起到积极的作用。“发达的美感可以改良习俗，对此好像无需重新证明。……经过教养的鉴赏力通常是同知性的明晰、情感的活跃、自由思想以及行为的庄重联系在一起的，没有修养的鉴赏力则与它们的反面相连。……古代最有教养的民族，那里美的情感同时达到了最高度的发展。”而且，艺术语言作为一种世界语言，通过各民族的广泛交流已成为普遍可以接受的东西。匈牙利音乐教育家李斯特说过：“音乐可以称作人类的万能语言，人的感情用这种语言能够向任何心灵说话和被一切人所理解。”

对农民工子女的艺术教育促进了其与周围环境的人与事物的交流的无限丰富性、可能性和多样性，使个体心灵深处种种可言说和不可言说的思想感情、心境、意绪得以传达给他人，通过对人的情感净化开掘出人性中真诚、善良、美丽的东西，使人们以纯洁的心灵与人交流，即使得整个校园文化中的人际关系能够洋溢着一种和谐与美好的气氛。此外，如前所述，艺术教育以其“非功利性”给农民工子女带来了一种超越现实和物质功利的审美愉悦，且使其获得一种超脱的精神和豁达的生活态度，在学习中将更容易找到兴趣和目标，以取得更好的成绩。而在与同学一起参加的群体活动中，更容易增加认同感，有助于学校集体生活的稳定、团结与和谐。

有句话说得好：“人按照美的规律可以创造出人所需要的一切。”可见确立正确的艺术教育的价值观，弘扬高尚的校园精神，是孕育和滋生高素质学生的重要外部环境，是文化教育赖以生存和发展的阳光和空气。如果学校教育并没有使学生具有责任感、使命感，学生也不懂得什么是真善美，那么这种教育必然是失败的，毫无价值可言。加强农民工子女的艺术教育也是一项必须由社会、学校、传播媒介共同努力的综合工程，使生活于其中的每个个体都能在思想观念、价值取向、行为方式等方面受到潜移默化的影响，从而实现对其精神、心灵、性格的塑造。这也必将对社会文明起一种净化作用，当然这便是艺术教育的目的所在。因此，以艺术美来培养受教育者的审美意识，推动生活环境和谐化具有十分深远的意义。

第二节 艺术教育对农民工子女的心理扶持模式

艺术教育融合模式，是指在艺术教育中，将精神与物质、主体与客体、现实与理想、宏观与微观有机地融为一体，来解决现实教学中存在的理论与实践、课堂与社会、科学与艺术、学科与学科间的诸多问题，借助于新的艺术教育模式，搭建一个健全人格培养的教育平台。在建构艺术教育对农民工子女的心理扶持模式时，需要考虑到以下几个方面：

一、艺术学科之间的融合

艺术教育融合教育模式，就是要打破传统的定向、单向、纵向思维的束缚，注重横向、跳跃，甚至是逆向思维方式，帮助农民工子女培养出丰富的想象力、新颖的创造力。艺术学科之间是共通、融合的，音乐、美术、戏剧，都是为了培养孩子审美的价值观，使孩子学会用独特的视角分析问题、解决问题，对于学生适应将来遇到的各种问题可谓意义重大。艺术教育中经常出现的是音乐、美术、舞蹈、戏剧、文学、历史、风土人情等一系列的知识。这些内容的相互渗透，开创了一种新的教学模式，在艺术课程的实施中必须加强合作教学，特别是音乐、美术教师之间的合作，形成学科融合，优势互补。而就艺术课而言，各学科知识相互渗透、相互补充，对培养学生的综合能力，对学生自身素质的提高，是非常必要的。人文性是它的突出特点，也是区别其他学科最显著的特点之一。

二、艺术学科和文化学科之间的融合

艺术教育模式建构中要确保艺术教育课堂的应有地位，即把艺术教育纳入课程体系，通过合理且充分的学科课程设置，使艺术学科在科学文化素质教育课程体系中占有重要的位置，保证艺术教育的地位，并使之成为实施艺术素质教育的主要渠道。这一举措将大大调动广大学生的学习积极性，对学生自觉地将选修的艺术类课程等同视为必修学科课程，收到了很好的效果。

艺术学科与文化学科之间的矛盾是客观的。两类课程的思维方式不同，

艺术学科强调形象思维，而文化学科则以逻辑思维为主；两类课程的能力要求也不同，艺术学科主要要求人具备视觉空间智能、音乐智能、语言智能等，而文化学科则主要要求具备逻辑数理智能、自然智能等，对某一个个体而言，可能会侧重某一方面的能力，其他能力相对较弱。但艺术学科与文化学科之间也存在一致性，尽管表现的方式不同，但表达的内容具有相同性；尽管思维方式不同，但从情感角度来讲具有相通性。要做到二者协调发展，必须充分利用二者相融相通的特点，整合教学资源，进行学科渗透，使艺术学科与文化学科的教学效益相互促进。首先，要确定文化学科的主体基础地位。学习艺术必须有一定的文化基础，只有拥有较好的文化底蕴，才能让自己的特长在艺术中放飞。其次，艺术对于教学和学习具有不可替代的作用。艺术具有形象性、感染性和愉悦性，能提高学生的兴趣和注意力，能拓展学生在学习过程中的思维能力和想象力。艺术同广泛的文化领域都有着天然的密切联系，这使艺术学科与文化学科之间的融合成为可能。如果学校工作者能够明确文化课程中的艺术教育性质，并在一定程度上借助艺术形式教学，则能有效调整学生心理，淡化厌学情绪，激发学习的积极性，调动智力因素，发展身心潜能。

三、教与学的融合

将艺术教育融入到教师的具体教学过程以及学生整个学习过程中，将能发挥艺术教育更为广泛以及积极有效的作用。加强师资队伍建设，保证经费和活动场地的投入符合教育部文件精神要求，艺术教育师资编制应占学校学生总人数的相对比例。艺术师资配备状况直接影响艺术教育的正常开展。因为在校园文化建设中，艺术教育在第二课堂中占有相当的比重，教师辅导大多安排在正课时间之外或周末，这不仅要求教师必须具有敬业爱岗精神，而且要求教师要在自己的教学中结合校园文化建设的特点，与时俱进，不断创新。艺术教师必须精通专业知识，还应具备相关科学文化素质，尤其要在立足于心理学、教育学的基础之上，善于言传身教，引导学生树立正确的审美观，探索艺术教育自身的发展规律，解决艺术教育在整体素质教育中的衔接问题。要设立艺术教育的专项经费，并以艺术教育中心作为专门的管理中心，统筹管理和使用，主要投向配备艺术教育的设备、器具，建设艺术教育活动的场地，并为专业教师和内、外聘教师提供一定的课时课酬保障，以提高教师工作的积极性。充足的经费、优质的师资、充裕且洋溢着艺术情趣的场地，对于学校整体文化氛围的营造，势必将起到至关重要的作用。至此，艺术教育对农民工子女的心理扶持则会更加有效。

四、艺术课程和校园文化实践的融合

为有效化解农民工子女的心理健康问题，促进他们心理健康发展，除了要做好预防和化解他们心理健康问题的专业工作外，还要重视学校教育环境的改善，尤其是学校校园文化的建设，因为“建设一个良好品质的校园文化对学生的成长、对学生的心理健康有着重要的促进作用”。营造良好的校园文化环境，其实质是为学生发展营造一个良好的“心理生活空间”或“心理场”，通过个体的无意识心理活动和“观察学习”，促进学生健全人格的形成和推动学生的社会化。从化解农民工子女的心理健康问题、维护和促进他们心理健康成长的角度来看，学校在校园文化建设上应着重营造平等、和谐、富有人文情怀的人际环境。具体来说，首先，要塑造良好的师生关系。美国学者福尔通和凡斯本德曾经指出：“6 到 17 岁的大部分学生与教师在一起的时间比与其家长在一起的时间更多，因此，教师对学生的社会化和情绪调整有明显的影响作用。”而良好的师生关系，才可使教师有机会积极地影响学生的心理健康。为此，学校应通过加强师德师风建设，使全体教职员工，尤其是教师，认识到良好师生关系对学生心理健康的重要影响，在做到公平对待和关心每一个学生的同时，还要对农民工子女这一特殊群体给予足够的关注和深度的研究，成为他们心理发展的关注者与促进者、世界观形成的引导者和心理健康的维护者，在他们“第一任教师”（指农民工子女的父母）缺失或失职的情况下，扮演好他们的“第二任父母”的角色。其次，要培养良好的同伴关系。“良好的同伴关系有利于儿童和青少年社会价值的获得、社会能力的培养、学业的顺利完成以及认知和人格的健康发展，而同伴关系不良则有可能导致学校适应困难、社会能力缺乏、心理和行为出现偏差和障碍。”心理学家沙利文认为，同伴关系不同于其他社会经验，这是个体第一次“通过他人的眼睛看自己”，为个体逐渐理解合作与竞争的社会规则以及服从与支配的社会角色构建了基本框架。因此，学校要高度重视进城就业农民工子女在学校学习与活动中良好同伴关系的形成。

此外，要将校园文化活动建设作为艺术教育实践的最重要渠道，成立学生艺术团，如合唱队、舞蹈队、铜管乐队、交响乐队、曲艺队等，造就学校艺术教育的大气候，并指导、帮助自发自愿成立、实行自我管理的学生艺术类社团，如摄影协会、影评协会、话剧社、书画协会、舞蹈协会等，提高农民工子女的审美能力和艺术修养，扶持一批主题鲜明的艺术佳作的问世，充实校园文艺舞台及校园画廊；形成品牌艺术教育讲座和培训班，如邀请知名艺术专家和学者在校内举行艺术欣赏类讲座，利用内部资源或是外聘教师为学生举办多种艺术培训班、辅修班，并将其建设成具有强大凝聚力的艺术教育阵地；尝试将第二课堂的学生艺术实践活动成效与学分制挂钩，以资鼓励。

第三节　艺术教育促进农民工子女融入城市文化的措施

一、校园文化艺术节

苏州市第26中学每年都会举办校园文化艺术节，学生可以以个人或班级的名义参加各项文化艺术评比。文化艺术节展示了苏州市第26中学创办艺术特色教育的成果，促进学生德、智、体、美全面发展，展现了学生朝气蓬勃、昂扬向上的精神风貌。同时，文化艺术节为农民工子女融入城市文化、校园文化提供了契机。文化艺术评比的内容多种多样，有摄影、绘画等艺术作品，有朗诵、写作评比，还有体育竞赛，农民工子女可以选择自己擅长的领域参赛。通过赛前准备阶段老师和同学的帮助、参赛对手的相互鼓励，农民工子女渐渐敞开心扉，提高了参与感和成就感，也给他们提供了与学校同学、老师交流的机会。

下面是苏州市第26中学2010年文化艺术节的通知，大家可以一起观摩。

苏州市第26中学关于举办2010年迎新文化艺术活动的通知

主题：巡礼十年艺术路，憧憬百年教育梦。

为了全面反映我校认真贯彻德、智、体、美、劳全面发展的教育方针，展示我校创办艺术特色教育的成果，体现向真、向善、向美的校园文化特质，建设和谐校园，决定举办2010年迎新校园文化艺术节。现将有关事项通知如下：

一、具体安排

（1）征集学生自己动手制作的艺术作品，如书画、印章、摄影、劳技、剪贴、刺绣等。截止时间为12月15日。艺教处将于12月20日前布置好校艺术橱窗，将学生的优秀作品进行展示。［负责：潘振洲（初三）、俞亦纯（初二）、朱廷伟（初一）］

（2）以“礼仪天下——中华传统美德”为主题的小报评比。小报要求主题突出、内容充实、结构合理。各班于12月15日之前交艺教处。（负责：俞亦纯）

（3）举行以年级为观摩单位的文学艺术比赛。初一年级观摩经典美文诵读比赛（初一、初二各班选送2名代表参加）；初二年级观摩校园剧和课本剧比赛（初二各班参加）；初三年级观摩校园卡拉OK大赛（全校各班各选送1名代表参加）。各比赛的时间：初一（12月16日周四），初二（12月17日周五），初三（12月15日周三）。地点：校舞蹈房（负责：艺教处、德育处、团委）

（4）举办“广场主题艺术会”，全校统一在操场集中，并在规定场地展示班级特色艺术活动。任课老师到各班级参与活动,并对各班活动情况进行评选。具体时间另行通知。请各班把活动方案以电子稿形式于12月6日前交艺教处。(负责:艺教处、德育处、团委、工会)

(5) 举行"信息技术周"活动,内容涉及打字比赛、电子小报设计评比等,具体事项由教科室另行通知。(负责:教科信息处)

(6) 组织2010年校冬季三项运动会,具体赛程由体育组另发。(负责:德育处、体育组)

(7) 举行2010年"艺术特色教育十年巡礼"暨校园文化艺术节闭幕式演出大会,时间和地点另行通知。

二、艺术特色教育十年巡礼暨

2010年校园文化艺术节闭幕式演出大会节目审查时间另行通知。

三、评选与奖励

(1) 学生选送的艺术作品和小报由校艺术老师担任评委,评出一、二、三等奖若干名及优秀组织奖。

(2) 经典美文诵读、课本剧和卡拉OK大赛,由艺教处、德育处、团委和艺术老师、语文老师担任评委,评出一、二、三等奖若干名。

(3) "广场艺术会"由参与老师现场投票,评选十个"最佳活动奖"。

(4) 对以上获奖的集体和个人给予表彰,并在艺术节演出大会上颁发奖状。

2010年11月

二、校园艺术活动

校园活动是提高学生素质、培养学生动手能力及应用能力的法宝。同时,校园活动可以将艺术活动与一定的主题相结合,在活动的过程中宣扬文化理念,并提高学生对问题的认识,将知识、德育融入活动当中,可谓一举两得。例如,苏州市第26中学的两次义卖活动不但提高了学生的动手能力,还使学生更加珍惜生活,提升了人生观、价值观。

"艺香满校园,爱心系玉树"校园赈灾义卖捐款活动方案

一、活动目的

为青海玉树地震灾区义卖捐款。

二、组织机构

德育处、团委、少先队。

三、活动安排

(1) 时间:2010年4月22日(周四)中午11:30~12:30。

(2) 地点:学校操场。

(3) 参与人员:全体学生、全校教职工。

四、活动准备

(1) 由美术老师发动全体学生绘制T恤等美术作品。

(2) 4月19日~4月21日由德育处和艺术组老师收集义卖艺术作品,明码标价。

(3) 各年级组准备捐款箱(大小适宜,红纸包装,注明年级),落实捐款登记、收银、销售人员。

(4) 4月21日广播操时间向全体师生发倡议书。

(5) 协同总务处准备场地。

五、活动形式

(1) 艺术作品义卖。由销售老师将艺术作品售价填写在专门的卡片上,购买者拿卡片到所在年级收银组付钱、登记,盖章后凭卡片取艺术作品。

(2) 捐款。教师将捐款投入工会所设的捐款箱内,由工会做好登记工作。学生将捐款投入所在年级所设的捐款箱内,由各年级组负责义卖、捐款登记的老师做好登记工作。

(3) 活动结束后,由年级组统计义卖、捐款名单和金额,上报德育处。

"放养花白鲢,呵护阳澄湖"校园义卖活动方案

一、活动目的

近年来,阳澄湖湖体水质不断恶化。放养花白鲢是改善水质行之有效的办法。一尾花白鲢能消灭50公斤蓝藻等浮游生物。本次"放养花白鲢,呵护阳澄湖"校园义卖活动,旨在号召我校全体师生积极参与,为保护苏州水环境贡献一份力量。

二、组织机构

德育处、团委、少先队。

三、活动安排

(1) 时间:2010年3月26日(周五)下午班会课。

(2) 地点:学校操场。

(3) 参与人员:初一、初二、职中全校教职工。

四、活动准备

(1) 3月19日由初一、初二班主任发动同学,每人捐献1~2件义卖物品。

(2) 由团委发动全体老师捐献义卖物品。

(3) 3月22日~3月26日,校团委收集老师的义卖物品,贴标签。

(4) 3 月 22 日 ~3 月 26 日，各班自己收集义卖物品，贴标签。

(5) 捐献的义卖物品可以为书籍、学习用品、生活用品、书画作品、手工制品、玩具等(不包括食品、衣物)，所有物品都要求 7 成新以上，能正常使用。

(6) 每样物品的捐献者在义卖物品上贴上标签，注明捐献者班级、姓名和义卖价格，每件物品义卖价格都在 1 元 ~10 元之间。

五、活动形式

(1) 每班在操场上放 2 张桌子设摊，贴上醒目的店铺号(班级)，由 3 ~4 名同学负责义卖。

(2) 义卖过程，由卖者将交易金额填写在专门的卡片上，由买者拿卡片到收银组付钱，盖章后凭卡片取物品。

(3) 义卖结束后，各班将所有卡片上交，比较各班义卖成果。

六、备注

(1) 未出售的义卖物品活动结束后由原捐献者领回。

(2) 义卖所得款项将全部捐献给“放养花白鲢，呵护阳澄湖”专用账户，用于购买鱼苗。

活动中参加义卖的物品均为学生动手制作，提高了学生的参与意识。同时，学生又在活动中体会到了赈灾的爱心和保护生态环境的重要性，真实的参与感比课堂上老师生硬的灌输教育效果要好得多。

苏州市第 26 中学除了组织有献爱心意义的活动外，还经常举行艺术表演大赛，给学生提供展示自己的舞台。这些比赛不仅展现了同学们的才艺，也是对同学们知识能力的考验，使同学们提高临场应变能力与公众演讲能力等，全面提升学生的综合素质。例如苏州市第 26 中学举行的校园剧大赛，通过故事的编排可以加深学生对作品的理解，表演可以锻炼学生的普通话和表达能力，同学们在自己导演、自己编排的故事中加入自己的理解，有一定的创新性，提高了创新能力。

苏州市第 26 中学关于开展初二年级课本剧(校园剧)大赛的通知

为配合 2010 年艺术节活动，充分发挥文化育人的作用，建设健康向上的校园文化，营造高雅的文化氛围，构筑良好的育人环境，学校艺教处决定在初二年级开展课本剧(校园剧)大赛，现将有关事项通知如下：

一、活动时间

2010 年 12 月 17 日下午 4:00 。

二、活动地点

五楼舞蹈房。

三、活动内容

以课本剧或校园剧为内容参加比赛，课本剧内容可以是教材提供的文章，也可以是课外阅读的作品或经典名著；校园剧可根据校园内发生的故事进行创作，要求主题鲜明、内容充实、立意新颖，富有鲜明的时代特色。

四、比赛时间

每班不超过10分钟。

五、评分标准

(1) 选材(20分)：选材于所学文章或相关内容，具有一定的教育意义，能给人以启迪和思考，同时鼓励原创，对于原创作品给予适当加分。

(2) 编排(20分)：结构完整，情节流畅，在保留原材料固有情节的基础上，应有所突破和创新，但时间不超过10分钟。

(3) 语言(20分)：普通话标准，语言清晰流畅，符合人物性格。

(4) 服装、道具(10分)：表演者服装、道具及舞台设计有特色，有利于表现主题，增强舞台表现的生动性和趣味性。

(5) 感情(30分)：表演者能充分融入角色之中，感情充沛，表演到位，有感染力。

六、评选和奖励

本次比赛由艺教处、德育处和语文教师担任评委，将评选出一、二、三等奖。

三、艺术课程

在艺术教育中最重要的还是艺术课程，通过课程的学习提高学生的审美能力、培养学生的认知、锻炼学生的意志、塑造学生的人格。苏州市第26中学作为一所艺术特色学校，对艺术课程的教学当然也不能马虎。

(一) 艺术课程的设置

将艺术课穿插在文化课当中，对不同年级的学生提出了不同的艺术培养目标。

表7-1　不同年级学生的不同艺术培养目标

	初一	初二	初三
音乐	1. 能运用一种乐器，能表现个人唱奏能力并能主动参与音乐活动。 2. 能配合音乐，创作声音与肢体律动。	1. 能熟悉一种乐器，能个别或与他人唱奏乐曲。 2. 能主动探索并乐于分享个人对音乐的观点。	1. 能熟练一种乐器，并与他人唱奏不同类型的乐曲。 2. 能主动赏析及解说音乐的观点。 3. 能认识不同的音乐科技与媒体，并应用于音乐活动。

续表

	初一	初二	初三
美术	1. 能说出视觉艺术的形式要素。 2. 能使用平面、立体或综合媒材等,表达自我的情感与想法。	1. 能理解视觉艺术的元素与形式原则,并运用于鉴赏与创作上。 2. 能熟悉并应用至少一种视觉艺术的表现媒材。	1. 能运用艺术的元素、形式原则与基本媒材创作。 2. 能了解与表达当代艺术的议题与观感。 3. 能探究艺术与文化产品的内涵、创作历程及其与社会文化脉络的关联。
表演	1. 能透过角色的观察与扮演,培养主动思考的习惯。 2. 能透过创意的肢体、声音、语言及道具等,表达自我情感与想法,并与他人沟通、合作。 3. 能乐于参与及观赏至少三场不同类型的艺术展演活动,并说出感受和心得。	1. 能透过表演活动,培养观察、创造及解决问题的能力。 2. 能透过特定表演形式,以肢体、声音、语言及道具等,表达自我情感与想法,并增进群己关系。 3. 能运用艺术批评的方法,辨识及欣赏不同类型的艺术,理解艺术在不同文化脉络中的特色。	1. 能探索、感知与判断生活周遭与艺术相关的事物。 2. 能了解各类艺术的演变历程,辨别其风格的差异。 3. 能了解当代艺术与生活趋势,运用信息科技搜集艺术数据,提高艺术与生活的知能。 4. 能熟悉并描述至少五个表演艺术家或艺术展演团体之特色及其相关的人、事、物。
艺术生活	1. 能了解参与艺术展演活动应有的基本礼仪,并至少参观过一个艺术展演场所。 2. 能乐于美化生活。 3. 能表现对乡土的尊重与关怀。	1. 能在观赏艺术展演活动时,展现应有的基本礼仪,并认识展演空间。 2. 能主动美化家庭、学校及小区环境。 3. 能表现对艺术文化的认同、尊重与关怀。	1. 能主动接触各类型展演空间,实际参与艺术展演活动,展现应有的礼仪及合作和尊重的精神与态度。 2. 能展现对不同艺术文化的认同与关怀,尊重艺术工作者,并能了解与肯定其价值。 3. 能运用艺术知能于日常生活中,并主动美化环境。

（二）具体艺术课程

艺术课程可以是艺术技巧类的学习,以提升艺术能力为目的。如“奇妙的肌理”这堂课主要是培养学生对肌理的认识,并学习肌理的具体绘制技巧,通过美术技巧的学习提升同学们的想象能力、创造能力和自主学习能力。

奇妙的肌理

教学目标：

(1) 通过对肌理的认识和欣赏让学生懂得肌理，享受肌理。

(2) 通过肌理的应用培养学生的想象能力、动手能力、创造能力。

(3) ① 培养学生的创造性思维。② 培养学生自主学习的能力。③ 通过肌理的学习使学生对美术产生新的认识，激发学生的兴趣。

(4) ① 培养学生探索新知识的兴趣和对美术的持久兴趣。② 使学生以审美之心来感受生活。③ 培养学生良好的意志和品格。

教学重点：

肌理的表现方法及用途。

教学难点：

引导学生认识肌理，激发想象，体会肌理所产生的美，从而应用肌理去创作，并用肌理来美化生活。

教　具：

多媒体课件，调色盘，颜料，清水，油画棒，墨汁，宣纸，各色卡纸，牙刷，脸盆，拥有各种不同纹理的东西（如树叶、树皮、布、沙网等），剪刀和粘贴工具等。

课　时：

2 课时（本课为第 1 课时）。

教学过程：

一、导入

今天老师和大家一起来做个游戏，看看哪个小组准确率最高。根据老师给出的图片，来猜一猜是什么事物。

（学生根据图片猜事物）

大家为什么根据一张图就可以猜出这种事物呢？

（学生回答。）

因为这些图片都反映了事物的基本特性，这些基本特性我们给它个名称：肌理。

（引出课题——奇妙的肌理）

二、了解肌理的定义和基本表现方法

1. 肌理（视觉肌理）的定义

首先我们一起来看一下肌理的定义。

肌理是指物体表面的纹理。“肌”——皮肤；“理”——纹理、质感、质地。不同的质有不同的物质属性，因而也就有其不同的肌理形态。肌理一般分为视觉肌理和触觉肌理。本课重点研究的是视觉肌理。视觉肌理是对物体表面特征的认识，一般是用眼睛看而不是用手触摸的肌理。它的形和色彩非常重要，是肌理构成的重要因素。

现在我们来看一些图片，看看这些图片有什么相关的地方。

（学生回答。）

这些图片无论用什么手法，都是反映事物的肌理。

老师看到每个小组都收集了树叶，也带了颜料等工具，请同学们就用带的工具，来找一找树叶上的肌理，来比一比哪个小组用的表现手法最多。

（学生动手制作）

请各小组介绍自己这组所用的技法有哪些。

2. 肌理的表现方法

针对各种技法，我们一起来详细了解一下表现肌理的基本方法。

（针对各种表现手法，逐个加以解释）

（1）拓印：将一个凹凸不平的物体的表面纹样印在另一个平面之上构成的肌理效果。

（2）喷雾：喷雾的道理和做法与熏炙有共同的特点。不同的是用有色的水通过各种通透的媒介喷在纸上。不同的是它可以用几种不同的颜色喷溅多遍。

（3）拼贴：将各种纸材和其他平面材料通过分割组合在一张画面上。

（4）手绘：即根据形式设计的需要，用不同的笔和不同的技法，如干、湿、浓、淡创造出理想的肌理形式来，可以是规则的，也可以是不规则的，这是一种普遍应用的传统手法。

（5）熏炙：就是用烧着火的烟来熏。

（6）刮磨：是指用工具刮磨纸面，局部破坏纸面肌理，再施以水彩，使之产生特定的肌理效果。

（7）水印：水印是指在水中挥洒些油彩，然后搅动水面使油彩自然流动和变化，当出现理想的肌理时将纸附上，过片刻，当油彩印到纸上后再将纸轻轻拉起，水纹式的肌理就会跃然纸上了。

（8）印刷或自印：用丝网版、石版、铜版、木版等效果综合制作。

（同时欣赏用各种表现手法表现的肌理作品）

（本课时重点介绍前四种基本表现方法：拓印、喷雾、拼贴、手绘。后四种将留至下节课继续介绍）

三、运用肌理

刚才了解和欣赏了部分的肌理表现方法，其实还有很多种方法可以表现各种不同的肌理效果。接下来,请各小组运用自己所带的材料,使用两种以上的表现方法来完成一张作品,作品表现的题材为《童年的记忆》。

(学生根据要求,分小组进行创作)

四、展示、评价作品

请各小组派代表来展示自己小组的作品,并陈述运用到哪些表现方法和创作意图。

(同学间自评和互评)

五、课后拓展

注意发现和收集生活中美好的事物,下节课将继续来探讨和实践另四种肌理的表现方法。同时在生活中,我们应多留下美的肌理,不要留下不文明的肌理。也可以将艺术融于文化课之中,以艺术的美感提升对知识的理解。

另外,艺术课程也可以穿插、融合于文化课的学习当中,通过艺术的美感来加深对文化知识,尤其是古典、历史文化知识的学习和理解。比如《游园惊梦》里对昆曲的介绍和学习使同学们更好地理解牡丹亭的故事,仔细品味作品人物的心情写照,更好地融入到故事当中。

游园惊梦

课时:

1 课时。

教材分析:

昆曲是具有六百年历史的文化遗产,但是和我们现在的生活有一定的距离,学生们对昆曲的了解也知之甚少。

本堂课希望通过对《牡丹亭》的故事介绍和片段、情节欣赏,激发学生对昆曲的兴趣,并能亲自体验昆曲。

学情分析:

初中生接触较多的是流行音乐,对一些传统的艺术不熟悉、不了解、不接纳,对于昆曲艺术更是很少能接触到。

本堂课旨在从《牡丹亭》这一个剧目出发,通过对这一故事的了解、欣赏,激发学生对昆曲的兴趣,并从中理解一些昆曲的相关知识。

教学目标:

(1) 了解昆曲艺术的基本知识。

(2) 通过教师介绍,知道《牡丹亭》的故事经过及现实意义,并能从中感受昆曲的美。

(3) 学唱一句昆曲。

重点和难点：

(1) 了解昆曲“百戏之祖”的地位及其独特的唱腔、表演方式。

(2) 通过《牡丹亭》感受昆曲的美。

(3) 能够学唱一句昆曲。

教学准备：

多媒体设备；视频资料(昆曲的行当分类及程式化表演介绍；《牡丹亭》故事介绍，《牡丹亭》“游园”，《牡丹亭》“叫画”)。

教学过程：

一、导入

欣赏流行音乐作品《在梅边》

提问：你在这个流行音乐作品里观察到哪些非流行的元素？

答案：戏曲音乐、武生、书生、书法、亭子、塔、梅花、蝴蝶、“牡丹亭”。

导入到昆曲《牡丹亭》

二、新授

1. 昆曲的基本知识介绍

(1) 历史知识：元末明初之际产生于江苏昆山一带，原名“昆山腔”，有六百多年的历史，被誉为“百戏之祖”。

2001 年 5 月 18 日被联合国教科文组织列为“人类口述遗产和非物质遗产代表作”。

(2) 水磨腔：细腻、婉转、清雅，如红木般的光泽被细细打磨出来。

(3) 视频介绍：行当(柳梦梅—巾生、杜丽娘—闺门旦)；程式化表演。

2.《牡丹亭》故事介绍及欣赏

(1) 视频概述故事内容。

(2) 图片、视频详介故事内容。

(3) 汤显祖对《牡丹亭》的题词及《牡丹亭》对现实生活的影响。

3. 昆曲学唱

学唱《牡丹亭》“游园”中的第一句，感受昆曲。

昆曲演唱要求：水磨腔，讲清字头、字腹、字尾，字头带喷口。

演唱形式：齐唱、独唱。

三、讨论和总结

1. 学生讨论

经过本课的学习，你对昆曲或者《牡丹亭》有怎样的想法和见解？接触了昆曲，对你自己有什么样的影响呢？

2. 教师总结

《牡丹亭》的结局无外乎才子佳人大团圆，但过程精致典雅，两位主人公不计生死，不问功利，毫无结果，苦苦追寻，终得真爱，这是昆曲的深情。

现代人的生活太快，太忙碌，所以现在昆曲、太极、瑜伽、古琴等，却悄悄热门起来，大家不妨腾点时间出来让自己放慢脚步，过点更细腻、更雅致的生活。

品味昆曲就是个不错的选择。昆曲本身也在适应着时代的要求，青春版《牡丹亭》就把原来的五十五折精简到二十九折。所以也希望同学们能更关注我们的昆曲，关注我们的世界遗产。

第四节　农民工子女艺术教育展望

一、引导社会各界正确认识艺术教育

艺术教育是运用艺术美、自然美、社会生活美，培养学生正确的审美观点和感受美、鉴赏美、创造美的能力，塑造健全的人格和健康的个性，促使受教育者全面和谐发展的重要途径和手段。学校对艺术教育重不重视，关键在于学校领导者对艺术教育的认识是否正确。学校领导者应以发展的眼光看待新课程，理解艺术教育的内涵，加深对艺术教育的认识。此外，政府机关及教育机构应积极发挥媒体的作用，使社会各界增进对艺术教育的了解，改变原有的忽视艺术教育的旧观点，加深对艺术教育的认识，并扩大社会各界人士参与艺术教育的机会，引起公众对艺术教育的关心和支持。

二、加快考试制度改革的步伐

随着素质教育的进一步深入，艺术教育在基础教育中的地位已基本确立，社会各界人士已经能够认识到实施艺术教育的重要性。但是多年来，在应试教育的长期影响下，一些学校校长、教师、家长以及学生本身还是无法轻易摆脱过于关注学习成绩以及升学率的旧观念，过分注重文化课的学习，一切对升学考试有用的课成为主要学习对象，忽视了学生自身艺术教育修养的培养。农民工子女更是如此，由于以前在农村，基础教育都不太完善，艺术教育更是基本空白。再加上父母对孩子成绩的过分追求，一心期盼子女能够出人头地、在城市中站稳脚跟，因此，外来农民工往往只注重孩子的文化课，对艺术教育通通认为是不务正业。

要解决这一现象首先要从改变基础教育的升学方式入手，改变只靠分数来决定升学的规定，代之以既考虑学业考试成绩，又考虑学生各个方面综合发展情况的招生办法。在考试的命题上，借鉴国际上的成功经验，补充综合能力考核等方面的要求，建立真正适合学生全面发展的升学体制。建立完善的考

试评价制度，在评价主体、评价标准、评价方式等方面不能采用固定的、单一的方式，完善考试评价体系，实行新的适应学生素质全面发展的考试评价制度。

三、完善学生评价体系

评价是为了更好地发展，评价学生的根本目的是为促进学生的发展，而不是为了检查学生的表现；评价是为学习服务的，其目的在于提高学习的效率，是学习的动力和源泉；评价是为人的终身发展服务的。评价要关注个体的处境和需要，尊重和体现个体的差异，激发个体的主体精神，以促进每个个体最大可能地实现其自身的价值。以往的评价着重于判定结果是否达到了预期的目标，多根据外显的、可以把握的、具体的行为进行评价，这种方法严重地忽视了过程性，忽视了人丰富的内在变化，是一种量化的评价方式，把学生的发展状况简单地用几个数字来概括，这样的评价不但不够客观公正，而且不能够促进学生的发展。应采取质化的评价方式，把教学活动中全部情况都纳入评价范围，主张凡是有教育价值的结果，不论是否与预定目标符合，都应当受到评价的支持。在艺术课程中，不应该只关注学生对艺术知识、技能的掌握程度以及艺术能力的高低，还应该注重学生在接受艺术教育后，在道德品质、人文素养等方面获得发展的评价。

在具体的评价中要掌握以下几点：第一，要注重对学生全面发展的综合评价。在艺术课程中不仅要关注学生对艺术知识、技能的掌握程度的评价，更要注重通过艺术学习，学生在科学知识和人文素养方面获得发展的评价。第二，注重对艺术学习过程的评价。艺术教育关注的不是教育的结果，而是艺术教育过程中学生如何发挥自己的主动性、想象力、创造力及合作能力，因此评价应该对学生的学习过程以及个性发展来评价。第三，评价主体多元化。在教师对学生进行评价的同时加入了自评、互评的方式，这种多元化的评价有助于学生形成艺术评价标准，提高艺术鉴赏能力以及自我反思的能力。具体的评价方法：第一，可以采取“艺术成长记录袋”的方法。“艺术成长记录袋”是一种用来记录学生整个艺术成长过程的资料夹，用它来对学生进行评价可以帮助学生对自己的艺术学习过程进行思考和自评。第二，还可以采取问卷的方式进行评价。第三，对学生评价的结果要以语言描述或图表等形式反映出来。这些报告要与预先确定的教学目标联系起来，报告要体现对学生学习结果整体的认识，评价报告不仅包括教师对学生的评价，也包括学生的自我评价。

结　语

恩贝托·埃科说:“了解别人并非意味着去证明他们与我们相似,而是要去了解并尊重他们与我们的差异。”同样,促进城乡文化的融合并不意味着用城市文化取代农村文化,而是在尊重差异的基础上,用公认、理性、进步的文化价值观将城乡文化有机结合。

多元融合的文化强调相互理解,以尊重、包容的态度面对各种差异。加强区域文化优势认同,引导学生在保持对自身文化的自豪感的同时,真诚地理解和尊重其他文化体系,从而实现区域文化更新与资源整合。在我国长期的城乡二元分割体制下,形成了城市与农村各自相对独立的发展机制,强化了城乡的差异,加之农民工进城后,受到城市居民的排斥和偏见,在经济和社会上处于边缘地位。城市生活要求他们丢弃原有的农村文化,城乡融合的代价就是城市文化对农村文化的吞噬。但农村文化与城市文化有着同样的发展历史和存在价值,农村文化是城市文化的有益补充,通过合理的吸纳与融合,可以促进城市文化的创新与发展。因此,我们有必要对来自不同地方的农村文化赋予城市文化一样的重视与珍惜,构建多元融合的文化体系。

而城乡一体化是随着经济社会的发展,把城乡教育置于由城市和乡村所构成的同一个大系统中,打破城乡二元经济结构和社会结构的束缚,把它们视为同一个整体,在相互支持、相互促进的前提下通过教育传承分享和发展共同的文化成果。不管是城市学生还是农民工子女,他们都是中华人民共和国的公民,有着共同的文化血脉,享有平等的受教育权,长大后都要成为社会主义的接班人,国家对他们有着相同的要求和期待,因此在人才素质的培养上肯定会有许多的一致性。这些必须由一体化的教育来完成。

因此,一体化教育是对农民工子女和城市学生的共同要求,多元化教育是对城市文化和农村文化差异的尊重;一体化教育是开展多元化教育的基础,多元化教育是对一体化教育的有效补充,“多元一体”是两者的有机结合,是对“一体”与“多元”矛盾的有效求解。

面对多元化的学生,学校既不应该回避文化冲突的现实,也不能抱着传统一元文化的思路，排斥或维护其中一种文化，而应该引导学生关注不同文化的差异及其形成的深层次原因，鼓励学生认识到多元文化的优势和趋势，努力建立共享的多元一体的文化体系。具体来看，构建多元一体文化体系的实践路径有：

一、更新文化理念

置身于多元文化的环境中，以怎样的立场、原则来看待和处理多元文化，是学校必须面对的问题。“多元文化”强调文化的差异性，但不代表其否认文化的共通性，文化之间的差异也不是导致矛盾的最终原因，我们甚至可以通过不同文化的沟通，打破抵制和矛盾，形成新的校园文化，最终实现在保持各自特色基础上的城乡教育一体化。

因此，我们需要增强学校的文化意识，帮助学生树立正确的文化理念，消除对不同文化背景的偏见。同时，不断融合不同文化的优势，提升学校的文化厚度。单一的文化理念只能是肤浅的、不全面的，只有肯定与包容不同的价值观和文化，为不同文化背景的学生创造一个公平的教育环境，才能真正促进不同文化的融合、互补，帮助农民工子女在城市文化中找到自己的立足之地。

学校在提倡多元文化理念的基础上，应该把对不同文化的肯定落实到具体的工作细节当中，具体措施有：第一，消除刻板印象与偏见。教师在教学过程中应该帮助学生树立正确的文化观念，使其认识到文化间虽然存在差异，但没有优劣之分。消除城市子女对农民工子女的不良偏见，通过事实教育来建立城市居民对农民工子女的正确认识，向学生介绍新闻报道、杂志中遇到的对农民工子女偏见和歧视的问题，以引起老师和学生的重视。第二，教师应该对农民工子女给予更多的鼓励和肯定，提升其对自身文化的自豪感。同时，多多组织校园活动，提供机会让城市学生与农民工子女交流、沟通，以获得对不同文化的经验和感知。第三，采用混合编班制，组织城乡帮扶小组。将城市子女与农民工子女实行混合编班，构建不同文化的班级生态环境，使城乡文化在同一个班级中得到交流和互动。在课堂教学中，师生共同尊重不同文化的差异，教学呈现多元形态，在不同文化的摩擦与融合中求得观点的碰撞、思维的火花。在课下，可以对农民工子女进行必要的补偿教育，组织帮扶小组，促进农民工子女和城市原住民子女的融合，使农民工子女能够尽快地适应城市教育的要求、标准和教学方式方法。

二、重视心理支持

农民工子女来到城市，文化的冲突和社会的偏见导致他们产生一系列的心理问题。比如，成长环境与行为习惯的不同，再加上城里人的歧视，使农民工子女产生强烈的自卑感，缺乏社会认同感和自信心。同时，大部分民工子女性格内向，不经常与老师和同学沟通，心理上的自我封闭造成了行为上的孤立，他们渐渐脱离集体的温暖和纪律的约束，形成孤僻的性格。由于长期被冷淡和歧视，再加上自我的封闭和孤立，使一些民工子女感情脆弱，容易出现偏激的行为，情绪反应强烈，自我控制能力差。

因此，农民工子女融入城市文化，适应城市生活，不仅仅是行为、文化上的适应，更重要的是塑造良好的心理状态，促进自我同一性的发展和社会化的实现。农民工子女融入城市是一个系统工程，需要多方合作，需要政府、学校、社区、家庭以及个体本身等给予多方面的心理支持，使他们从心理上和城市文化接轨。

从农民工子女融入城市文化的心理支持模式的具体内容来看，主要分为内部支持和外部支持。外部支持又是从以下几个方面体现：第一，学校心理支持系统的构建，包括学校文化的建设营造心理支持的氛围，促使其较快地适应城市学校生活，关注心理健康、补偿教育、文化适应性教育等将为农民工子女的融入提供切实保障；第二，政府心理支持系统的构建，包括正确引导舆论、户籍改革、重视学校心理健康教育制度、完善心理干预网络等，从宏观上进行调控和导向；第三，社区心理支持系统的构建，包括健全组织机构，提供信息、心理支持，作为一种联动和补偿的形式存在；第四，家庭心理支持系统的构建，主要来自父母积极的生活态度、合力期望和良好的亲子沟通、家庭氛围。内部支持主要从五个方面塑造：通过合理归因、自信训练等让个体认识自我、悦纳自我；通过行为训练使个体学会交往；通过情感教育使个体学会合理宣泄，识别情绪，管理情绪；通过抗挫、意志力训练使个体坚强意志、面对挫折；通过艺术教育、学习策略训练培养特长，快乐学习。内外互动，综合作用。

三、良好习惯养成

农民工子女在进入城市社会后，面对不同文化的冲突，都面临着改变原来文化体系中的不足，吸取新型文化的优势的问题。我们肯定多元文化的价值，但是必须要“取其精华、去其糟粕”，不能一味地全盘接受。

行为习惯养成首先可以为农民工子女适应城市文化提供必要的条件，也能够使农民工子女理解和接受城市主流文化的核心价值观。在外来农民工子女身上，的确存在一些不良的行为习惯，只有改变这些不良习惯，才能适应城市社会和学校的要求，更好地适应城市文化。同时，培养良好的习惯也能使民工子女与城市原住民找到交流的共通点与适合的方式，帮助他们克服交往中的自卑心理，大胆地与城市同伴群体交往，促进城乡文化的融合，体会到城市的主体感。

具体来讲，培养良好的习惯主要从学校、家庭和农民工子女自身来实现。

学校是培养良好习惯的重要场所，学生大部分的时候都是在学校接受教育，而农民工子女年龄的特殊性也使他们更加听从老师的指导，对老师“言听计从”。因此，学校应该构建合理的习惯养成体系，激情明理，让农民工子女明白养成良好习惯的道理，激发其内在动机，培养学生养成良好习惯的意愿；行有所依，建立科学、具体、可操作的行为规范，无论走到哪，都有规范约束学生的行为，将认识转化为真正可实行的实践；检查督促，建立严格的检查制度，防止侥幸和松懈心理，保证良好行为习惯的长期保持；奖优促差，形成科学的激励体制，使学生感到自己对习惯养成的投入得到了应有的回报，巩固习惯养成的内在动机，激发习惯养成更大的动力。家庭教育也是习惯养成非常重要的一环，父母的榜样和指导对子女的行为习惯养成有很大的促进作用。但农民工家庭环境的特殊性，使家庭教育面临着许多的挑战。首先，应该扭转农民工对子女重智育、轻德育的培养倾向，树立全面发展的观念。除了重视孩子学习习惯的培养之外，还必须重视孩子生活习惯、思维习惯的培养。其次，要营造良好的家庭教育氛围，父母应该做好孩子的榜样，改掉自身的不良习惯，以免传染给子女。同时要尊重子女的人格，以诚恳的态度指出孩子的不足，动之以情、晓之以理，以免引起孩子的逆反心理。除了学校和家庭之外，农民工子女应该培养自己的主动意识，做习惯的主人，经常反思自己的不足，树立高远的目标，培养坚定的意志。

四、全面提升素质

学校课程反映了人类文化的基本成果，起到承载文化、传递文化的功用。但是，学校的课程内容往往是由社会主流文化决定的，即使现今社会一再强调素质教育、审美文化的重要性，可是面对着高考的强大压力，基础文化学科依然是学校课程的重中之重。但学校应该重视学生素质的培养，引进艺术教育，培养操作能力等，不要把孩子塑造成只会考试的机器。

面对着多元文化的学生，农民工子女在专业课方面本来就存在很多薄弱之处，底子不扎实，学习习惯也有待改良。这时，我们应该引进艺术教育为单调的文化学科增砖添瓦，通过艺术课程的欣赏和创造，提高审美素养，从认知、情绪、意志等方面促进农民工子女对城市文化的融合。首先，艺术教育可以完善认知，启发思维培养的创造力，促进创新能力的发展；其次，艺术移情，通过陶冶农民工子女的情感，解决农民工子女的适应性问题，促进身心健康和自我意识的发展；第三，艺术教育可以培养农民工子女的“抗挫心理”，培养其顽强的意志品质；第四，以美引善，在艺术中启发哲理性的思考，提升农民工子女的人格魅力和完美个性；第五，愉悦审美，通过艺术的情感传达和交流，推动农民工子女的人际关系和生活环境趋向和谐。

学校可以通过举办校园文化艺术节和校园艺术活动来培养学生的艺术修养。同时,要重视对艺术课程的设置。将艺术课程穿插在文化课程当中,对不同年级的学生提出不同的艺术培养目标,还可以将艺术课程融入文化课的学习当中,通过艺术的美感来加深对文化知识,尤其是古典、历史文化知识的学习和理解。当然学校也可以通过科技活动培养学生的动手能力,组织演讲比赛锻炼学生的表达能力等,通过多种多样的校园活动全面提升学生素质。

构建多元一体的文化体系是一条很长的路,离不开学校、家长以及学生的努力,也要依托政府的支持。政府要多制定促进"多元一体"文化融合的政策,为农民工子女与城市文化融合营造有利环境。通过多元一体的文化教育,利用文化的差异性资源,培养学生对城乡文化的理解和尊重,增加城市学生与农民工子女学生的共同点,培养学生胸怀全局、兼顾城乡、谦和平等的品格。同时,在多元一体教育格局下,加速文化融合,建设全新的学校文化,并最终实现创新城市文化和农村文化的目的。

参考文献

中文部分

1. 宝玉柱. 人口迁移与移民教育. 民族教育研究,1997(3):85 -90.
2. 鲍列夫. 鲍列夫美学. 北京:中国文联出版社,1986.
3. 毕大林. 语文教学与艺术想象. 南京师范大学文学院学报,2000(3):78 -83.
4. 蔡元培. 蔡元培先生全集. 台北:台湾商务印书馆股份有限公司,1991.
5. 曹述蓉. 农村留守儿童学校适应的实证研究:以湖北省6县304名留守儿童为例. 青年探索,2006(3):16 -19.
6. 陈风. 企业跨国经营的文化因素. 闽江学院学报,2003,24(4):27 -29.
7. 陈海燕. 学校制度文化建设的个案研究. 硕士学位论文. 浙江师范大学,2009.
8. 陈怀川. 进城农民工子女社会适应性问题研究. 硕士学位论文. 西北师范大学,2007.
9. 陈会昌,张红梅. 对中学生的人格建构与学校适应的相关分析. 心理学报,2007,39(1):129 -134.
10. 陈慧,车宏生,朱敏. 跨文化适应影响因素研究述评. 心理科学进展,2003,11(6):704 -700.
11. 陈金生,贾后明. 试论城乡文化差异和统筹的重要意义. 市场论坛,2004(2):25 -27.
12. 陈君. 大学新生学校适应、社会支持及其关系的调查研究. 硕士学位论文. 华中师范大学,2004.
13. 陈君. 大学新生的社会支持与学校适应问题探析. 武汉科技大学学报:社会科学版,2004,6(4):69 -72.
14. 陈琳. 移民子女为主体的公办初中学校德育实践的探索. 硕士学位论文. 苏州大学,2008.

15. 陈姝娟,周爱保. 主观幸福感研究综述. 心理与行为研究,2003,1(3):214-217.
16. 陈向明. 旅居者和"外国人":留美中国学生跨文化人际交往研究. 长沙:湖南教育出版社,1998.
17. 陈晓蓓. 中国九城市流动儿童大部分就学有保障. 中国教育报,2003-11-06.
18. 程建,王春丽. 农民工子女与城市社会主流文化冲突之考察. 法制与社会,2010(10):235-236.
19. 程仙平. 民工子女学校融入问题研究. 硕士学位论文. 华东师范大学,2009.
20. 褚宏启. 城乡教育一体化:体系重构与制度创新——中国教育二元结构及其破解. 教育研究,2009(11):3-11.
21. 辞海编辑委员会. 辞海. 上海:上海辞书出版社,1979.
22. 崔娜. 初中生学校适应与自我概念的相关研究. 硕士学位论文. 西南大学,2008.
23. 崔丽娟,丁沁南,程亮. 流动儿童社会融入特点、影响因素及促进策略. 思想理论教育,2009(16):25-29.
24. 邓潘顺莲. 初一学生的学校适应. 当代青年研究,1993(Z1):58-59.
25. 丁睿. 流动儿童的心理社会适应研究. 黑龙江科技信息,2010(2):79.
26. 董妍,俞国良. 青少年学业情绪问卷的编制及应用. 心理学报,2007,39(5):852-860.
27. 窦泽秀. 社区行政——社区发展的公共行政学视点. 济南:山东人民出版社,2003.
28. 范先佐. "流动儿童"教育面临的问题与对策. 当代教育论坛,2005,4(7):24-29.
29. 冯炜,赵建军. 关于中小学学校文化建设的思考. 河北师范大学学报:教育科学版,2009(12):117-123.
30. 高灿. 英国乡村雇工子女教育的影响因素简析:工业革命后至初等教育法颁布之前. 克山师专学报,2004(4):99-103.
31. 高娟. 艺术教育对培养学生心理素质的作用. 湖南教育,2005(4):37.
32. 高星原. 多元文化下学校应搭建文化共享平台. 现代教育科学,2009(4):23-25.
33. 格茸拉姆. 贫困民族地区学生学校适应与师生关系的相关研究. 硕士学位论文. 云南师范大学,2006.

34. 郭伯良,王燕,张雷.班级环境变量对儿童社会行为与学校适应间关系的影响.心理学报,2005,37(2):233-239.
35. 郭伯良,张雷.班级环境对儿童受害和同伴接受、学习成绩关系的影响.中国临床心理学杂志,2004,12(3):244-249.
36. 郭彩琴.城市中"农民工"子女受教育不公平现状透视.学海,2001(5):180-184.
37. 郭宏燕.初中生学业情绪的干预研究.硕士学位论文.山西大学,2009.
38. 郭良春,姚远,杨变云.公立学校流动儿童少年城市适应性研究:北京市JF中学的个案调查.中国青年研究,2005(9):50-55.
39. 郭声健.什么是艺术教育.中国音乐教育,1996(1):8-9.
40. 国务院研究室课题组.中国农民工调研报告.北京:中国言实出版社,2006.
41. 郝森林.浅论艺术教育的价值.河南大学学报:哲学社会科学版,1988(6):77-80.
42. 何光峰.流动人口子女学习存在的问题及教育干预.教育科学研究,2002(11):53.
43. 何奕飞.促进城乡教育的均衡发展.中国教育学刊,2006(3):40-43.
44. 何长平.现代中小学学校文化建设研究.硕士学位论文.江西师范大学,2006.
45. 胡进.流动人口子女心理健康存在的问题及教育干预.教育科学研究,2002(11):52-53.
46. 胡韬.流动少年儿童社会适应的发展特点及影响因素研究.硕士学位论文.西南大学,2007.
47. 黄辛隐,陈小娜.苏州市未成年人健康成长指导中心204例面询分析.中小学心理健康教育,2007(19):22-23.
48. 黄兆信,郭丽莹.农民工子女融合教育:教师职业能力面临新挑战.教育科学,2010,26(2):12-15.
49. 纪大海.城乡统筹的关节:文化融合与教育一体化.光明日报,2006-03-12.
50. 贾晓波.心理适应的本质与机制.天津师范大学学报:社会科学版,2001(1):19-23.
51. 江光荣.班级社会生态环境研究.上海:华中师范大学出版社,2002.
52. 姜淑香.艺术教育与人的全面发展.兵团教育学院学报,2003,13(3):52-54.

53. 景晓芬."社会排斥"理论研究综述.甘肃理论学刊,2004(2):20－24.
54. 康佳琼."留守儿童"教育问题再思考.现代经济信息,2008(1):119.
55. 柯永河.习惯心理学:古今中外的习惯探讨与研究·历史篇.台北:张老师文化事业股份有限公司,2007.
56. 克莱南.德国音乐教育的历史与现状.云南艺术学院学报,2001(1):20－30.
57. 孔克勤,叶奕乾,杨秀君.个性心理学.上海:华东师范大学出版社,1993.
58. 库尔特·勒温.拓扑心理学.杭州:浙江教育出版社,1997.
59. 李潮海,于月萍.城乡教育一体化若干基本问题的思考.现代教育管理,2010(4):14－18.
60. 李成宏.建设以艺术体育为特色的完全中学.教书育人,2007(5):11－12.
61. 李春,杨渝川.儿童社会行为与其学校适应的关系.洛阳师范学院学报,2004(4):108－110.
62. 李海宝.外来民工子女不良习惯原因分析及教育对策.教育科研论坛,2009(8):73－75.
63. 李红菊,梁海萍.智力落后儿童不良情绪与学校适应研究现状及展望.中国特殊教育,2006(3):9－12.
64. 李红婷.城区学校农民工子女文化适应的人类学阐释.湖南师范大学教育科学学报,2009(2):30－34.
65. 李红霞.国外学者关于文化与学校文化的理解与启示.外国教育研究,2007(2):17－21.
66. 李辉,朱丽芬,李梅.大学生学校适应性研究综述.云南师范大学学报:哲学社会科学版,2006,38(2):125－127.
67. 李慧.农民工子女在城市不同类型初中就学情况的比较研究.硕士学位论文.东北师范大学,2010.
68. 李金莲.福州市农民工子女教育现状及管理问题的研究——以晋安区8所小学的调查为例.硕士学位论文.福建师范大学,2008.
69. 李敏,万正维.城乡教育一体化进程中的文化建设初探.成都大学学报:教育科学版,2007,21(4):9－11.
70. 李鹏程.当代文化哲学沉思.北京:人民出版社,1994.
71. 李强.农民工与中国社会分层.北京:社会科学文献出版社,2004.
72. 李文道,邹泓,赵霞.初中生的社会支持与学校适应的关系.心理发展与教育,2003(3):73 - 81.
73. 李晓巍,邹泓,王莉. 北京市公立学校与打工子弟学校流动儿童学校适应的比较研究. 中国特殊教育,2009(9):81 - 85.
74. 李学农. 广义学校文化论. 江苏教育学院学报:社会科学版,1994(1):4.
75. 李志,丁贻劭. 女生大学生活适应性调查. 重庆大学学报:社会科学版,1999(1):94 - 98.
76. 廉串德,郑日昌. 高一学生学校适应与教师领导行为关系之初探. 心理发展与教育,2002(4):61 - 64.
77. 林文瑞,王壬. 农民工子女社交问题解决策略的特点研究. 中国健康心理学杂志,2009,17(12):1447 - 1449.
78. 刘宝驹. 统筹城乡社会经济发展,加快成都市城乡一体化进程. 天府新论,2005(5):61 - 63.
79. 刘电芝,鲁迟,彭杜宏. 进城农民工城市融入分析:以苏州地区为例. 苏州大学学报:哲学社会科学版,2008(1):29 - 34.
80. 刘岚. 审美和谐　美育教学需梳理的关系. 中国成人教育,2008(6):122 - 123.
81. 刘秒杞. 我国城市中学生艺术教育问题及对策研究. 硕士学位论文. 东北师范大学,2008.
82. 刘守尧. 浅析校园文化的特征以及在实践中的几对关系. 中国轻工教育,2005(3):31 - 32.
83. 刘曙东. 中国近代城乡的文化差异及启示. 湖南文理学院学报:社会科学版,2007(1):75 - 78.
84. 刘天凤. 农村初中生的父母教养方式与学校适应的关系. 硕士学位论文. 山东师范大学,2006.
85. 刘万伦,沃建中. 师生关系与中小学生学校适应性的关系. 心理发展与教育,2005(1):87 - 90.
86. 刘旺,冯建新. 初中生学校适应及其与一般生活满意度的关系. 中国特殊教育,2006(6):77 - 81.
87. 刘文贞. 初中生情绪安全的特点及其与心理适应的关系. 硕士学位论文. 山东师范大学,2007.
88. 刘新其,程墨. 谁来关爱"寂寞的花朵":对新时期农村"留守孩子"问题的调查与反思. 中国教育报,2004 - 10 - 05.
89. 刘杨,方晓义,张耀方,蔡蓉,吴杨. 流动儿童城市适应标准的研究. 应用心理学,2008,14(1):77 - 83.

90. 刘珍珍. 流动人口子女教育问题研究. 当代教育论坛,2005(12):23-24.
91. 刘正荣,陈家麟. 充分发挥校园文化的心育功能. 小学教学参考,2005(6):4-6.
92. 刘正荣. 进城就业农民子女心理健康问题研究. 硕士学位论文. 扬州大学,2007.
93. 柳菁. 大学生社会支持、心理健康与主观幸福感的关系. 硕士学位论文. 华中师范大学,2008.
94. 陆学艺. 当代中国社会阶层研究报告. 北京:社会科学文献出版社,2002.
95. 吕文清. 透析农民工子女教育问题. 中国教师,2005(5):9-18.
96. 明庆华,刘亚玲. 浅谈流动人口的子女教育问题. 湖北大学学报:哲学社会科学版,1999(3):90-92.
97. 欧阳敏. 中学美术特长班规范化教学探索. 当代教育论坛,2008(12):93-95.
98. 潘振娅. 影响家校合作的家长因素研究——基于对上海 YH 中学的调查分析. 硕士学位论文. 华东师范大学,2009.
99. 彭茂辉,胡廷娜. 不要让我国的城乡教育一体化成为一种愿景. 继续教育研究,2010(8):112-113.
100. 彭彦琴,江波,詹艳. 学校文化建设的思路与模式——以苏州市 A 小学学校文化建设为例. 教育科学研究,2009(12):33-36.
101. 彭彦琴,江波. 审美心理素质教育模式探析. 心理科学,2005,28(1):154-157.
102. 祁正庆. 独生子女与非独生子女中学生的学校适应感比较研究. 中国健康心理学杂志,2009,17(1).
103. 邱兴,杨志俊. 论城市新移民子女亚文化跨越的学校教育干预. 教育学报,2006(5):53-57.
104. 邱兴. 以色列新移民子女教育的经验教训. 外国中小学教育,2005(2):21-24.
105. 邱兴. 城市新移民子女教育:从概念到行动. 教育导刊,2006(12):14-16.
106. 邱兴. 流动人口子女教育:教师的观念转变与作为. 当代教育论坛,2007(12):11-13.
107. 邱兴. 论礼仪教育与城市新移民子女的亚文化跨越. 教育学报,2007,

3(4):92－96.
108. 邱兴.论城市农转非新移民子女的社会融入问题.四川教育学院学报,2008,24(3):1－3.
109. 屈智勇,邹泓,王英春.不同班级环境类型对学生学校适应的影响.心理科学,2004,27(1):207－221.
110. 任佳慧.农民工子女流入经济发达地区接受义务教育状况的研究:基于浙江省台州市的实证调查.硕士学位论文.华中农业大学,2006.
111. 任远,邬乐民.城市流动人口的社会融合:文献述评.人口研究,2006,30(3):87－93.
112. 任智.理性情绪教育对初中学生考试焦虑的干预实验研究.硕士学位论文.湖南师范大学,2005.
113. 申继亮,王兴华.流动对儿童意味着什么:对一项心理学研究的再思考.教育探究,2006(2):5－10.
114. 申振东.贵阳市进城农民工子女城市融入问题研究.贵阳市委党校学报,2006(6):3－7.
115. 石人炳.美国关于流动儿童教育问题的研究与实践.比较教育研究,2005(10):29－33.
116. 石艳玲,孙献文.农村学生学校适应的差异研究.教学与管理,2006(34):34－36.
117. 石长慧.我是谁:流动少年的多元身份认同.青年研究,2010(1):25－39.
118. 史柏年等.城市边缘人:进城农民工家庭及其子女问题研究.北京:社会科学文献出版社,2005.
119. 孙士梅.青少年学业情绪的发展特点及其与自我调节学习的关系.硕士学位论文.山东师范大学,2006.
120. 孙湘明,萧沁.艺术教育融合模式的建构.现代大学教育,2005(1):67－69.
121. 孙鹤娟.学校文化管理.北京:教育科学出版社,2004.
122. 谈军.浅谈校园隐性文化的管理.科学创业月刊,2006(1):152－153.
123. 谭六三.走综合中学办学之路　促进城乡教育一体化:城乡结合部中学办学模式的思考与探索.中国教育学刊,2006(5):33－36.
124. 谭千保,陈宇.班级环境对初中生学校适应的影响.中国临床心理学杂志,2007,15(1):51－55.
125. 谭千保.城市流动儿童的社会支持与学校适应的关系.中国健康心理

学杂志,2010,18(1):68－70.
126. 汤林春. 以城乡文化融合促进学校文化创新. 人民教育,2008(7):7－10.
127. 汤林春. 农民工子女就读城市公办学校的文化冲突与融合研究. 教育发展研究,2009(10):7－12.
128. 唐贵忠,唐晓君,肖家慧. 重庆市城区流动儿童社会适应情况. 中国学校卫生,2007,28(3):228－229.
129. 唐咏. 流动儿童的身份认同和心理健康研究. 天津市经理学院学报,2008(5):23－25.
130. 田丽丽,刘旺,Rich Gilman. 中学生生活满意度的跨文化比较研究. 应用心理学,2005,11(1):21－26.
131. 汪流. 艺术特征论. 北京:文化艺术出版社,1984.
132. 王静洁,石晶. 教师在流动儿童社会支持系统中的作用:一项流动儿童生命历程的研究. 思想理论教育,2009(16):30－33.
133. 王克勤. 论城乡教育一体化. 普教研究,1995(1):6－8.
134. 王丽芳. 学生的适应不良与学校的教育指导. 天津教育,1994(12):18－19.
135. 王利敏. 中小学教师心理支持系统构建探讨. 当代教育论坛,2008(10):100－103.
136. 王平强,陶积军,徐文彬. 多元文化交融及其教育影响:以一农民工子女为学生主体的公办学校为例进行分析. 教育导刊,2010(10):36－40.
137. 王亚伦. 论校园文化与艺术教育. 南京金融高等专科学校学报,1994(4):75－78.
138. 王雁飞. 社会支持与身心健康关系研究述评. 心理科学,2004,27(5),1175－1177.
139. 王莹. 对城市中流动儿童社会适应状况的考察与分析. 硕士学位论文. 郑州大学,2005.
140. 王玉兵. 中学新生压力及社会支持、应对方式对压力的调节效应. 硕士学位论文. 山东师范大学,2007.
141. 王中华. 浅谈校长如何引领校园文化建设:以吉首大学师范学院附属小学为个案. 当代教育论坛,2008(5):112－113.
142. 魏新文,姚继韵. 城市社会学. 广州:华南理工大学出版社,1995.
143. 温忠麟,张雷,侯杰泰,刘红云. 中介效应检验程序及其应用. 心理学报,2004,36(5):614-620.
144. 沃建中,马红中,刘军. 走向心理健康:发展篇. 北京:华文出版社,2001.
145. 吴莉娜. 提升艺术教育在高校校园文化建设中的作用. 广西青年干部学院学报,2005,15(3):52-53.
146. 吴武典. 国中偏差行为学生学校生活适应之探讨. 教育心理学报,1997(29):25-50.
147. 吴新慧. 关注流动人口子女的社会融入状况:"社会排斥"的视角. 社会,2004(9):10-12.
148. 吴新慧. 农民工子女社会融入状态分析:基于杭州的实证调查. 经济论坛,2009(8):103-106.
149. 席勒. 美育书简. 上海:译林出版社,2009.
150. 项春雷. 当代中学生行为习惯养成的现状与教育策略研究. 硕士学位论文. 苏州大学,2010.
151. 项贤明. 人口空间位移背景下的教育问题. 教育研究,1998(4):38-48.
152. 肖汉仕. 中学生心理互助资源的开发研究. 中国教育学刊,2007(2):46-47.
153. 肖汉仕. 维护居民精神健康的社会心理支持机制建构. 湖南师范大学社会科学学报,2010(1):87-90.
154. 谢枭鹏. 农民工子女教育问题研究. 硕士学位论文. 西南大学,2006.
155. 谢子龙,侯洋,徐展. 初中流动儿童社会支持与问题行为特点及其关系分析. 中国学校卫生,2009,30(10):898-900.
156. 徐光兴. 跨文化适应的留学生活:中国留学生的心理健康与援助. 上海:上海辞书出版社,2000.
157. 徐晖. 中国城市化进程中的文化因素. 上海社会科学院学术季刊,2000(3):82-90.
158. 徐丽敏. 农民工子女在城市教育过程中的社会融入研究. 学术论坛,2010(1):197-205.
159. 徐新林. 城乡文化差异与在校农村大学生社会化. 西北农林科技大学学报:社会科学版,2007,7(6):117-120.
160. 阎志刚. 城市化与行为失范型社会问题初探. 汕头大学学报:人文科学版,1998,14(3):33-37.
161. 阳植翠,李珊,彭镁. 城市流动儿童的生存质量及其社会支持模型的建构.当代教育理论与实践,2009(2):136-138.
162. 杨阿丽,方晓义,李辉,蔺秀云,刘倩倩.云南省中小学生师生关系发展特点及对学校适应的预测.心理发展与教育,2007(2):49-56.
163. 杨贵仁.2000年全国学生体质健康状况调研结果.中国学校卫生,2002,23(1):2-3.
164. 杨连山.班级氛围与学生的创新精神.天津教育,2003(2):36-38.
165. 杨巍,杨绍安,史丽君.城市环境对城市二代外来移民健康人格发展影响的研究.生产力研究,2007(19):58-59.
166. 杨艳,陈立坤,唐荣.农民工医疗保障问题探讨.北京市计划劳动管理干部学院学报,2005(3):12-15.
167. 姚丽君.浅谈班级良好氛围的营造.大连教育学院学报,2008(2):79.
168. 叶美琴.农民工子女心理问题及学校教育的有效作为.唯实,2007(12):59-63.
169. 殷京生.试论城市文化的特征.宁夏社会科学,2003(1):49-50.
170. 尹海洁,刘耳.社会统计软件SPSS15.0 For Windows简明教程.北京:社会科学文献出版社,2008.
171. 于红.建立公安民警心理支持系统的思考:关于青岛市公安民警心理健康状况的调研分析与建议.中共青岛市委党校青岛行政学院学报,2008(11):70-74.
172. 余红宁.初中教师和学生对初中生课堂问题行为态度的比较研究.硕士学位论文.北京师范大学,2002.
173. 俞国良,董妍.学业情绪研究及其与学生发展的意义.教育研究,2005(10):39-43.
174. 俞志达.论艺术教育与人的全面发展.浙江艺术职业学院学报,2005,3(1):117-124.
175. 袁立新,张厚粲.初中学生学校生活适应量表的编制.北京师范大学学报,1996.
176. 袁巧玲.农民工子女社会融入问题的调查与思考.辽东学院学报:社会科学版,2010(5):66-71.
177. 曾群,魏雁滨.失业与社会排斥:一个分析框架.社会学研究,2004(3):11-17.
178. 曾守锤.流动儿童的社会适应:追踪研究.华东理工大学学报:社会科学版,2009(3):1-6.

179. 张斌贤. 流动人口子女教育研究的现状与趋势. 清华大学教育研究，2001(4):4.
180. 张大均. 教育心理学. 北京:人民教育出版社,2005.
181. 张厚粲,徐建平. 现代心理与教育统计学. 北京:北京师范大学出版社,2004.
182. 张立文. 和合学概论. 北京:首都师范大学出版社,1996.
183. 张文宏,雷开春. 城市新移民社会认同的结构模型. 社会学研究,2009(4):61-87.
184. 张兴贵,何立国,郑雪. 青少年学生生活满意度的结构和量表编制. 心理科学,2004,27(5):1257-1260.
185. 张宜书. 论艺术教育与审美教育之差异性. 黄冈师范学院学报,2003,23(5):46-48.
186. 张羽,邢占军. 社会支持与主观幸福感关系研究综述. 心理科学,2007,30(6):1436-1438.
187. 张中文. 我国乡村文化传统的形成、解构与现代复兴问题. 理论导刊,2010(1):31-33.
188. 赵海峰. 后现代主义与文化整合. 求是学刊,2001(3):15-18.
189. 赵红伟. 城市弱势群体子女初中阶段学习适应问题的调查与干预. 硕士学位论文. 山东师范大学,2006.
190. 赵建平,葛操. 初中生社会支持与心理健康的相关研究. 中国健康心理学杂志,2006,14(2):32-135.
191. 赵燕鹰,张东生,白波,吉如河. 大学新生学校适应与家庭环境关系研究. 中国学校卫生,2005,26(2):147-148.
192. 赵振杰. 浅论习惯养成的教育学意义. 教育探索,2004(6):62-64.
193. 赵中建. 学校文化. 上海:华东师范大学出版社,2004.
194. 郑朝阳. 全球化背景下的文化整合. 西南民族大学学报:人文社科版,2004,25(2):454-456.
195. 郑金洲. 教育文化学. 北京:人民教育出版社,2000.
196. 钟以俊. 论审美视野中的学校文化创新. 教育导刊,2005(9):9-13.
197. 周皓,章宁. 流动儿童与社会的整合. 中国人口科学,2003(4):69-73.
198. 朱力. 群体性偏见与歧视:农民工与市民的摩擦性互动. 江海学刊,2001(6):48-53.
199. 朱丽娜. 进城农民工子女城市适应状况调查:以武汉市为例. 硕士学位论文. 华中师范大学,2008.

200. 朱智贤. 心理学大辞典. 北京:北京师范大学出版社,1989.
201. 邹泓,屈智勇,叶苑. 中小学生的师生关系与其学校适应. 心理发展与教育,2007(4):77 -82.
202. 邹泓,屈智勇,张秋凌. 中国九城市流动儿童发展与需求调查. 流动儿童工作经验交流暨研讨会报告,2003.
203. 邹泓,屈智勇,张秋凌. 我国九城市流动儿童生存和受保护状况调查. 青年研究,2004(1):1 -7.
204. 邹全红. 城市移民子女学校养成教育研究:苏州二十六中学养成教育实践. 硕士学位论文. 苏州大学,2009.

英文部分

1. Biemat, L. & Jax, C. (2000). Limiting mobility and improving student achievement. Hamline Law Review, 23, 1 -37.
2. Buss, D. & Kenrick, D. (1998). Evolutionary social psychology, The handbook of social psychology. New York: MeGraw-Hill.
3. Chou, Kee-lee. (1999). Social support and subjective well-being among Hong Kong Chinese young adults. Journal of Genetic Psychology, 160 (3), 319.
4. Eric, F. D. et al. (1991). A two-year longitudinal studies of stressful life events, social support and social problem-solving skills: contributions to children's behavior and academic adjustments. Child Development, 62, 583 -599.
5. Forman, E. M. & Davies P. T. (2003). Family instability and young adolescent adjustment mediating effects. Journal of Clinical Child and Adolescent Psychology, 32(1), 94 -105.
6. Fulton, G. B. & Fassbender, W. V. (1972). Health education in elementary school: guidelines and program suggestions, Goodyear, 56.
7. Furnham, A. & Bochner, S. (1986). Culture shock: psychological relations to unfamiliar environments. London: Methuen, 109 -112.
8. Gary, W. L. et al. (1997). Classroom peer acceptance, friendship, and victimization: distinct relational systems that contribute uniquely to children's school adjustment. Child Development, 68(6), 1181 -1197.
9. Henderson, N. & Milstein, M. (2003). Resiliency in schools: making it happen for students and educators. Corwin Press, 12.
10. Human Rights Watch. (2001). Second class discrimination against

palestinian Arab children in Israel's schools. New York: Human Rights Watch. 197.

11. Kuo,W. H., Gray, R. & Lin, N. (1976). Locus of control and symptoms of distress among Chinese-Americans. International Journal of Social Psychiatry,22(3),176 - 187.

12. Lu, L. (1999). Personal and environmental causes of happiness: a longitudinal analysis. Journal of Social Psychology,139,79 - 90.

13. Meehan, M. P., Durlak, J. A. & Bryant, F. B. (1993). The relationship of social support to perceived control and subjective mental health in adolescents. Journal of Community Psychology,21,49 - 55.

14. Pekrun,R., Goetz,T., Titz. W. & Perry,R. (2002). Academic emotions in students' self-regulated learning and achievement: a program of qualitative and quantitative research. Educational Psychologist. 37 (2),102.

15. Peterson, K. D. (2002). Positive or negative. Journal of Staff Development, 23(3),10 - 15.

16. Phillips, G. & Wagner, C. (2003). School culture assessment. Vancouver,British Columbia:Agent 5 Design,234.

17. Rhodes,R. L.,et al. (1981). Elementary school health:education and service, Allyn and Bacon,72.

18. Sam, D. & Berry J. W. (1995). Acculturative stress among young immigrants in Norway. Scandinavian Journal of Psychology,176 - 183.

19. Sandler,I. N.,Tein,J. Y. & West,S. G. (1994). Coping stress and the psychological symptoms of children of divorce. Child Development. 65, 1744 - 1763.

20. Searle, W. & Ward, C. (1990). The prediction of psychological and socio-cultural adjustment during cross-cultural transition. International Journal of Intercultural Relations,14,449 - 464.

21. Takai, J. (1989). The adjustment of international students at a third culture-like academic community in Japan: a longitudinal study. Human Communication Studies,17(2),113 - 120.

22. Vedder, P. (2005). Perceived social support and well-being in school: the role of students' ethnicity. Journal of Youth & Adolescence,34(3), 269 - 278.

23. Ward, C. & Kennedy, A. (1992). Locus of control, mood disturbance and social difficulty during cross-cultural transitions. International Journal of Intercultural Relations, 16(3), 175 - 194.
24. Ward, C. & Kennedy, A. (1993). Psychological and Sociocultural adjustment during cross-cultural transitions: a comparison of secondary students at home and abroad. International Journal of Psychology, 28(2), 129 - 147.
25. Ward, C. & Kennedy, A. (1994). Acculturation attitudes, psychological adjustment, and sociocultural competence during cross-cultural transition. International Journal of Intercultural Relations, 18, 239 - 343.
26. Ward, C. & Chang, W. C. (1997). Cultural fit: a new perspective on personality and sojourner adjustment. International Journal of Intercultural Relations, 21(6), 525 - 533.
27. Way, N., Reddy, R. & Rhodes, J. (2007). Students' perceptions of school climate during the middle school years: associations with trajectories of psychological and behavioral adjustment. Am J Community Psychol, 40, 194 - 213.
28. Windle, M. (1992). A longitudinal study of stress buffering for adolescent problem behavior. Developmental Psychology, 28(3), 522 - 530.
29. Yang, H. (2000). A comparative analysis of China's permanent and temporary migration during the reform period. International Journal of Social Economics, 3, 173 - 193.

附录1 问卷

苏州市第26中学调查问卷

一、基本信息

亲爱的同学们：

请根据你的实际情况，如实填写下列内容。谢谢你的合作！

性别	1. 男	2. 女	
年级	1. 初一	2. 初二	3. 初三
所在班级	1. 普通班	2. 特色班/艺术班	

在目前所就读学校时间：1. 不到1年　2. 1～2年　3. 2～3年　4. 3年以上

父亲文化程度	1. 初中及以下	2. 高中（中专）	3. 大专以上
母亲文化程度	1. 初中及以下	2. 高中（中专）	3. 大专以上
家庭月收入	1. 2 000元以下	2. 2 000～5 000元	3. 5 000元以上
家庭结构	1. 双亲	2. 单亲	3. 其他
是否独生子女	1. 是	2. 否	
学业成绩（在本班内）	1. 上游	2. 中等	3. 下游
家庭气氛	1. 和睦安宁	2. 偶尔争吵	3. 经常争吵

二、学业情绪问卷

亲爱的同学们：

请仔细阅读每一个语句，并按照你的真实想法和感受在相应的选项上打“√”。这不是考试，答案无所谓对错。你的回答我们会为你保密。请回答完所有的问题。谢谢你的合作！

1：完全符合；2：比较符合；3：不清楚；4：比较不符合；5：完全不符合。

1. 在重要的考试中，我常有肠胃不适的感觉。……1　2　3　4　5
2. 当我不能理解学习的内容时，我会很苦恼。……1　2　3　4　5
3. 学习带给我很多快乐。……………………………1　2　3　4　5

4. 我觉得学习枯燥无味。…………………………1 2 3 4 5
5. 考试前我会紧张不安。…………………………1 2 3 4 5
6. 由于成绩差,经常会有人看不起我。……………1 2 3 4 5
7. 老师讲课内容太难,我跟不上。…………………1 2 3 4 5
8. 我觉得学习很有趣。……………………………1 2 3 4 5
9. 我觉得自己并不比别人差。……………………1 2 3 4 5
10. 我对学习感到力不从心。………………………1 2 3 4 5
11. 有时候学习能使我产生一种沮丧感。…………1 2 3 4 5
12. 我很骄傲我比别的同学做题快。………………1 2 3 4 5
13. 我会由于很长时间解不出一道题而恼火。……1 2 3 4 5
14. 我很担心自己的成绩比别人差。………………1 2 3 4 5
15. 在学习时,我经常感觉自己很笨。……………1 2 3 4 5
16. 有时觉得自己学习太差,对不起家人和老师。 1 2 3 4 5
17. 我常对学习有一种倦怠感。……………………1 2 3 4 5
18. 我很生气别人说我比他学习差。………………1 2 3 4 5
19. 我一学习就想睡觉。……………………………1 2 3 4 5
20. 我很高兴学习一些自己感兴趣的课程。………1 2 3 4 5
21. 有时候我的成绩下降很快,使我感到很无助。 1 2 3 4 5
22. 在学习上我经常受到别人的夸奖和赞扬。……1 2 3 4 5
23. 我的成绩比较稳定,因此我感到自在与轻松。
………………………………………………………1 2 3 4 5
24. 我有时学习情绪很高。…………………………1 2 3 4 5
25. 学习的时候,我容易心烦意乱。………………1 2 3 4 5
26. 我总希望自己能学得更好一些。………………1 2 3 4 5
27. 当我取得好成绩时,我会心潮澎湃。…………1 2 3 4 5
28. 有些时候,我会因自己的成绩差而感到难过。 1 2 3 4 5
29. 我学习时经常会头昏脑涨。……………………1 2 3 4 5
30. 有时我会因为自己的成绩比别人差而痛苦。…1 2 3 4 5
31. 学习对我来说是一种负担。……………………1 2 3 4 5
32. 我很困惑为什么我总学不好。…………………1 2 3 4 5
33. 我一学习就情绪低落。…………………………1 2 3 4 5
34. 我能安心学习。…………………………………1 2 3 4 5
35. 在学习中,我经常受到挫折。…………………1 2 3 4 5
36. 有时学习会给我带来意外的惊喜。……………1 2 3 4 5

37．我很担心完不成作业。……………………………1 2 3 4 5
38．我讨厌学习。……………………………………1 2 3 4 5
39．我很高兴能把题目都做对。…………………………1 2 3 4 5
40．我为自己的学习成绩发愁。…………………………1 2 3 4 5
41．我学习时心情很宁静。……………………………1 2 3 4 5
42．我在学习时会心浮气躁。…………………………1 2 3 4 5
43．适当地放松会更有助于学习。……………………1 2 3 4 5
44．当我在课堂上表现好时，我会很骄傲。……… 1 2 3 4 5
45．我能心平气和地对待我的成绩。…………………1 2 3 4 5
46．在学习上，我比别人进步快。…………………… 1 2 3 4 5
47．能够独立解出一道难题，我会很高兴。……… 1 2 3 4 5
48．上课不能正确回答出老师的提问时，我会感到很尴尬。
……………………………………………………1 2 3 4 5
49．我觉得学习没有什么用。…………………………1 2 3 4 5
50．我对自己的前途悲观失望。………………………1 2 3 4 5
51．我能轻松自如地应付学习。………………………1 2 3 4 5
52．在上课时我心情一般比较放松。…………………1 2 3 4 5
53．我能轻松地面对考试。……………………………1 2 3 4 5
54．学习时受到他人的干扰，我会很气愤。……… 1 2 3 4 5
55．尽管我学习很努力，但成绩还是很差。……… 1 2 3 4 5
56．在学习中，我经常感到自己很聪明。………… 1 2 3 4 5
57．家人和朋友的鼓励使我对学习充满希望。……1 2 3 4 5
58．当我的成绩比别人好的时候，我会很自豪。… 1 2 3 4 5
59．我希望能够实现自己的学习目标。………………1 2 3 4 5
60．有时我努力了却没有取得好成绩。………………1 2 3 4 5
61．我很满意我的学习成绩。…………………………1 2 3 4 5
62．我对学习缺乏信心。………………………………1 2 3 4 5
63．我很憎恨学习。……………………………………1 2 3 4 5
64．有时候作业太多，使我都没有学习的心情。… 1 2 3 4 5
65．我对学习没有兴趣。………………………………1 2 3 4 5
66．成绩下降导致我很焦虑。…………………………1 2 3 4 5
67．我觉得学习是一件很痛苦的事情。………………1 2 3 4 5
68．我能轻松地完成学习任务。………………………1 2 3 4 5
69．我对学习感到无能为力。…………………………1 2 3 4 5

70. 我做作业的时候心情很放松。……………………1 2 3 4 5
71. 通常别人都做出了题目，而我还没有做出。… 1 2 3 4 5
72. 由于取得了好成绩，我感到自豪。…………… 1 2 3 4 5

三、学校适应问卷

请你仔细阅读问卷中的每一个句子，然后按照你自己的情况来回答。你的回答我们会绝对保密，不会被老师、家长以及其他同学看到，答案无对错之分，请不要有顾虑。回答时请根据你的情况在相应的数字上打“√”。

1：没有；2：很少；3：有时；4：经常。

1. 学校的功课太多，使我疲于应付。……………………1 2 3 4
2. 我对于学校的功课不感兴趣。……………………… 1 2 3 4
3. 我不能静下心来读书。……………………………… 1 2 3 4
4. 老师上课的内容我常听不懂。……………………… 1 2 3 4
5. 我害怕成绩达不到老师要求的标准。……………… 1 2 3 4
6. 上学对我来说是一件很快乐的事。………………… 1 2 3 4
7. 我担心考不上或升不上理想的学校。……………… 1 2 3 4
8. 老师规定的作业我常不会做。……………………… 1 2 3 4
9. 我害怕成绩比同学差。……………………………… 1 2 3 4
10. 我很满意我目前的学习成绩。……………………1 2 3 4
11. 我们的校规很严格，让我觉得难以遵守。……… 1 2 3 4
12. 我常因头发或服装不整被批评。…………………1 2 3 4
13. 我希望老师能听听学生对学校的一些建议。……1 2 3 4
14. 在学校里我很守规矩，很少被处罚。…………… 1 2 3 4
15. 对我而言，准时上学相当困难。………………… 1 2 3 4
16. 我不喜欢班上的某些规定。………………………1 2 3 4
17. 我觉得课堂上的约束太多。………………………1 2 3 4
18. 学校的规定太多，使我觉得不舒服。…………… 1 2 3 4
19. 我总是准时上交作业。……………………………1 2 3 4
20. 规规矩矩坐在位子上，我感到不舒服。………… 1 2 3 4
21. 我喜欢和老师谈论事情。…………………………1 2 3 4
22. 我不喜欢老师管得太严格。………………………1 2 3 4
23. 得不到老师的赞美，我会很难过。……………… 1 2 3 4
24. 我不喜欢老师常以成绩评论学生的好坏。………1 2 3 4
25. 老师不太了解我。…………………………………1 2 3 4
26. 我不喜欢老师的教学方法。………………………1 2 3 4

27. 我看到老师就会想到功课。……………………1 2 3 4
28. 我觉得老师对我很公平。……………………1 2 3 4
29. 我觉得老师对我的要求太多。………………1 2 3 4
30. 我觉得有些老师不太喜欢我。………………1 2 3 4
31. 同学们常以异样的眼光看我。………………1 2 3 4
32. 我很难找到知心的朋友。……………………1 2 3 4
33. 我很难拒绝他人不合理的要求。……………1 2 3 4
34. 我渴望得到同学的喜爱。……………………1 2 3 4
35. 我常常觉得不如别人。………………………1 2 3 4
36. 我觉得结交新朋友是一件很困难的事。……1 2 3 4
37. 我与同学相处愉快。…………………………1 2 3 4
38. 我喜欢与同学一起做事。……………………1 2 3 4
39. 其他同学时常取笑我。………………………1 2 3 4
40. 我不满意自己的成绩。………………………1 2 3 4
41. 我觉得能力比同学差。………………………1 2 3 4
42. 我不喜欢自己的外表。………………………1 2 3 4
43. 一般而言,我很不满意自己在学校中的表现。… 1 2 3 4
44. 我很不能接受自己的缺点。…………………1 2 3 4
45. 我很担心同学会不喜欢我。…………………1 2 3 4
46. 我知道自己有不少优点。……………………1 2 3 4
47. 我常常感到前途渺茫。………………………1 2 3 4
48. 我觉得自己蛮可爱的。………………………1 2 3 4
49. 我常常不知道我是谁。………………………1 2 3 4

四、班级环境问卷

这个问卷由一些句子组成,每个句子描述一种可能在班级里发生的情况或班级的特点。请根据你们班的实际情况,从以下选择项中选择一个符合实际的答案(在答案代号上画一个"√")。

0:从不如此;1:偶尔如此;2:有时如此;3:经常如此;4:总是如此。

这不是测验,答案没有正确或者错误的分别,你认为实际情况是怎样,就怎样选择。

请记住你是在描述你们班的实际情况。

1. 同学们喜欢班主任。……………………………0 1 2 3 4
2. 如果谁有心事,别的同学会关心他/她。…………0 1 2 3 4
3. 我们班的课堂比较乱。…………………………0 1 2 3 4

4. 同学之间竞争激烈。……………………………0 1 2 3 4
5. 我们的家庭作业不多。…………………………0 1 2 3 4
6. 我们的班主任比较通情达理。…………………0 1 2 3 4
7. 同学之间缺乏友爱。……………………………0 1 2 3 4
8. 我们班的课堂比较吵闹。………………………0 1 2 3 4
9. 在学习上,大家明里暗里都在跟别人较量。…… 0 1 2 3 4
10. 老师布置很多作业。………………………… 0 1 2 3 4
11. 我们的班主任亲切和蔼。…………………… 0 1 2 3 4
12. 我们班比较团结。…………………………… 0 1 2 3 4
13. 老师要花不少时间维持课堂秩序。………… 0 1 2 3 4
14. 我们班上竞争的气氛浓厚。………………… 0 1 2 3 4
15. 班上额外增加课或补课。…………………… 0 1 2 3 4
16. 班主任是个容易亲近的人。………………… 0 1 2 3 4
17. 有困难的同学会得到别人的关心和帮助。…… 0 1 2 3 4
18. 我们班的课堂很有秩序。…………………… 0 1 2 3 4
19. 大家都害怕在学习上落后。………………… 0 1 2 3 4
20. 我们有很多考试和测验。…………………… 0 1 2 3 4
21. 班主任真心地关心同学。…………………… 0 1 2 3 4
22. 不少人为了自己而损害别人。……………… 0 1 2 3 4
23. 同学们能遵守课堂纪律。…………………… 0 1 2 3 4
24. 为了不被别人超过,在学习上谁也不敢松懈。…0 1 2 3 4
25. 我们很少有空闲去玩。……………………… 0 1 2 3 4
26. 你可信任班主任。…………………………… 0 1 2 3 4
27. 同学之间互相支持和鼓励。………………… 0 1 2 3 4
28. 跟别的班比,我们班秩序比较好。……………0 1 2 3 4
29. 这个班上似乎每个人都想要胜过别人。…… 0 1 2 3 4
30. 同学们感到学习压力大。…………………… 0 1 2 3 4
31. 班主任鼓励同学。…………………………… 0 1 2 3 4
32. 同学之间可以说真心话。…………………… 0 1 2 3 4
33. 我们教室很整齐。…………………………… 0 1 2 3 4
34. 老师们用各种办法使同学互相竞争。……… 0 1 2 3 4
35. 我们班上功课负担相当重。………………… 0 1 2 3 4
36. 班主任比较顾及同学的自尊心。…………… 0 1 2 3 4
37. 对班上的事情,大家会一起出主意、想办法。… 0 1 2 3 4

38. 上课时同学们很安静，专心听讲。………………0　1　2　3　4

五、生活满意度问卷

我们希望了解过去几周以来你对自己生活状况的看法，请你仔细阅读下面的每一个语句，参照你在大多数时间的生活状况，在最符合你的观点的数字上作出“√”标记。请按照你的真实想法和感受，而不是你觉得你应该采取的方式作答，这一点非常重要。请记住这不是考试，答案也无所谓对错，你不必去参考别人的看法，你的回答我们会绝对保密，不会被老师、家长以及其他同学看到，你不必有任何顾虑。谢谢你的合作，请回答完所有的问题。

1：完全不符合；2：不符合；3：有点不符合；4：说不清楚；5：有点符合；6：符合；7：完全符合。

1. 我的朋友们对我很友善。………………………1　2　3　4　5　6　7
2. 我喜欢和我的父母在一起。……………………1　2　3　4　5　6　7
3. 我在学校里感到不舒服。………………………1　2　3　4　5　6　7
4. 我希望自己住在别的地方，而不是现在的地方。1　2　3　4　5　6　7
5. 基本没有人强迫我做自己不喜欢做的事。……1　2　3　4　5　6　7
6. 我在学业上取得了理想的成就。………………1　2　3　4　5　6　7
7. 我生活的环境周围有很多不如意的事情。……1　2　3　4　5　6　7
8. 基本上我都能按照自己的愿望行事。…………1　2　3　4　5　6　7
9. 我对我的学业状况满意。………………………1　2　3　4　5　6　7
10. 如果我需要，我的朋友们都会帮助我。………1　2　3　4　5　6　7
11. 我喜欢与我的家人待在一起。………………… 1　2　3　4　5　6　7
12. 学校的很多事情我都不喜欢。………………… 1　2　3　4　5　6　7
13. 我生活的地方社会治安好。…………………… 1　2　3　4　5　6　7
14. 基本上我有自主选择的自由。………………… 1　2　3　4　5　6　7
15. 与多数的同学相比，我在学校的发展较全面。
……………………………………………………… 1　2　3　4　5　6　7
16. 我的朋友们对我很好。………………………… 1　2　3　4　5　6　7
17. 我的家人在一起相处很和睦。………………… 1　2　3　4　5　6　7
18. 我喜欢去上学。………………………………… 1　2　3　4　5　6　7
19. 我生活的地方社会风气好。…………………… 1　2　3　4　5　6　7
20. 我在课余时间能做自己喜欢做的事。………… 1　2　3　4　5　6　7
21. 与我的同学相比，我在学校得到的荣誉较多。
……………………………………………………… 1　2　3　4　5　6　7
22. 我的朋友对我很小气。………………………… 1　2　3　4　5　6　7

23. 我的父母能平等地对待我。…………………… 1 2 3 4 5 6 7
24. 我喜欢学校的生活。……………………………… 1 2 3 4 5 6 7
25. 我们生存的世界是和平安宁的。………………… 1 2 3 4 5 6 7
26. 基本上没有人干涉我的生活。…………………… 1 2 3 4 5 6 7
27. 我觉得自己在同伴中很有面子。………………… 1 2 3 4 5 6 7
28. 我的家庭成员之间互相讲话很友善。……… 1 2 3 4 5 6 7
29. 我在学校的生活很有趣。………………………… 1 2 3 4 5 6 7
30. 我在学业上很有成就感。………………………… 1 2 3 4 5 6 7
31. 我与我的朋友在一起有很多趣事。……………… 1 2 3 4 5 6 7
32. 我和我的父母在一起能愉快地交谈。……… 1 2 3 4 5 6 7
33. 我喜欢学校的活动。……………………………… 1 2 3 4 5 6 7
34. 我有很多朋友。…………………………………… 1 2 3 4 5 6 7
35. 大多数时候我喜欢家长的教育方式。……… 1 2 3 4 5 6 7
36. 我的同学都很尊重我。…………………………… 1 2 3 4 5 6 7
37. 我在自己的同伴中很有威信。…………………… 1 2 3 4 5 6 7

六、社会支持问卷

以下12个句子,每一个句子后面各有7个答案,请你根据自己的实际情况在每句后面选择一个答案。你的回答我们会绝对保密,不会被老师、家长以及其他同学看到。

例如:选择"1"表示你极不同意,即说明你的实际情况与这一句子极不相符;选择"7"表示你极同意,即说明你的实际情况与这一句子极相符;选择"4"表示中间状态。其余类推。

1:极不同意;2:很不同意;3:稍不同意;4:中立;5:稍同意;6:很同意;7:极同意。

1. 在我遇到问题时,有些人(老师、亲戚、同学)会出现在我的身旁。
……………………………………………………1 2 3 4 5 6 7
2. 我能够与有些人(老师、亲戚、同学)共享快乐与忧伤。
……………………………………………………1 2 3 4 5 6 7
3. 我的家庭能够切实、具体地给我帮助。……… 1 2 3 4 5 6 7
4. 在需要时我能够从家庭获得感情上的帮助和支持。
……………………………………………………1 2 3 4 5 6 7
5. 当我有困难时,有些人(老师、亲戚、同学)是安慰我的真正源泉。
……………………………………………………1 2 3 4 5 6 7
6. 我的朋友们能真正地帮助我。…………………1 2 3 4 5 6 7

7. 在发生困难时,我可以依靠我的朋友们。…… 1 2 3 4 5 6 7

8. 我能与自己的家庭谈论我的难题。……………1 2 3 4 5 6 7

9. 我的朋友们能与我分享快乐与忧伤。…………1 2 3 4 5 6 7

10. 在我的生活中,有某些人(老师、亲戚、同学)关心着我的感情。
………………………………………………… 1 2 3 4 5 6 7

11. 我的家庭能心甘情愿地协助我做出各种决定。
………………………………………………… 1 2 3 4 5 6 7

12. 我能与朋友们讨论自己的难题。…………… 1 2 3 4 5 6 7

附录2 访谈内容

一、访谈提纲

教师访谈提纲

尊敬的老师：

您好！本次访谈的主题是学校文化建设，希望您畅所欲言。

1. 在贵校的发展过程中，对学校产生过重大影响的关键事件有哪些？

2. 您认为贵校目前的发展有哪些优势与机会？有哪些劣势与威胁？

3. 您认为贵校在教学、课程创新、学生文化、教师文化、校本管理等方面有什么特色？

4. 您个人认为学校建设最重要的是做好哪些工作？

5. 您认为自己的学校管理理念是怎样的？

6. 您对学校有什么期待和建议？或者您认为学校在哪些地方需要改善？

7. 您现在最想为学校建设做的一件事情或几件事情是什么？

8. 我们的问题可能不是很全面，您如果有什么想法或者您有哪些工作经历想与我们分享，请补充说明一下。

学生家长访谈提纲

尊敬的家长：

您好！我们主要是想跟您沟通一下孩子在学校环境以外的情况，了解孩子的成长、发展、适应状况，及时发现孩子现存的问题并找出适合孩子的教导方法，希望您畅所欲言。

1. 您来到这个城市多长时间了？觉得还适应吗？在哪些方面适应得比较好？在哪些方面始终不适应？

2. 您平时工作忙吗？有多少时间陪孩子？

3. 您在跟孩子沟通时，一般会聊哪些话题？您觉得您和孩子之间的沟通怎么样？孩子愿意跟您说心事吗？

4. 您对孩子一般采取什么样的教导方法？

5. 您跟您爱人的关系怎么样？你们的家庭氛围如何？

6. 请问您的孩子是什么时候进入城市学校的？

7. 当初为自己的孩子选择苏州市第26中学的原因是什么？

8. 请您谈一下您理想中的学校应该扮演一个什么样的角色，或者学校应该发挥什么样的作用。

9. 请您回忆一下：您的孩子刚入学时表现出来的突出问题有哪些？面对这些问题，您所采取的措施或方式有哪些？目前这些问题是否还存在？

10. 您对孩子目前的状况有什么不满意的地方？您希望自己的孩子在哪些方面获得长足的发展？您对此所采取的措施有哪些？

学生访谈问卷

基本信息：

性别：　　　　　　年级：　　　　　　年龄：

是否担任班干部：　　　　在学校就读的时间：

亲爱的同学，你好！本次访谈的主题是你在学校生活、学习的一些基本情况。非常感谢你接受我们的访谈。此次访谈需要15分钟，你所提供的信息，我们会为你严格保密，请放心！

1. 你喜欢在这所学校学习吗？和周围的同学相处得怎样？

2. 你最喜欢的活动（或者学科、课程）是什么？你的老师、家长给过你相关的建议吗？

3. 当学习上遇到困难时，你会有很糟糕的厌学情绪吗？如果产生了这些消极情绪，你会用什么办法来解决问题呢？

4. 也许你的学习和生活条件没有本地的那些同学好，你对此是什么态度呢？

5. 你觉得你的父母平时关心你的学习情况或者每天的心情吗？

6. 谈谈你所在的班集体给你的感觉。

7. 目前最让你烦恼的是什么？你最想做的是什么？

二、访谈内容摘录

教师访谈记录

访谈一

访谈对象：苏州市第26中学校长邹全红（以下简称“邹”）。

访谈者：江波（以下简称“江”）。

时间：2009年3月18日11:00。

地点：苏州市第26中学校长办公室。

主要内容:

江:请您谈谈在贵校的发展过程中对学校产生过重大影响的关键事件有哪些。

邹:在学校工作已有20年,学校将于2012年迎来建校50周年。学校是在自主摸索道路上发展、成长的。对学校有重大意义的事件首先是校庆。其次,2008年教育局局长对学校定位的论证,决定由原先的职中、初中联建改制成纯初中的基础教育、义务教育。再次,从2000年开始发展学校的艺术教育特色,如今也将建设艺术特色初中作为学校的发展目标,努力成为江苏省苏州市艺术高级学校的生源基地。在不断积累经验的过程中,努力在未来的三年打响艺术特色的品牌,使之产生一定的社会影响。

江:作为学校的管理者,您认为贵校目前的发展有哪些优势与机会?有哪些劣势与威胁?

邹:优势和机会:承传幼教职高、特色班,发展学校的艺术特色——改造的机会、重新定位的机会。劣势和威胁:基础薄弱,招生的对象多是民工子弟,他们的文化、艺术基础相对薄弱,而这与学校打造艺术特色、优质教育的品牌形成一对矛盾。

我们的任务是克服、化解矛盾,以艺术促进学生的自立,让学生对教育有信心。艺术班的学生尤其要在艺术方面有特长,普通班的学生也在按照学校规定参加艺术等级考核(1~3级),以点带面,让每一个学生都有一项专长。

江:您对贵校今后的发展有何期待与规划?

邹:学校发展要有特色,以此吸引、改善生源,使学生整体素质得以提高,同时实现角色转换,如此良性循环,上升层次。要注重学校的宣传。主要做好师资培训工作。

江:您个人认为学校建设最重要的是做好哪些工作?

邹:学校发展理念深入学校建设的方方面面,通过宣传、发动、讲座等形式达成。

江:在精神文化建设方面,您觉得贵校有什么个性化的特色,具体表现在哪些方面?

邹:① 和谐(领导与教师、教师与教师之间)、团结。② 艺术氛围:乐器墙、世界名画墙、奥运墙、倾心窗、学生感言等。③ 小巧:小而精致,对环境的改造突出艺术特色。④ 办学:养成教育,侧重艺术教育。

江:您认为贵校在教学、课程创新、学生文化、教师文化、校本管理等方面有什么特色?

邹:① 教学:有效教学,集体备课(教研组、备课组),让学生自主支配时间。② 课程创新:段段清(英语教学),即每天的任务及时完成。充分利用现代化手段教授,具有吸引力。③ 学生文化:学生较纯朴,可塑性强。经常开展五星级班级评比、个性化评比。学生有获得十个单项奖的机会,鼓励学生张扬个性。④ 教师管理:制度第一,校长第二。⑤ 校本管理:精细化管理(教师师德讲品位、德育抓到位、学校建设高品位)。

江:您觉得贵校的学校环境建设有什么特点?

邹:小而精致。

江:您认为自己的学校管理理念是怎样的?

邹:以人为本,促进学校全面发展;对于学生,强调能力提高;对于教师,强调积极性提高;对于家长,通过家长委员会等形式向家长汇报学校情况等。

江:在您外出参观时,其他学校是否有什么给您留下深刻印象的做法?

邹:某中学的细节管理到位。新区外国语学校的组织理念等渗透到细节。上海某中学的设计(如指示牌等)有特色。30 中强调学生自主式学习。扬州某中学的德育、教改有特色。

江:您觉得学校现行制度的哪些问题需要改善?

邹:有些制度比较陈旧,必须随发展而改变。

江:请您谈谈贵校管理层作出重要决策的过程。

邹:调研(形成可行性报告)——计划书、方案——中层讨论、论证、修改、通过、实施——不断轻微调整。

访谈二

访谈对象:章老师(语文老师,从教 31 年,以下简称"章")。

访谈者:赵××(以下简称"赵")。

时间:2009 年 3 月 19 日 10:00。

地点:苏州市第 26 中学会议室。

主要内容:

赵:贵校对内、对外有哪些重要的或传统的活动或仪式?您感觉效果如何?有何建议?

章:3 月为爱生月,有一系列的活动,比如家访、集体家访(学期内,不当班主任的老师一般要进行 3 次家访,班主任要对 1/6 的学生进行家访)、教师帮教等。9 月有学生、教工体育运动会。教师还有乒乓球比赛、排球比赛。此外,9 月教师节前后有座谈会、表彰会。12 月艺术节,有学生的艺术作品展览、文艺汇演等活动。一般每周都会有七彩校园活动,按爱好将学生分组,邀请本校或外校的老师对学生进行培训。

赵:您认为贵校目前的发展有哪些优势和机会?有哪些劣势和威胁?

章:优势和机会有以下几点:第一,新老师是生力军和学校的中流砥柱,教学态度很好,虚心又很努力,中年老师起着承上启下的作用。第二,学校创造了和谐、良好的氛围。教师之间相处融洽,教师事业心、业务能力强,艺术老师多,整体水平高。第三,学校领导有魄力,对教师凝聚力的增强有着重要作用。

劣势和威胁:学校生源差,超过80%的生源是民工子弟。由于家庭、父母教育观念等原因,这些孩子普遍基础不扎实,行为习惯需要改正。针对这一问题,学校所采取的措施是与家长多交流,通过家长学校培训、教育家长,确定家长委员会并与他们定期沟通等。

赵:您对贵校今后的发展有何期待与建议?

章:期待学校教育质量有大幅提高。措施有:首先,在教学方面,培养青年教师,新教师每学期需要开一次公开课。第二,走出去家访。学校要求所有教师、职工对学生进行家访,让压力变为动力,了解家长对学生的教育情况等。第三,德育方面,班主任每月开一次例会,班级每月开一次班会,政教主任为每个年级的学生做讲座。

赵:您认为贵校在教学、课程创新、学生文化、教师文化、校本管理等方面有什么特色?

章:教学方面,就语文而言,根据苏州市教研室要求开展一系列的活动,如征文比赛、书法、普通话比赛等,形式多样。课程创新方面,语文组每年都会出版作文专辑,教师开展述课、集体备课等活动。学生文化方面,初三学生有名著欣赏课。教师文化方面,教师团队的特点是奋进、和谐,青年教师中有考研热。

赵:您认为自己的课堂或班级管理理念是怎样的?如果您成为学校领导,您会采用怎样的学校管理理念?

章:对学生要严。学校管理理念:抓教师队伍的思想、文化建设。

赵:您觉得贵校的学校环境建设有什么特点?

章:比较简陋,当然现在比起以前,环境要好了很多。

赵:您在第26中学工作,对于哪些方面比较满意?对于哪些方面存在不满?

章:满意的方面:领导对教师的关心、人性化管理。学校人际关系和睦、融洽。不满意的方面:学生学习的自觉性不强,可能与家庭、社会有关。

赵:您认为第26中学的工作和人际交往的氛围怎么样?如果请您评价一下在这里工作、生活的最突出感受,您会如何评价?

章:人际氛围和谐。感受:舒心。

赵:如果您现在是第26中学的校长,您觉得学校建设首先要做的一件或几件事是什么？

章：教学质量要提高，教师队伍要健全；校园建设要扩大，成为苏州南面的明珠；生源问题要想办法去解决，这是提高学校档次的重要问题；对教师而言，教学方面的要求要更细化、严格。

访谈三

访谈对象：许老师（总务处，以下简称“许”）。

访谈者：赵××（以下简称“赵”）。

时间：2009年3月19日16:00。

地点：苏州市第26中学会议室。

主要内容：

赵：请您谈谈在贵校的发展过程中，对学校产生过重大影响的关键事件有哪些。

许：学校近期扩建。

赵：作为学校的管理者，您认为贵校目前的发展有哪些优势与机会？有哪些劣势与威胁？

许：优势和机会：第一，学校的领导班子比较团结，勇于创新，老师干劲足，学校凝聚力强。第二，教师群体比较敬业、无私，全身心投入。教学质量在同类学校中较好。第三，2009年学校将进行硬件综合实验楼改造，提升档次。第四，将成为苏州第六中学的生源基地。

劣势和威胁：第一，生源问题，学校是外来务工子弟定点吸纳学校。第二，周边学校生源竞争激烈。

赵：您对贵校今后的发展有何期待与规划？

许：期待学校越办越好，有好的生源。学校应加强信息化管理（总务处）。硬件方面已经有了较大发展，更新了设备，建设了新楼。

赵：您个人认为学校建设最重要的是做好哪些工作？

许：就总务处而言，主要要做好后勤保障工作，更好地为学生、老师服务，须加强管理。

赵：在精神文化建设方面，您觉得贵校有什么个性化的特色？具体表现在哪些方面？

许：艺术教育有特色，有艺术节。

赵：您觉得贵校的学校环境建设有什么特点？

许：小而精美，更能吸引人。今年将投入300多万改造。

赵：您认为自己的学校管理理念是怎样的？

许：以人为本。

赵:请您谈谈贵校管理层作出重要决策的过程?

许:管理层作出决策,中层开会提出问题,进行可行性分析,教工大会表决。

学生家长访谈记录

访谈一

(采用团体访谈的形式)

0:访谈者;1:学生家长。

访谈时间:2010 年 4 月 10 日。

访谈地点:苏州市第 26 中学图书馆。

0:您平时工作忙吗?有多少时间陪孩子?

1:很忙,平时陪孩子时间不多,父母双方都是,平时都是要靠小孩子自己。其实孩子功课也多,我们 6 点下班,他们也是 6 点多放学,所以吃饭的时候会聊一下。

0:你们都是外地来的吗?来苏州多长时间了?

1:我们本来就是住在苏州的,以前不住在这个地方,后来搬到了这里。

0:那为什么要选择第 26 中学这个学校呢?

1:(其一,本地的)选择这所学校,是因为小孩子的成绩并不是很好,成绩好的话我们肯定会把他们往上面推,花的心思也会比较多。

(其二,外地的)那时,其他学校不收外地的,第 26 中学是比较正规的、公办的招收外地学生的学校。

0:会因为 26 中的艺术教育而特别选择这所学校吗?

1:那倒也没有,艺术教育对小孩子的成长肯定是有好处的。如果小孩子喜欢,就可以培养,小孩子不喜欢,就不用培养,成绩好的话就继续往上推。

0:那请问艺术生的家长,当初是您觉得学艺术比较有前途,所以选择了艺术专业,还是孩子自己喜欢才选择的呢?

1:因为孩子爱好,所以选择了艺术专业。

0:刚来到苏州的时候,有没有发现自己的小孩子有什么适应问题?刚开始的那一段时间有没有适应不良?

1:没有,没有任何的适应问题,小孩子适应都很快的,没有发生什么排斥现象。

0:您在跟孩子沟通时,一般会聊什么话题?

1:小孩子嘛,一给他轻松氛围就容易飘起来。所以聊的 60% 以上还是学习,会比较严肃一点,不能给他们过于轻松的感觉。

0:那孩子会跟你们讲他们在学校里发生的一些事情吗?

1:会的,在学校里发生的事情回家当然会讲,如果跟同学闹矛盾了也会讲,我们会对他们予以教育、说服,给他们讲道理。

0:您认为学校在孩子的成长中应该发挥什么作用? 扮演一个什么样的角色?

1:(其一)我的小孩已经初三了,小孩子的性格基本已经成型,要改变什么也很难了。

(其二)希望学校严格一点,校风不是很好,我经常听我孩子的班主任老师反映,像是我们开家长会时,有些家长是做生意的,可能光顾着赚钱,每次都不来。

(其三)现在的小孩子的条件比以前好很多,家里面一般就一个孩子,也比较溺爱。所以孩子容易养成一种惰性,在家里家务事根本就不做,力所能及的事情也不会做。学校是一个教书育人的地方,应该多教育一点,不能光读死书,既要有好的成绩,又要有动手的能力,小孩子不会主动去做,都是家长强迫他们去做,这样走上社会也很麻烦。学校跟家长应该配合一下,培养孩子的动手能力,使他们养成良好的习惯。

0:对于小孩子犯错误,你们一般采取什么措施?

1:我的小孩子一般都是暗着皮,就像你不让他玩游戏,他表面上答应,然后背地里偷着玩。

0:您刚才提到了一个很重要的问题,那就是玩游戏。

1:对,小孩子玩游戏还真的蛮严重的。我们刚开始是不准他玩,后来听专家说会玩的小孩子才会学,我们就给他规定时间,只能玩1个小时。可是小孩子根本就没有那个自制力,他们控制不了自己,所以,还是不能让他们玩,干脆禁止好了。

0:将来孩子要往哪方面发展? 您考虑过吗?

1:没有考虑太多,现在考虑的就是看孩子自己的发展,比如说他英语好,将来希望给他选个英语专业,孩子对艺术感兴趣,就让他们学艺术,所以还是看孩子自己。

0:您对孩子的现状还有什么不满的地方? 希望学校能做什么?

1:现在最关键的还是希望小孩子成绩好,也要会动手,千万不能懒惰,希望学校跟老师配合一下。以前学校办过一个"感恩教育"的教育活动,感触还蛮深的,希望学校里以后能多举办一些这样的活动,这对小孩子的成长还是很有帮助的。

访谈二

（采用团体访谈的形式）

0:访谈者;1:学生家长。

访谈时间:2010年4月10日。

访谈地点:苏州市第26中学图书馆。

0:您平时工作忙吗？有多少时间陪孩子？

1:(其一)从苏北过来的新苏州家长说基本没时间,做的是建筑行业。

(其二)家长忙于生意,一天最多陪伴子女1小时。

(其三)苏州本地的家长说只有吃饭时间在一起,有的时候甚至不能一起吃饭。

0:您来到这个城市多长时间了？觉得还适应吗？有哪些方面适应得比较好？哪些方面始终不适应？

1:部分新移民子女家长来苏州十几年了,有的是子女还在小学的时候就来到苏州,还是比较适应的。

0:您跟您爱人的关系怎么样？你们家庭氛围如何？

1:家庭氛围还不错,基本上都是民主型的家庭,氛围比较轻松。

0:请问您的孩子是什么时候进入城市学校的？

1:基本都是小学二三年级来到这儿的。还有个别是在初中时转学过来的。

0:当初为自己的孩子选择第26中学的原因是什么？

1:总体原因是地段上的划分。有的家长是看中学校的艺术特色。

0:请您谈谈您理想中的学校应该扮演一个什么样的角色,或者学校应该发挥什么样的作用。

1:对学生的成绩和文化知识负责,应该培养学生各方面的素质。

0:您在跟孩子沟通时,一般会聊哪些话题？您觉得你们之间的沟通怎么样？孩子愿意跟你说心事吗？

1:聊一些学校里发生的事,沟通普遍是比较缺乏的,孩子现在的年龄阶段比较特殊,与家长已经形成代沟,不大愿诉说自己的心事,比较喜欢和同辈进行交流。

0:您对孩子一般采取什么样的教导方法？

1:大部分家长还是民主型的,对子女还是相对比较严格的,尤其是毕业班的家长。总体来说,60%的子女还是愿意接受家长的教育方式的。

0:请您回忆一下:您的孩子刚入学时表现出来的突出问题有哪些？面对这些问题,您所采取的措施或方式有哪些？目前这些问题是否还存在？

1:(其一)反映孩子在进入这所学校之前不会说脏话,素质还是比较好的,但是在学校一段时间之后家长明显感觉孩子的素质有所下降,尤其是语言方面。

(其二)认为进入这所学校之后孩子的学习成绩提高了。

0:您对孩子目前的状况有什么不满意的地方?您希望自己的孩子在哪些方面获得长足的发展?您对此所采取的措施有哪些?

1:(其一)一位特色班的家长认为孩子应该多参加一些区里、市里的艺术类比赛而不是只参加本校的比赛,这样才能提高艺术生的总体素质,认为学校缺乏校外实践活动,另外学校教育没有突出重点,无论是艺术教育方面还是文化教育方面都抓不住。

(其二)家长认为学校在文化教育方面相对其他学校缺乏各方面的资源,尤其是学校学生总体的英语水平实在不尽如人意。

(其三)毕业班的家长认为初三学生功课太轻松,家长感觉很有压力,学校的教学方式可能存在问题,教学水平有待提高,不能一味地要求家长给孩子请家教,给家长带来负担,学校的试卷与其他学校的试卷相比相对较浅,家长还是比较紧张的。

另有家长反映,普通班和艺术班的学费是相同的,但是所享受的教育资源却不同,有些不公平。

学生访谈记录

访谈一

访谈对象:某初三学生,男,1995 年生,语文课代表,初一开始就读于该校(以下简称"生")

访谈者:詹×(以下简称"詹")。

时间:2010 年 4 月 2 日 12:00。

地点:苏州市第 26 中学图书馆。

主要内容:

詹:你为什么选择在这所学校就读?你在班级的学习成绩怎么样?

生:考虑地段,离家近。成绩在年级前十名。

詹:毕业后打算考高中吗?你的理想是什么?以后有没有什么计划?

生:打算考四星级高中。希望高中毕业以后去当兵,不想上大学。

詹:你最喜欢的学科是什么?学习上有没有遇到什么困难?父母有没有采取什么措施?你对此有没有什么看法?

生:最喜欢数学,觉得挺有意思的,参加过奥数等竞赛。觉得语文的作文方面比较差，父母找了家教，觉得家教比老师好，有什么都可以问，做的题目比较深。

詹：你喜欢在这所学校学习吗？和周围的同学相处得怎么样？

生：适应这个学校的生活，与同学相处得不错。

詹：你觉得你的父母平时关心你的学习情况或者每天的心情吗？

生：觉得父母对自己的关心很平常。

詹：你们班有没有本地的学生？他们对你们是什么态度？

生：有，对他们没有别的什么特别的想法。

詹：对你所在的班集体，你有怎样的感觉？

生：比较有压力，班级氛围没什么特别，很平常。

詹：平时休息的时候都做些什么呢？目前最想做的是什么？

生：星期六、星期天玩，班里有哥儿们，经常一起玩游戏、打篮球、在家上网。目前最想做的就是睡觉。

访谈二

访谈对象：某初三学生，女，1994 年生，历史课代表，初一开始就读于该校（以下简称"生"）。

访谈者：詹 ×（以下简称"詹"）。

时间：2010 年 4 月 2 日 12:30。

地点：苏州市第 26 中学图书馆。

詹：你为什么选择在这所学校就读？

生：因为地段。

詹：你觉得你的父母平时关心你的学习情况或者每天的心情吗？

生：父母关心成绩，会问成绩下降的原因。爸爸关心学习方面，妈妈关心生活方面。

詹：毕业后打算考高中吗？

生：想考三中。

詹：你最喜欢的学科是什么？学习上遇到困难会怎么解决？父母有没有采取什么措施？

生：最喜欢数学，数学老师好，英语老师也好。遇到困难不找老师，问同学。父母打算找家教，自己不太想找。

詹：父母或老师会关心情感问题吗？

生：老师会关心，一般会正面教育，不反感这类问题。

詹：学习上有没有什么困难？

生：头疼政治，不喜欢政治老师。

◆后记◆

人生一切皆是“缘”。

本研究的选题恰是一份“机缘”。作为一个较早走出书斋，踏入市场的高校教师，为了表明自己还是一个“读书人”，所以对“文化”情有独钟。我一直从事企业文化建设的实践与指导工作。多年来，主持了中新集团、仁和集团、济民可信、捷美集团等全国十多家企业的企业文化建设项目。在探索与学习的过程中，我也做了一些基础研究，在《心理学探新》《中国人力资源开发》等核心刊物上发表了多篇相关学术论文。我一直在高校教育学院工作，和教育有着千丝万缕的联系，并且为教育硕士班开设了《学校公共关系学》专业课，还在多个校长班上讲授《学校文化建设的模式及案例分析》专题，这就使我自然地把企业文化的知识迁移至学校文化这一领域，顺理成章地进行学校文化的研究工作。我同时也主持了苏州市第26中学、吴江市长安花苑小学、苏州工业园区新加幼儿园等多所学校的学校文化建设项目，该方面的研究成果在《教育科学研究》等核心刊物上发表。正在我主持苏州市第26中学学校文化建设项目期间，苏州大学“211工程”三期重点学科建设项目“和谐社会视域中的弱者权益保护的社会支持研究”课题招标。因为第26中学是苏州市接收外地农民工子女就学的八所公办学校之一，全校学生的80%是农民工子女，所以在学校文化建设过程中必须要考虑到这一特性，如何为农民工子女营造一种平等、和谐的学校文化，帮助其融入城市文化，这是摆在课题组面前急需解决的问题。以问题为导向，从实际出发，我申请了《学校文化建设促进农民工子女融入城市文化的研究》这一子课题。

本研究的进行得到了各方面的支持与帮助。首先要感谢整个课题的负责人刘电芝教授的信任，有她的首肯，才有本研究的产生。同时还要感谢各子课题的负责人黄辛隐教授、陈羿君教授、赵蒙成教授、段锦云博士，和他们一起工作确实有一种无形的压力，我生怕自己拖了整个团队的后腿。还好我的心理素质较好，及时把这种压力转化成一种鞭策与鼓励，他们对本研究的框架、路径、方法提供了很多宝贵的意见。特别要感谢本研究的实验学校苏州市第26

中学校长邹全红及全体师生，他们为本研究的调研提供了诸多方便和无私的支持，本书的第六章还是在邹全红校长的硕士学位论文《城市移民子女学校养成教育研究》基础上的延伸研究，第七章的案例也是对该校的教学管理实践的总结。正是有他们的参与才使本研究充满了“泥土的芳香”。最后我要感谢我的研究团队。本研究最终成果虽以我个人名义发表，但它是我们团队集体智慧的结晶。我要特别感谢我的研究生詹艳、田婷婷，她们在研究设计、资料整理、访谈调研、数据处理等方面协助我做了大量的工作，本研究已发表的5篇学术论文也是以我和她们的名义共同发表的。

农民工子女融入城市文化是一个重大的社会工程，学校文化建设也是一个漫长的累积过程。本研究从学校文化建设的视角探讨促进农民工子女融入城市文化的理论模式及对策。由于问题复杂，个人水平有限，虽已殚精竭虑，但只能抛砖引玉，以期“有缘”学者、同仁继续前行。

江　波

2012年1月

于苏州养气斋